自由民権の再発見

安在邦夫・田﨑公司【編著】

日本経済評論社

はしがき——自由民権研究の「再生」のために——

一

戦後の歴史学運動に大きな「うねり」を引き起こしたと評された自由民権百年運動は、一九八一年の横浜（参加者三八〇〇人）、一九八四年の東京（同二六〇〇人）、一九八七年の高知（同一五〇〇人）と三回にわたる全国集会および各地の記念集会として展開した。

これらの活動は、自由民権研究・顕彰の第一の昂揚（一九五〇年代後半から六〇年代はじめ）と、第二の昂揚（一九七〇年代半ば以降）を前提としていた。そして激化諸事件参加者の顕彰と軌を一にして進められたこの時期の民権研究は、自由民権運動を「日本における民主主義の源流」、あるいは明治政府による「上から」の政策に対する「下からの民主主義運動（近代化・資本主義化）・ブルジョア民主主義運動」としてとらえる視角を基本的にもっていた。その認識はまた民権百年運動当時に顕著化し、その後の日本に大きな波紋をもたらすことになった新保守主義的な政治潮流に対する市民の警戒心に鋭くマッチする一面を有していた。

全国集会で報告された全国各地の団体・個人による研究報告、地域の問題関心に根ざした民権運動の掘り起こしは、自由民権運動の研究と顕彰が全国的な広がりをもつ国民的課題を有していることを証明していたといってよく、その意味において民権百年運動は、全国民的な研究・顕彰の第二の昂揚期後半を彩る全面開花であったともいえるのである。

しかし、それから一〇年後に、私たちは「自由民権研究の閉塞状況」という思いがけない事態に直面することになる。自由民権研究に対しては、「論考の減少」だけでなく「質的な意味での研究上の地殻変動がない」（新井勝紘氏）という厳しい評価が下されることとなったのである。九一年には民権一一〇年を迎えるが、同年に東京・神田で一一〇周年記念集会が開催されたほかは、九二年に喜多方・高知、九四年に秩父で記念集会が開催されるにとどまった。こうした「閉塞状況」が生まれた背景には、それまで自由民権運動の研究や顕彰活動を正当化してきた「近代」・「近代化」という価値に対する、根本的な懐疑と批判があった。

そもそも自由民権研究・顕彰は、戦後民主主義の風潮のもと、日本社会を「変革」する「近代的な主体」をいかに作り上げるのかという、きわめて実践的な問題関心に立って進められてきた側面が強い。地域をいかに民主化していくかという戦後社会の切実な問題意識こそが、研究・顕彰運動のエネルギー源だったのであり、こうした現実社会の課題意識に支えられていたからこそ、数多くの優れた研究成果を生み出しえたのである。

しかし、このような問題意識や「近代」・「近代化」を肯定する価値意識は、その後日本社会が安定成長期に入り、人々の価値観や関心も多様化・複雑化していくなかで、ゆらいでいかざるを得ない。「変革」や「近代的な主体」への要請は、もはや無条件に肯定され、社会に共有される問題意識ではなくなったのである。ここにおいて、自由民権研究・顕彰は、その存在意義自体を問われることになった。

さらに、近年の社会状況を背景として、歴史学そのものが劇的ともいえる変化を遂げていった。特に一九八〇年から二〇〇〇年の二〇年間には、ソビエト連邦や東ヨーロッパの社会主義政権の崩壊やイスラム社会の国際社会への登場に代表されるように、社会は大きな変貌をとげた。その結果、世界史の構成や時代区分の見直し、国民国家の境界や陸上の交易関係などをこえた地域・海域間ネットワークの存在の指摘、民衆文化・政治文化、ジェンダーと女性表象、記憶や歴史認識・歴史意識の問題など、従来の価値意識やグランドセオリーを相対化していく視角や歴史認識のあり方がさかんに論じられるようになるのである。戦後歴史学は、ポスト・モダニズムや、アナール学派などの新しい学問的潮流から厳しく批判されることとなった。

二

このような新しい学問状況に対して、自由民権研究・顕彰もまた無関係でいられないことはいうまでもない。特に民衆運動研究においても、従来の研究を相対化する新たな視角に立つ研究が登場する。いわゆる「民衆史派」とよばれる人々の研究は、その代表的なものである。

この研究は、「モラル・エコノミー」概念を援用した安丸良夫氏の民衆運動分析の影響をうけつつ、「民衆」をその実態に即して理解していく立場に徹するものである。従来、概して「自由民権運動」や「民権家」に従属した形で理解されていた地域「民衆」の運動に、「自由民権運動」には回収されない固有の性質・主体性を見出したのである（稲田雅洋・鶴巻孝雄・牧原憲夫諸氏）。それは、自由民権期の「民衆運動」を近代以前の運動論理や行動形態に立脚する自律的な運動ととらえることによって、その近代性に疑問を呈するとともに、自由民権運動から自立した固有の運動と位置づけるのである。

こうした「民衆運動」理解は、たとえば、地域の民権家と民衆が手を携えて武装蜂起にまでに至った唯一の激化事件であり、「自由民権運動の最後にして最高の形態」（井上幸治氏）とされてきた秩父事件の評価、ひいては従来の「自由民権運動」像についても疑問を投げかけることになった。すなわち、「民衆史派」の認識によれば、「自由民権運動」は、国民国家創出を課題とする近代的な政治運動とされ「民衆運動」とは異質なものとして理解されるのである。この見解に立てば、当然のことながら「下からの民主主義運動（近代化・資本主義化）・ブルジョア民主主義運動」という自由民権運動理解は問題となり、それはまた自由民権運動とは何であったのかという問いを生み出すこととなる。その結果「民衆運動」の固有性・主体性は見出されたが、「自由民権運動」は「民衆」の生活やそれを支える価値意識とは別のところにあるものとして純化・自立せしめられ、結果的に、国民創出を追及した明治政府により近い立ち位置にあるもの、もしくは同一のベクトル上にあるものとみなされるのである。

このような視点に立つ研究は、八〇年代後半から研究の一大潮流をなすようになった「国民国家論」と同様、国民創出の過程は「解放」とともに「抑圧」の側面をもつという認識を前提としている。もちろんそれは「国民」や「国民国家」といった「近代」の産物を無条件に肯定してきた従来の研究を、かなり強く批判し否定している。この見解は従来のグランドセオリーや歴史認識のゆらぎと結びついており、それだけに「民衆史派」の自由民権運動像は、これまでの理解を大きく揺るがすものとなった。

それではこのように、「民衆運動」・「民衆」の固有性・主体性という視角から自由民権の意義を問う「民衆史派」の研究は、自由民権研究者たちによって、どのようにうけとめられてきたのだろうか。

近代に対する根本的懐疑と批判は、自由民権研究がいう「民衆」と「日本の民衆」の同義性や、その前提となった単数としての「日本」という大前提をも問題とした。「日本」というマジョリティー内部で、「東北」および「裏日本」というマイノリティーがどのように形成されてきたのかを、民権運動との関連を踏まえつつ明らかにした研究（河西英通・阿部恒久氏）などは、現れるべくして現れたといえるのである。

そのほか、「政治文化」からのアプローチもある。自由民権運動を文化運動として理解したのは色川大吉氏が最初であるが、つづいて現れた安丸良夫氏の演説会理解は、このアプローチから自由民権運動を実体論から媒介論として捉える視角へと導いた。この見解は稲田雅洋氏により独自の再解釈が加えられ、自由民権を「新聞という新しいメディア」・「演説というパフォーマンス」という「新しい政治文化」によって担われた運動として捉えなおす視角を提示した。そして従来の対藩閥政府闘争とその敗北と氏が総括される自由民権像の再考を要求することになったのである。

以上のように、それまで自由民権研究や顕彰活動を正当化してきた「近代」・「近代化」という価値に対する、根本的な懐疑と批判、従来の価値意識や枠組みを相対化していく視角や歴史認識のあり方を背景とした、自由民権に対する内外からの異議申し立てに対して自由民権運動の研究は、どう答えるか、が現在問われているのである。

本書は、以上の問いに答え、「自由民権」の可能性とその「再生」の道を模索する意図をもつものである。民権家と民衆その他がおりなす、自由民権運動の豊かさと可能性に対して、もう一度その実態に立ちもどって内在的に理解すること、それを通じて自由民権運動像を再構成する。行われるべきは、自由民権運動をアプリオリに自明のものとするのではなく、自由民権運動それ自体を、それに即した再検討の俎上に乗せその概念から鍛え直し、そこから国家や民衆運動との関係性、全体性をとらえ直すことである。

総体としての自由民権運動をとらえるためには、あらかじめ設定された近代の理想像から裁断することをやめ、自由民権運動の行動・思想の内部に入り込み、それ自体に則して思想内在的に理解しなければならないであろう。すなわち、その行動・思想を内在的に分析し、突き詰めることを厭わない研究が必要なのである。

三

本書は以下のように三部構成になっている。まず第Ⅰ部「自由民権の〈誕生〉」では、民撰議院設立建白の提出、地域結社における演説・討論、義民伝承と民権家の「主体」形成など、「自由民権」として新たに生まれた諸実践に光があてられる。

第1章「民撰議院設立建白提出という出来事——主体・スタイル・テーマ——」（中嶋久人）は、これまで自由民権運動の出発点、士族中心の動きとして評価されることの多かった民撰議院設立建白の提出が、新旧の政府官僚という対等な主体によって、また対等な主体間の論争をよびかけるスタイル——文体でなされ、まさにそうした対等な主体間の論争を政府内に組み込む機能を果たす民撰議院の設立を目ざすものであったことを示し、自由民権運動のなかで生み出された「新たなスタイル」との関わりで「民撰議院設立建白提出」を位置づけている。

第2章「地域結社と演説・討論――明治一〇年代前半会津地方を事例に――」(松崎稔)は、明治一〇年代前半に福島県会津地方で結成された愛身社・先憂党・自由党会津部の結社(政党地方支部)を事例に、これら結社がどのような課題・目的のもとに演説や討論という新たな活動手段を導入したのか、また実際の運動のなかで結社に対してはどのような意義づけがなされたのかを明らかにする。このように松崎論文は、結社による演説・討論をその固有の課題と目的に即して理解することによって、結社という新たな集団組織が、演説・討論という「新しい語り方」に対する模索とともに、その活動を進めてきたことを示す。

第3章「自由民権と義民――「主体」の形成と政治的実践の編成としての自由民権運動――」(金井隆典)は、近世の英雄であった「義民」の再解釈、再構成を通じて、国家、公共のことに関心を抱き、積極的に関与しようという精神、自発性をもつ「民権家」という「主体」がどのように喚起・形成されたのか、またそれが、「民権家」の「抵抗」という政治的実践をいかに編成し、正当化し、方向づけたのかを明らかにする。金井論文は、こうした「民権家」の「抵抗」が、人民の権義を主張し正理を唱えて政府に迫るものから暴力を伴う実力行使までを含み、以後、「激化」に至るまでの民権運動の諸相を形作っていく点を指摘している。

第II部の諸論考は、福島・喜多方事件、加波山事件、群馬・秩父事件の前後にみられた自由党員らの行動をそれぞれ再検証することで、「自由民権」の「激化」について新たな像の提起を試みる。

第4章「自由党と明治一七年の激化状況――田母野秀顕の獄死と顕彰活動――」(田﨑公司)は、一八八二(明治一五)年の福島・喜多方事件によって翌年二月に不当に逮捕され、石川島監獄で獄死した田母野秀顕の自由党葬と、彼に関する建碑・出版活動(田母野秀顕顕彰)がどのように遂行されたのかを明らかにする。その上で、こうした葬儀や顕彰活動が明治一七年の激化状況を促す大きな要因になったとして、従来、主に経済的・政治的な要因によって語られてきた「激化」研究に一石を投ずる。

第5章「明治一七年　加波山事件再考——事件後の顕彰活動と河野広體の動向について——」（大内雅人）は、加波山事件を「自由民権運動史から遊離した暴徒による暴挙」と位置づける従来の見方に対して異論を唱える。「三千七百万ノ同胞兄弟」の代表者として自ら「志士仁人ノ本分」を遂げようとする事件参加者の意識と行動はまさに民権家のものであり、事件によって投獄された人々への救援活動や刑死者の慰霊活動は、事件が民権家の支持を得た行動だったことを示す。大内論文は、出獄した加波山事件参加者による事件の顕彰活動まで視野にいれて、加波山事件を自由民権運動史のなかに位置づける。

また第6章「激化期「自由党」試論——群馬・秩父事件における「諷自由黨」と「自由党」」（高島千代）は、群馬・秩父事件に際してみられた「諷自由黨」（「租税」から「負債」まで公私にわたる負担軽減を掲げ、地域農民を蜂起へと動員しようとした自由党員とそれに応じていった地域の農民たち）の運動に注目する。そして、この「諷自由党」と自由党との接点について従来の研究が投げかけた疑問に対して、「諷自由党」は一八八二年九月以降、自由党中央が常に取り組んできた「人民」の公的な負担問題の延長上に生じたものであり、逆に自由党の運動も、こうした「諷自由党」を生みだすだけの幅をもつ運動だったと論じている。

それでは、「誕生」から「激化」に至るまで、多様な運動主体が相互に関わる中で豊かな可能性をもって展開してきた運動の「経験」は、その後の運動にどのように生かされていくのか。この問題を、大同団結運動以降の「民権家」らの思想と行動に焦点をあてて追求したのが、第III部「自由民権の〈経験〉」である。

第7章「大同団結運動をめぐる政党論——『関西日報』時代の末広鉄腸を中心に——」（真辺美佐）は、従来の研究が大同団結運動の運動主体の理念や内部の具体的な対立関係にまでふみこんでいないことへの批判から、大同団結運動を具体的な運動として最初に提起し、その後も精力的に運動を推進し続けた末広鉄腸の政党論を、具体的な運動や政治状況との関わりで明らかにしている。末広の政党論は、彼が自由党時代の失敗に学び、議会開設前に「輿論」を反映した「政党」を成立させようと模索するなかで生まれたのであり、このように運動内各派の方針が、その「政党」観と密接に結びついていたことを真辺論文は論証している。

また第8章「自由民権運動における壮士の位相――井上敬次郎の動向に見る――」（安在邦夫）は、自由民権運動において「壮士」の活動が無視できないにもかかわらず、「壮士」研究が近年の「青年論」などを例外として進んでいないことに鑑み、「壮士」全体の思想と行動をさらに検討し、自由民権運動史に位置づけることを主張する。その上で、一八八五（明治一八）年から初期議会期（自由民権運動の「収斂期」）における「壮士」として熊本県出身の井上敬次郎をとりあげ、獄中での政治的覚醒、壮士の組織化や連座事件などの「経験」を経た井上を、近代国家秩序構想に関する一定の思想や行動力を有する「真正壮士」と位置づけている。

「自由民権の〈経験〉」を論ずるにあたって、中央の民権派からみれば無名に近い、地域の人々に注目するのが、第9章「「民権」という経験がもたらすもの――渡辺操と小泉由松を事例にして――」（林彰）である。千葉県香取郡で漢学塾を経営し、雑誌を刊行するかたわら、地域の大同団結運動に参加し、その後は弘道会運動の担い手となる渡辺操や、地域で民権思想を学び、桜井静ら「民権家」と交流をはかりつつ、漢詩文サークルを通じて地域の文化運動にも貢献し、やがて初期社会主義結社に加わっていく小泉由松の事跡を丹念に追っていく。林論文は、この二人が、地域の文化・学習活動を担いつつ、どのようなかたちで「自由民権」を「経験」し、その後の生き方へと結びつけたのか明らかにすることによって、「自由民権」の可能性をとらえようとするのである。

四

本論集の執筆者は半数以上が自由民権百年運動を知らない世代であり、八〇年代以降の学会・研究状況のもとで研鑽を積んできた若手研究者である。すなわち本論集は、民権研究の第二の昂揚を経験した世代と、いわば民権研究の「失われた二〇年」を研究の初期条件とした世代の共同研究である。自由な発想に基づく創造的な研究が、現代的課題と切り結ぶ形で進められ「民権一二〇年」以降の自由民権研究・顕彰運動に新たな息吹をもたらしてくれることを願い、本書を世に問う次第である。

参考文献

阿部恒久『近代日本地方政党史論――「裏日本」化の中の新潟県政党運動――』（芙蓉書房出版、一九九六年）。

新井勝紘「回顧と展望」『史学雑誌』（第一〇一編第五号、一九九一年五月）。

新井勝紘編『日本の時代史22　自由民権と近代社会』（吉川弘文館、二〇〇四年）。

安在邦夫「自由民権運動研究の歴史と現在」（深谷克己編『民衆運動史5　近世から近代へ　世界史のなかの民衆運動』青木書店、二〇〇〇年）。

稲田雅洋『日本近代社会成立期の民衆運動――困民党研究序説――』（筑摩書房、一九九〇年）。

稲田雅洋『自由民権の文化史――新しい政治文化の誕生――』（筑摩書房、二〇〇〇年）。

井上幸治『秩父事件』（中公新書、一九六八年）。

今西一『国民国家とマイノリティ』（日本経済評論社、二〇〇〇年）。

須田努・趙景達・中嶋久人『暴力の地平を超えて――歴史学からの挑戦――』（青木書店、二〇〇四年）。

田﨑公司「自由民権運動史の研究」『日本史A　現代からの歴史　指導資料』（東京書籍、二〇〇三年）。

鶴巻孝雄『近代化と伝統的民衆世界』（東京大学出版会、一九九二年）。

牧原憲夫『客分と国民のあいだ――近代民衆の政治意識――』（吉川弘文館、一九九一年）。
町田市立自由民権資料館『自由民権』（第八～一九号、一九九五～二〇〇六年）所収の大日方純夫・福井淳・安丸良夫諸氏ほか論文。

安在邦夫
田﨑公司

目次

第Ⅲ部　自由民権の〈経験〉

第Ⅰ部　自由民権の〈誕生〉

第1章　民撰議院設立建白提出という出来事——主体・スタイル・テーマ——

中嶋　久人

はじめに

本論は、一八七四（明治七）年の民撰議院設立建白提出という出来事が自由民権運動成立の画期となったことの意義を検討するものである。この建白提出が、自由民権運動の後の展開からみて、その成立の画期となったことは、通説となっている。しかし、一方で、この民撰議院設立建白自体について、提出者たちの思想的営為としては議会制の導入を検討していた明治政府との同質性が強調され、高く評価されていない。実は、この点に矛盾があるといえよう。もし、民撰議院設立建白自体が歴史的に評価できないとするならば、なぜ、この出来事が、自由民権運動成立の画期となったといわれているのか。この問題は、そもそも自由民権運動をどのようにみるのかということにつながっている。

自由民権運動における建白については、牧原憲夫が『明治七年の大論争——建白書から見た近代国家と民衆』(1)において扱っている。その中で、牧原は、本論でも多少触れることになる、外債償還のための自発的な民間献金運動を奨励することを建白した橋爪幸昌について、「橋爪幸昌こそ、民権運動の端緒をつくった人物なのであり、報国心（国民としての義務）を「国民の権利」に転換させる道筋、すなわち民権の論理の〝原初形態〟の体現者であったのだ」[2]としている。しかしながら、牧原の著書は、一八七四（明治七）年の多くの建白を対象にしているにもかかわらず、民撰議院設立建白自体を扱わず、この建白が、他の建白に与えた意義についてはは考察していない。

一方、自由民権運動における建白・請願について、金井隆典は次のような見解を示している。金井は、「明治維新後、明治政府が成立し、その機構・制度が整備されると、人々は為政者と対峙するためのそれまでになかった新たな方法を手に入れた。『建白』である。この建白によって、人々は自らの願望を表現し、要求することのできる方法と形式を保障されたのである。また、明治政府も初期には建白を歓迎し、積極的に奨励した。明治政府は自らの正統性の根拠を『與論』におこうとしたがゆえに、『與論』を徴募する直接的かつ効果的な手段である建白は必要不可欠であった」[3]と、建白・請願を位置づける。そして、「建白・請願という実践は、人々の側からいえば、自らの主体的営為にほかならず、必ずしも期待する『国民』に回収されきれない主体形成の営為であり、場なのである」[4]と運動における建白・請願の意義を指摘している。この指摘自体は、牧原の議論に対する反論と位置づけることができ、建白・請願を検討する際の一つの方法を提起したものということができる。しかし、金井の場合も、民撰議院設立建白自体を扱っていないのである。

この民撰議院設立建白が引き起こした当時の波紋―論争については、すでに、その主な舞台となった新聞『日新真事誌』を中心に別稿[5]で検討した。そこで、本論では、それ以前の諸建白と比較しつつ、民撰議院設立建白自体を分析し、同建白提出という出来事の意義について再検討を加えていきたい。

この検討にあたって、本論では、次のことに留意したいと考えている。まず、第一に、建白する側の主体の問題である。建白する側の主体がいかなる者として表現されているのかという点は、それぞれの建白の性格を考える上で重要なファクターであると考えている。建白主体が政府に懇願する立場なのか、対等に主張する立場なのかという点は、建白のテーマを権利の主張として考えているかいなかにかかわるであろう。ある意味では、「主権」の問題にもつながっていく問題である。

第二に、建白のスタイル＝文体の問題である。建白がいかなるスタイルをとっているかについては、金井は論じているが、従来あまり重視されてこなかった問題である。しかし、スタイルの問題は、単なるレトリックの問題ではなく、建白がいかなる環境のもとに社会で流通するかにかかわっているのである。例えば、単に私的に政府官僚に渡すのか、左院などの公的機関に提出するのか、新聞に公表するのか、それによって、用いられるスタイルが違うはずである。それは、第一の建白主体の問題ともかかわってくることである。

第三に、建白のテーマである。もちろん、これは、民撰議院設立建白に限らず、どの建白においても、テーマの把握が第一の課題であろう。その成果として、牧原前掲書をあげることができる。しかしながら、建白のテーマというものは、実は、先に挙げた建白主体やスタイルの問題と密接不可分に考えなくてはならないのではないか。例えば、本論で後述するように、建白のテーマとしては民撰議院設立建白以前にも類似したものは存在する。しかし、それらが民権運動の直接の起点となったとは考えにくい。そのことを、本論では考えようと思う。

以上の点を留意して、本論の記述をすすめていくつもりである。

第一節　民撰議院設立建白以前の民間の建白

まず、民撰議院設立建白以前に、議会制導入を主張した建白の特徴を分析し、民撰議院設立建白の意義を検討する前提として考察してみよう。

明治維新以後、最も早期に議会制導入を主張した建白は、一八六八（明治元）年一〇月三〇日に弁事役所に提出された京都の儒医東遠江の建白である。この建白では、まず「以拙劣之身国事之建議毎々言上仕候段深以奉恐入候得共、今天造草昧之御時、万世無窮之不被為建御基業候ハ而者決而不相成与、日夜忘寝食至願至禱候ニ付、不顧妄議存意言上仕候」(6)と、「拙劣の身」でありながら、「万世無窮」の「御基業」のために寝食も忘れて願うことを、「妄議」を顧みず言上すると述べている。ここでは、レトリックの上でまさしく国家の課題は「万世無窮」の「御基業」と絶対的なものとして把握され、そこに建議する主体は「拙劣の身」であり「妄議」でしかないのである。

その上で、東は、九月二一日に太政官が貢士＝公議人に出した「空論浮議」をやめて「国家実用之与論公議」をもとめる達を是認しながら、それを追求するために「左件之通御制度被為立候」(7)ことを提起した。その制度とは、①「各藩之周旋士ヲ被召出度候事」(8)、②「議政官之下ニ探索士ヲ被為置度候事」(9)、③「国事会之事」(10)の三つである。①の「各藩之周旋士ヲ被召出度候事」とは、幕末に京都に出てきて自藩とつながりつつ「恒ニ諸家ニ交通シテ国家之治乱興廃幕政之失体等ヲ私ニ議論シ」て国事を周旋していた各藩の藩士（つまり幕末の志士たち）を「召出公議ニ関カリ候様被仰出候ハヽ、必御実用ニ可相成奉存候」(11)ということであった。②の「議政官之下ニ探索士ヲ被為置度候事」とは、「天下人心之向背ニ関カル事」や「一事件ニ就テ公議ヲ被為尽候時」について、「探索士ヲ以テ諸藩之論草野之説ヲ親ク探リ問候」ことを提起したもので、東によれば「不触嫌疑ヲ以テ真面目之公論ヲ被為得必御実用ニ可相成奉存候」(12)とされていた。③の「国事会」は貢士＝公議人の会議を「御制度ヲ被為立度奉存候、先列藩ヲ廿組ニ割、其一組之公議士ハ平日互ニ親睦シ各組各処ニ於テ毎月両度国事会ヲ催シ一和協力無隔意互ニ払底討論研究」(13)することを求めたもので、藩単位で集められた貢士＝公議人の会議を組織化することをめざしていた。この「国事会」の目的も「国家実用之公議」(14)であった。東は、それを「国ヲ富シ兵ヲ強クシ皇威ヲ四表ニ更張シ終ニ我ヨリ大ニ航海シ西洋各国ヲ制馭シ玉フ程之一大国力ヲ挽キ興シ候様有之度[15]」というものとして描き出している。彼の「公議」とは、まさに国家発展に寄与するために被治者も含めて広く意見を求めるものであり、被治者らの同意を求めるものではなかったのである。

この東の建白は、朝藩体制における公議人制度の改革をめざしたもので、欧米的な議会制度の導入をめざしたものではない。今までみてきたように、彼の「公議」は、被治者の同意を求めるものではない。また、彼は、少なくとも欧米の二院制議会を導入することには明確に反対している。にもかかわらず、いやそれだからこそ、この時期の「公議」のあり方を典型的にしめしているといえる。それは、まさに、幕末の「諸士横議」の状況を受け継ぎつつ、国家の発展をめざして被治者を含めて広く意見（さらに情報）を求めるものである。そして、「公議」を提出する主体は、東自身も含めて「拙劣の身」にすぎない。そして、その「公議」を採択するかいなかは、国家自体にゆだねられているといえよう。しかも、この国家を運営する官僚たちは、この建白では国家とは相対的に分離した扱いをされていない。

この時期は戊辰戦争が闘われているさなかであり、国家権力自体が安定しているといえない。そして、その後も朝藩体制が存続している間は、国家権力の不安定性は継続した。そして、その不安定さの一つの要因は、まさに国家権力内部で行われていた「公議」をめぐる闘争であったともいいえる。しかし、皮肉なことに、この「公議」とは、一方で、言説の場においては、東の建白にみるような、国家に対してその隆盛を説くために主張され、いささかも建白主体の権利主張ではなく、それがゆえに、絶対的な国家と、無力な主体が浮かび上がってくる。そして、まさに、この言説の場においては、明治国家の絶対性が感ぜられていたといえる。

廃藩置県以後においても、民間からの建白では、国家の絶対性が強調されている。その一つとして、一八七二（明治五）年五月に提出された福島昇の「立憲為政之略議」を検討してみよう。福島はまず「井蛙管見モ無之廖々冒瀆天聴候段奉恐縮候得共、抑近来衆口之所起相考其二三ヲ挙テ廟議ヲ奉迎スル也[16]」と述べている。ここでも建白主体は

「衆口之所起」を受けているとはいえ「井蛙管見モ無之」のである。この建白をうける国家は「天聴」し、「廟議」をする。つまり、天皇と政府官僚は一体なのである。そして、「公明至誠ヲ以テ百務ヲ経綸スルニハ上下ノ両院ヲ相営ミ衆議ヲ諮詢スルニアルベシ」[17]と述べる。この建白でも国家の公正な運営が目的なのである。その具体策として、全国各府県の書生・神職・僧職・庶民の「入札」において議員を選挙して下院を設置し、太政官正院・左院・右院を上院として、その両議院を立法府とすることを提案している。[18]福島昇の建白でも、国家発展のための「公議」である。そして、その「公議」を民間で主張する建白主体は、卑小な存在にすぎない。そして、それを受ける国家は、天皇と一体化しつつ、絶対的な性格を帯びるのである。このように、一般的には国民を国政に参加するために行われたと考えられる議会開設を主張した建白は、この段階では国家の絶対化に帰結していくのである。

ここでまとめておこう。民撰議院設立建白以前に、建白のテーマとしては議会開設を主張する建白は存在する。しかし、それらは、建白者を卑小な主体として位置づけ、絶対的な国家に採用を願うというものであり、権利として議会開設を主張するものではなかったといえよう。これは、一つには建白者側の意識の問題もある。しかし、後の民撰議院設立建白と比較するならば、場としてのマスメディアの未発達ということを前提として、[19]スタイルとして政策論争を挑もうという姿勢をとっていないことも要因として考えられるのである。

第二節　井上馨・渋沢栄一連名奏議の意義

一八七三（明治六）年五月七日の井上馨・渋沢栄一の財政についての連名奏議は、このような建白のあり方に一石を投じるものであった。この奏議は、周知のことであるが、各省の予算増加要求に抵抗していた大蔵大輔井上馨と大蔵省三等出仕渋沢栄一が同年五月三日に辞表を提出した直後になされたもので、『日新真事誌』五月一〇日号などに抄出されて掲載された[20]。そして、牧原が論じているように、橋爪幸昌などの外債償還を目的とした献金運動が展開してくる契機となった[21]。この奏議は、後述するように議会開設を求めたものではないが、民撰議院設立建白の前例となったものである。

この奏議について検討してみよう。この奏議ではまず「大蔵大輔井上馨同三等出仕渋沢栄一奏議[22]」と二人の氏名が官名とともに記載され、名もない庶民ではなく、現職の政府官僚の営為であることが明示されている。そして、通常の民間からの建白では、ここで自らを貶め、国家の絶対性を賛美するような表現がみられるが、この奏議では欠如している。絶対的な国家と無力な建白主体ということにはならないのである。それは、結末部分においても「大知テ言ハサルハ不忠ナリ、知ラスシテ言ハ不智ナリ、臣等縦ヒ不智ノ譴ヲ受ルモ決シテ不忠ノ臣タルヲ欲セス……其尽言極論厳威ヲ冒瀆シテ顧忌スル所ナキハ固ヨリ斧鉞ノ誅ヲ甘スルヲ以テナリ、臣馨臣栄一憂懼ノ至リニ堪ス、誠恐誠惶昧死以聞[23]」と、言説の過激さが死を招く可能性には言及しても、自らの行為についてを謙譲するような表現はみられないことと照応している。まさに政府官僚としての「臣」の立場から議論を展開しているのであり、その点では政府とは対等の立場なのである。

この奏議では「国家ノ隆替ハ固ヨリ気運ノ然ラシムル処ト雖トモ亦未タ政府挙措ノ当否ニ由スンハ非ルナリ[24]」と、政府の営為が国家の隆替を左右するという原則論から議論を始めている。そして、本奏議では財政政策の当否を論じていくことになる。ただ、このところでは、まず、政府と国家を分けていることに注目したい。確かに、この奏議も国家の発展をめざすものであるが、政府の営為は論評可能であり、絶対的なものではないのである。

続いて、この奏議では、明治政府の行った「開明」政策を評価しつつ、「臣等ハ爰ニ憂フル所アリ[25]」とする。それは、「今日ノ開明ハ民力上ヲ重ンスル者ニ非スシテ徒ニ政理上ニ空馳スル者固ヨリ智者ヲ俟テ後ニ知ラサル也[26]」と、民力を考慮しない「開明」政策であるからとこの奏議は述べている。この原因は、本奏議によると、大きくわけて二つある。一つは、「今欧米諸国ハ民皆実学ヲ務メテ智識ニ優ナリ、故ニ人々各自其力ニ食ム能ハサルヲ以テ大耻トナシテ」いるのに対して、「我民ハ則チ之ニ反ス……是皆其力ニ食ム能ハサルモノニシテ其際一二才識ヲ以テ称セラル、モノアリトイヘトモ多クハ皆請托機ニ投シ壟断利ヲ罔スルノ徒ニ過キス」と、日本の人民は自立する能力をもっていないにもかかわらず、「今斯ノ如キノ輩ヲ駆テ一朝俄カニ之レヲ開明ノ域ニ届ラシメント欲ス、亦猶卵ヲ見テ時夜ヲ求ムルカ如キ也(27)」と、急速に開明政策を進めていくこと自体に無理があるとしている。

加えて、この奏議では、開明政策を進めていく政府側の問題を指摘している。奏議では「更始ノ際政府専ラ人才ヲ択抜スルニ急ニシテ天下ノ人士モ亦自ラ奮テ其用ニ供セント欲ス」という政府の人材吸収のために、「夫官其人多ケレハ必ス其事ヲ作コスヲ好ム、既ニ其事ヲ作コスヲ好メハ必ス其功ヲ成スヲ喜フ、今政府意ヲ民力上ニ注意セスシテ力ヲ政理上ニ専ニシ百官又事ヲ作コシ功ヲ成スニ急ナレハ勢ヒ実用ヲ捨テ空理ニ馳スルノ弊ナキ能ハス(28)」という、それぞれの官僚が業績をあげようと努力するがためにかえって開明が進みすぎるという状態が生まれてくるとしている。

このように、急進的な開明政策が展開するために、「夫レ其官アレハ其給ナカルヘカラス、其事アレハ其費ナカルヘカラス、是故ニ事務日ニ多キヲ加ヘテ用度月ニ費ヲ増シ、歳入常ニ歳出ヲ償フ能ハサレハ之ヲ人民ニ徴求セサルヲ得ス(29)」と、歳出の増加のために人民の租税を増加せざるをえないとした。この奏議では「是ニ於テ乃チ之カ賦税ヲ増シ之カ傭役ヲ起シテ以テ斯民ヲ督呵ス、其極斯民ヲシテ安息セシムル能ハスシテ国モ亦随ツテ凋衰ヲ免レサラシムルニ至ラン(30)」と述べている。具体的には、歳入は毎年四〇〇〇万円しかないのに、すでに一八七三（明治六）年五月の段階で歳出は五〇〇〇万円に及んでいると推計し、すでにこの段階で一〇〇〇万円の歳出超過となっているとしている。その上、毎年一年間で一〇〇〇万円ずつ費用が増加し、さらに旧藩や諸省の内債・外債は総計一億二〇〇〇万円に及んでいるがゆえに、最終的には償却の手段のないままに一億四〇〇〇万円の負債を本年はかかえこむことになると指摘した。

そして、このまま開明政策が続くと、その財政を支えるために、大規模な増税がさけられないとした上で、本奏議は「議者乃チ曰ク瘠土ハ民ハ労シ沃土ノ民ハ楽ム、楽メハ貧ニシテ労スレハ富ム、故ニ其智ヲ進メテ之ヲ富マサント欲セハ其賦税ヲ厚クスル速カニ欧米諸国ノ如クセサル可ラス」[31]と労働意欲を刺激するためにも増税を認めるべきであるとした予想される反論を自ら提示する。そして、本奏議は、この意見について、次のように反駁する。「欧米諸国ノ民タル概ネ智識ニ優ニシテ特立ノ志操ヲ存ス、且其国体ノ然ラシムル所ヨリ常ニ政府ノ議ニ参スルヲ以テ、其相保持スル猶手足ノ頭目ヲ護スルカ如クナレハ、利害得失内ニ明ニシテ政府ハ唯之カ外廷タルニ過キス」[32]と、欧米の人民は知識もあり参政権もあるので、政治上の利害を十分理解しているのだとまず指摘している。しかし、「今我民ハ則此ニ異リ久シク専擅ノ余習ニ慣レ、長ク偏僻ノ固陋ニ安シ、智識開ケス志操確カラス、進退俯仰只政府ノ命ニ之レ遵ヒ、所謂権利義務ノ如キニ至ツテハ未タ其何者タルヲ弁スル能ハス」[33]と、日本の人民は専制国家のもとに成長して権利義務の概念もなく政府の主張をそのまま受け入れてしまうだろうとしている。それゆえに、「夫レ出ルヲ量リテ入ヲ制スルハ欧米諸国ノ政ヲ為ス所以ニシテ」としながらも、「今我カ国力民情未タ此ニ出ル能ハサル者人々ノ能ク知ル所ナレハ、方今ノ策ハ且ラク入ヲ量テ出ルヲ制スルノ旧ヲ守リ務テ経費ヲ節減シ……其負債紙幣ノ如キハ無用ノ費ヲ減シ不急ノ禄ヲ省キテ支消兌換漸ヲ以テスルノ法ニ供シ」[34]と、歳入にしたがって歳出を削減し、さらに政府の負債を漸進的に償還することを主張した。そして、「此法苟モ一定セハ尽ク其長官ヲ会同シテ公布スルニ其要旨ヲ以テシ互ニ相誓約シテ此目的ヲ失ハサルヲ務メトシ」[35]と、地方官も含めた「其長官」の会同で互いに誓約するという形をとって、この方針を公布することを求めている。「夫ノ施為ノ緩急処置ノ先後」などの具体的な方策は「衆議ヲ尽シテ其宜キヲ斟酌シ政理民力相背カサルヲ以テ後来ノ標準トナスヘキナリ」[36]と本奏議は述べている。

この奏議は、それまでの民間の建白とは全く違ったものであった。まず、前述したように、署名者は、井上馨と渋沢栄一という現職の大蔵官僚であり、いわば政府の一員であった。ゆえに、この奏議は、自己卑下と政府＝国家の絶対化を前提とせず、政府の一員という対等な主体からの率直な政策批判の形をとっている。井上と渋沢の考えは、政府にひれ伏して専ら採用を願うのではなく、現在の政府による政策を、政府より超越した立場にある「国家」の利益という観点から論理的に批判し、彼らの考えに対する正当性を得ることによって達成されうるのだ。この奏議では、あえて予想される反論を提示し、さきだって反駁を加えていくというスタイルもみることができる。

この中で、「衆議」を尽くすという論理がすでに出ていることにも着目したい。この「衆議」とは、直接的には地方官会同などの政府内部における論議をさしているとも見られる。しかし、井上馨と渋沢栄一は、留守政府内部における政争に敗北して、大蔵省を辞職するともに、この奏議を公にしたのである。単純に政府部内の論議にまかせておくならば、彼らの考えは日の目を見ないのである。この奏議が『日新真事誌』などに投書されていることからみて、マスメディアを媒介として、広く社会の議論を喚起しようという彼らの意図をそこに垣間見ることができよう。

しかしながら、民撰議院設立建白と比較するならば、「衆議」を尽くすという論理が漠然としたものであったことも指摘しておかねばならない。さらに、建白のテーマとしては、同年の財政急迫に対して政策的に対処するのかということに終始しているといえよう。

この奏議は財政問題に関する社会の議論を喚起した。政府は、井上馨と渋沢栄一の辞職を五月一四日に認めるとともに、参議江藤新平らのイニシアチブにより刑事訴追し、七月二七日罰金を科した[37]。しかし、そればかりではない。政府は積極的に言論によって反論を行った。『太政官日誌』第八二号（明治六年六月九日発刊）には、参議・大蔵省事務総裁大隈重信名で、井上・渋沢連名奏議への反論が掲載された。この反論では、井上・渋沢連名建議について、「其論固ヨリ憂国ノ衷情ニ出ル」と、その意図自体は認めていることに着目したい。しかし、それに続いて、「措辞実ニ過キ議論激ニ超ヘ且歳出入ヲ計ルニ至テハ多ク臆測ノ概算ニ出ツ、是閣下（太政大臣三条実美――引用者註）ノ其書を黜テ采用セサル所以ナリ」と述べ、議論が過激であり歳入出の計算は臆測であったために、政府としては受け付けなかったとした。にもかかわらず、「誤テ新聞紙ニ刊行セシヨリ中外人民其主職ノ上書タルヲ以テ固ヨリ真確ナルコトヲ信シ大ニ紛紜ノ物議ヲ生スルニ至ル」と、新聞に掲載されたために、この奏議を信じて物議を醸すことになったと大隈は述べている。そこで、大隈が「其会計実況ノ当否ヲ弁明スヘキノ欽命」により大蔵省内部で調査を進め、その結果として「明治六年歳入出見込会計表」を提出したとしている。その上で、大隈は、「抑モ財政ハ皇国安危ノ関係スル所苟モ其当ヲ愆レハ不測ノ患害ヲ醸スコト弾指ノ間ニ在ルヤ固ヨリ論ヲ俟サルナリ、然ルニ今二氏ノ論スル所ノ如クナレハ我政府ニ対シ中外人民ノ信憑ヲ薄クシ是カ為メニ疑惑ヲ生スルニ至ラン」と、このまま国家の安定に直結する財政について当を得ない観測が広がっては政府に対する信用が薄くなるとして、「故ニ切ニ望ム、今録呈スル所ノ歳計表ヲ遍ニ中外人民ニ公布シ以テ其疑惑ヲ解キ其物議ヲ止ンコトヲ誠恐ノ至ニ堪ヘス」と、この歳出入見込会計表を公布して、人民の信用を回復することを主張した。

もちろん、大隈の主張は認められ、前述したように『太政官日誌』に掲載されただけではなく、『日新真事誌』などにも掲載された。結局、この歳入出見込会計表によると、歳入四八七三万円余、歳入四六五九万円余で、二一四万円余の黒字となることになっていた。国債も一八七三年末の時点で、内国債二五七一万円余、外国債五五〇万円余、あわせて三一二二万円余となることになり、井上・渋沢の連名奏議の見積もりは過大であると主張したのである。

財政見積もりにつき、どちらが正しいのかということについて、本論で論じる必要はないだろう。ただ、この大隈による財政状況の公表が、井上・渋沢連名奏議によってまきおこした政府に対する不信をとりあえず克服したことは間違いないと思われる。以後、財政に対する議論は、外債償還の一点にしぼられていく。そして、井上・渋沢連名奏議のもっていた対等な主体からの政策論争を挑もうとする傾向は影を潜め、国家を自発的に支えていくことが強調されていくのである。

例えば、『日新真事誌』一八七三年八月九日号に掲載された、文部大録飯田恒男・新治県貫属（士族）岡田冝友投書「外債消却之議」をみておこう。この投書では、まず井上・渋沢連名奏議で示された負債総額一億四〇〇〇万について「且ツ驚キ且ツ嘆ス」としている。しかし、井上・渋沢連名奏議における政府批判には結びつかず、「蓋シ方今維新ノ盛挙ニ際スト雖徳化未夕下民ニ徹底セス動モスレハ物議洶々衆口嗷々外債ノ為ニ頗ル杞人ノ憂ヲナス」と、このことで動揺する民衆のほうに責を帰している。それでも、さすがに、政府公表の見積もりで財政黒字になるということについては「不快然乎」としているが、このことには一度しか触れない。政府公表の見積もりで「外債高五百五十万円余且ツ一ケ年利子三十七万円内債トトモニ消却ノ御処法アリト雖モ」とされていることを前提として、「思フニ数年ヲ経サレハ悉皆消却シ難シ」と続いて述べている。そして、外債の弊害を述べ「憶フニ我国人民性来信且義孰レカ外債ノ自国ニ害アル所以ヲ患ヘサルモノナク」とした。その上で、

今是ヲ全国人口三千四百万人ニ配スレハ一人金十六銭二厘ニ過ス、誠ニ僅々タルモノニシテ敢難シトスルニ足ス、依テハ更ニ十ケ年賦公債証印ヲ製造シ、年々外国ニ返スヘキノ利子ヲ加ヘ、償還ノ方法ヲ立、府県ニ令シ余資アルモノニ課シ、有志ノ徒ヲ募リ其□急ニ従テ支消シ、以国害ヲ除キ遂ニ政府ヲ補シテ富強ヲ計リ、而シテ各国ニ対シ慙色ナカラシムルベキナリ、苟モ我国ノ民タルモノ孰レカ利子ヲ貪ルモノアランヤ

と、外債は国民一人当たり一六銭二厘に過ぎないから、それぞれに応じて国債を割り当て、その資で外債を即時償還すべきであると主張した。この投書では、井上・渋沢連名奏議に存在していた政策論争を挑もうとする傾向はなくなっている。そして、結局は、国家を自発的に支える主体たるべきということが強調されているのである。

国家を自発的に支える主体たるべきという論理は、人民による自発的な外債償却を出願した橋爪幸昌の建白にも引き継がれた。この建白は、一八七三（明治六）年一〇月一四日に左院に提出され、受理されず返却となったが、『日

新真事誌』一一月二三日号に掲載され、前述したように外債償却を目的とした献金運動の出発点となったものである。本建白では「既文部大録飯田恒男ノ外債云々投書ヲ見ル、因テ之レニ基キ外債消却ニ注意ス、同氏ノ論ニ外債我全国ノ人民ニ割当スレハ一人ニ付拾六銭二厘ニシテ外債皆済ナリ」(38)とされ、飯田・岡田投書に影響されて外債皆済を企てているのである。しかし、「モト東奥ノ一寒生ニシテ方今ノ景況ヲ知ラス」(39)などより自らの無学・貧困が強調されている。その上で、「然リト雖モ十六銭二厘出スコト能ハサル者アルヘシ鰥寡孤独コレナリ、又富民ニシテ有志ノモノ有ルベシ、僕等ノ如キハ無学文盲ニシテ全国ノ人民ヲ論スノ状ヲ知ラス、宜シク各府県ノ知事令参事タル人共ノ地方ノ情態ニヨリ懇々説諭アランコトヲ冀望ス」(40)と、政府に外債償却のための献金をよびかけることを希望した。一方、「僕等無学無才ニシテ国家ニ報ユル道ヲ知ラス、伏シテ希クハ四方ノ君子僕ノ拙論ニ同志アラハ来歳五月ヲ期トシテ一月ヨリ五月ニ割リ一月一人ニ付三百二拾四文ヲ溜金ス、五月ニ至リ各戸長手元ニ集メ大蔵省ヘ報ス、以テ国債ヲ消却シ上ハ　聖主ヲ安シ下ハ万民ヲシテ安全タラシメ、外ハ万国ト対立シ勤メテ我　皇国ヲシテ欧米各国ノ下ニ出サランコトヲ」(41)と、一般人民にも自発的に献金することをよびかけた。

この橋爪の建白の場合、井上・渋沢連名奏議にある対等な立場から政策論争を挑もうという姿勢を見ることができない。むしろ、自らを卑下する立場におきつつ、それでも自発的に国家をささえるという主体のあり方が強く表出されている。この橋爪建白は左院によって却下されたが、『日新真事誌』に掲載されて、大きな反響をよび、橋爪の主張を支持する投書が相次ぐ一方で、全国各地で自発的に献金する運動が展開された。この外債償却を目的とした自発的献金運動は、牧原のいうように、確かに「国民としての義務」を定着させたものということはできる。しかし、この段階において「国民としての義務」を「国民としての権利」に転換したものということはできないのではなかろうか。(42)

さて、ここでまとめておこう。井上・渋沢連名奏議は、マスメディアの一定の成長を前提として、政府と対等な主体による、政策論争をはかったものとして評価できる。これに対して、明治政府は、単に処罰するだけでなく、同じ土俵にたって、反論せざるをえなかった。しかし、この論争は、井上・渋沢連名奏議の具体的なテーマが財政問題を中心としていたこともあって、民衆は自発的に国家を支える主体たるべきという論理を産みだしたことに終わった。もちろん、このことは、権利主体としての民衆を主張する前提として位置づけることはできる。しかし、結果的には、民衆が対等の主体として政策論争を行うスタイルを定着させるにはいたらなかったといえよう。

第三節　民撰議院設立建白の意義

井上・渋沢連名奏議提出のほぼ半年後の一八七四（明治七）年一月一七日、左院にいわゆる民撰議院設立建白が提出された。この民撰議院設立建白は、『日新真事誌』年一月一八日号、『東京日日新聞』一月一九日号に掲載され、やや後の『新聞雑誌』二月六日号附録に、加藤弘之の反論とともに収録され、大きな議論をまきおこした。

この民撰議院設立建白を、テクストにそくして考察してみよう。この民撰議院設立建白には前書がある。そこでは、建言をなすにいたった建言者たちの意識が説明されている。まず、「某等別紙建言候次第平生ノ持論ニシテ某等在官中屢及建言候者モ有之候」(43)と、民撰議院設立建白は彼らの持論であり、在官中も建言してきたといっている。その上で、彼らは「欧米同盟各国へ大使御派出之上実地ノ景況ヲモ御目撃ニ相成其上事宜斟酌施設可相成トノ御評議モ有之」(44)と、岩倉使節団の対外視察によって、民撰議院設立は政府部内でも検討されてきた課題であると述べている。ここで、彼らは、政府内部にいたということを前提にして、明治政府も設置を検討してきたことを主張している。

しかし、ここで彼らは語調をかえ、「然ルニ最早大使御帰朝以来既ニ数月ヲ閲シ候得共何等ノ御施設モ拝承不仕」(45)と、なぜ民撰議院設置の動きをみせないのかと指摘し、政府批判の方向に転じる。その上で、最近の政治状況を「昨今民心洶々上下相疑ヒ動スレハ土崩瓦解之兆無之トモ難申勢ニ立至候[46]」と概括する。そして、その原因について、「畢竟天下輿論公議ノ壅塞スル故ト実以テ残念ノ至ニ奉存候[47]」と、公論が政治にとりいれられないことをあげている。この上で、「此段宜敷御評議ヲ可被遂候[48]」と、この建白を議論してほしいと、提出先の左院に要請している。

あまりに論じられていないことであるが、この前書は、民撰議院建白提出者たちの姿勢を集約したものといえる。彼らは、一時在官したことをふまえて、明治政府も民撰議院設立を検討していたはずであり、岩倉使節団の欧米視察によりその必要性はより認識したはずなのに、なぜ民撰議院設立を行わないのかと、政府批判を行っている。ある意味では、彼らは、政府と政治の近代化を志向する面では共通しており、その上で、彼らは政府に先んじた近代化を要求したといえる。しかし、一方で、彼らは「民心洶々上下相疑ヒ動スレハ、土崩瓦解之兆」があることに注意をはらっている。「土崩瓦解之兆」が何を示すのかは、このテクストだけからはわからないが、同時代で起きていた被治者側の新政反対一揆や士族反乱をさすことは明らかと思われる。彼らが「土崩瓦解之兆」とこれらの動向をさししめすとき、彼らは「土崩瓦解」を押し止めようということ――つまり被治者の秩序崩壊の動きを押し止めようとする「治者」の側にたっていたことは確実である。しかし、彼らは、一方で「土崩瓦解」の原因として、「天下輿論公議ノ壅塞スル」ことをあげ、まさに、明治政府が民撰議院設置を行わないことに対する批判の論拠としている。概括すると、民撰議院設立建白者は、明治政府と同様に、近代化を進め、社会秩序の崩壊を押し止めようとする「治者」の面をもつ点で共通している。しかし、まさに、社会秩序の崩壊の原因として、明治政府による公論の壅塞をあげ、その点では被治者のエネルギーを（心情ではなく）、前提としているのである。

次に、建白者八名の署名がなされている。高知県貫属士族古沢迂郎・高知県貫属士族岡本健三郎・名東県貫属士族小室信夫・敦賀県貫属士族由利公正・佐賀県貫属士族江藤新平・高知県貫属士族板垣退助・東京府貫属士族後藤象次郎・佐賀県貫属士族副島種臣[49]。周知のことであるが、彼らのうち、板垣退助・江藤新平・副島種臣・後藤象次郎の四名は、前年の征韓論争で下野した前参議であった。この民撰議院設立建白が、彼ら八名以外に福岡孝弟・坂崎斌・片岡健吉・林有造などを交えて結成された愛国公党の活動として行われ、実際にこの建白の草稿を作成したのは、イギリス留学から帰国したばかりの古沢迂郎（滋）であったことは、現在通説となっている。しかし、この建白においては、愛国公党やそれを構成した他のメンバーも署名していないし、また、実際に建白の作成過程に関与した古沢滋などに署名者を限る措置もされていない。「某等別紙建言候次第平生ノ持論ニシテ某等在官中屢及建言候者モ有之候」という前書の論理においては、政府の中枢にいた前参議たちの営為として、この建白を位置づける一方で、実際に作成に関与した古沢らも建白者としての署名を行うことになったと考えることができる。この署名は、彼らが現実にこの建白の作成過程にかかわったかどうかとは関係なく、この建白をレッテルづけることとなった。

建白の本文においては、最初から、明治政府のあり方自体を批判している。「臣等伏シテ方今政権ノ帰スル所ヲ察スルニ上帝室ニ在ラス下人民ニ在ラス而独有司ニ帰ス[50]」と、この建白では主張する。その後、有司も帝室を尊重していないわけでもなく人民を考慮していないわけでもないと形ばかりの申し訳を述べた後、一挙に「政令百端朝出暮改政情実ニ成リ賞罰愛憎ニ出ツ、言路壅蔽困苦告ルナシ、夫如是ニシテ天下ノ治安ナラン事ヲ欲ス、三尺ノ童子モ猶其不可ナルヲ知ル、因仍改メス恐クハ国家土崩ノ勢ヲ致サン[51]」と政府を強い口調で非難する。この建白が提示した世界においては、「三尺ノ童子」すらも、政府を批判するのだ。そして、その結果は「国家土崩」である。この建白書は、いうまでもなく「民撰議院設立」を要求するものであったが、それは、まさしく現在の政府＝有司を「国家土崩」をまねきかねないとして批判することから開始されているのである。

その上で、この建白では、「臣等愛国ノ情自ラ已ム能ハス」と自身の立場を「愛国」と規定しつつ（愛国本党も愛国社も、「愛国」を冠していることに注意したい。彼らは「愛国」であるが、それは政府を批判するという点から構想されている立場なのだ）、「乃チ之ヲ振救スルノ道ヲ講求スルニ唯天下ノ公議ヲ張ルニ在ル而已[52]」と提案する。「天下ノ公議ヲ張ル」ということは、単純に政府批判の言論を展開すればいいというものではない。次の段で「天下ノ公議ヲ張ルハ民撰議院ヲ立ルニ在ル而已(53)」という。公議を張るためには、制度的な「民撰議院」がなくてはならないとこの建白では主張するのである。そして、民撰議院が設置されてはじめて「則有司ノ権限ル所アツテ而上下安全幸福ヲ受ル者アラン(54)」と、最初に述べた「有司」の害は是正されるのである。

この建白は、ここから、民撰議院設立の正当性を事細かに主張していく。まず、民撰議院設立の正当性を、「夫人民政府ニ対シテ租税ヲ払フノ義務アル者ハ乃其政府ノ事ヲ与知可否スルノ権理ヲ有ス(55)」と、租税協議権をもとにした参政権に求める。そして「是天下ノ通論ニシテ復喋々臣等ノ之ヲ贅言スルヲ待サル者ナリ、故ニ臣等窃ニ願フ有司亦是大理ニ抗抵セサラン事ヲ(56)」と、この議論が「天下ノ通論」であり、有司はこの「大理」に従うべきであると論じている。

さらに、この建白では、「今民撰議院ヲ立ルノ議ヲ拒ム者曰我民不学無智未タ開明ノ域ニ進マス、故ニ今日民撰議院ヲ立ル尚応サニ早カル可シト(57)」と、人民の無知を理由とした民撰議院設立尚早論の論理を、この建白の側で先回りして提示する。そして、この想定された反論に対する再反論として、この建白では「臣等以為ラク若果シテ真ニ其謂フ所ノ如キ乎、則之ヲシテ学且智而急ニ開明ノ域ニ進マシムルノ道即民撰議院ヲ立ルニ在リ(58)」と、逆に民撰議院設置こそが人民を開明に導くものであると主張する。その理由として、この建白では、「何トナレハ則今日我人民ヲシテ学且智ニ開明ノ域ニ進マシメントス、先其通義権理ヲ保護セシメ之ヲシテ自尊自重天下ト憂楽ヲ共ニスルノ気象ヲ起サシメスンハアル可カラス、自尊自重天下ト憂楽ヲ共ニスルノ気象ヲ起サンメントスルハ、之ヲシテ天下ノ事ニ与ラシムルニ在リ、如是ヲシテ人民其固陋ニ安シ不学無智自ラ甘ンスル者未タ之有ラサルナリ(59)」と、権利を保障し参政の道を開くことこそが、人民の知識水準を高めると述べている。そして、民撰議院など「天下ノ愚ヲ集ムルニ過サルノミ(60)」としている有司に対しては、「噫何自傲ルノ太甚シク而其人民ヲ視ルノ蔑如タルヤ(61)」と批評している。確かに有司に知識水準の高い人がいるが、民のなかにもおり、もちろん、どちらにもそうでない人もいる。その上で「僅々有司ノ専裁ト人民ノ輿論公議ヲ張ルト其賢愚不肖果シテ如何ソヤ」(62)と、賢愚だけでは民撰議院設置を拒否する理由にならないと述べている。さらに、「臣等謂フ有司ノ智亦之ヲ維新以前ニ視ル必ラス其進シ者ナラン、何トナレハ則人間ニ智識ナル者ハ必ラス其之ヲ用ルニ従テ進ム者ナレハナリ」(63)と、現在の有司たちも政権獲得以後成長してきたのではないかと指摘している。そして、この建白では、「且夫政府ノ職其宜シク奉シテ以テ目的トナス可キ者人民ヲシテ進歩スルヲ得セシムルニ在リ」(64)と、人民を進歩させることこそ政府の目的ではないかと主張している。

続いて、「則今日我政府ノ宜シク以テ其目的トナス可キ者則民撰議院ヲ立テ我人民ヲシテ其敢為ノ気ヲ起シ天下ニ分任スルノ義務ヲ弁知シ天下ノ事ニ参与シ得セシムルニ在リ、則闔国ノ人皆同心ナリ」(65)と、この建白では述べている。民撰議院を設立して、参政権を与え、義務を公示することによって、人心を一つにすることも政府の目的であるとしているのである。この建白は「夫政府ノ強キ者何ヲ以テ之ヲ致スヤ、天下人民皆同心ナレハ也」(66)と言っている。そして、征韓論における政府の危機においても「我政府ノ孤立スルヤ何ソヤ、昨十月政府ノ変革天下人民ノ之カ為メニ喜戚セシ者幾カアル」(67)とし、それどころか、知らない者が十中八九だったのではないかと指摘している。そして、「今民撰議院ヲ立ルハ則政府人民ノ間情実融通而相共ニ合テ一体トナリ国始メテ可以強カルヘシ政府始メテ可以強キナリ」(68)と主張している。強力な国家・強力な政府を形成するための人心統一の必要性が、民撰議院設置の必要性となっているのである。

この後、建白は、再び、有司の側の民撰議院設置に対する反論を、「臣等窃ニ聞ク、今日有司持重ノ説ニ藉リ事多ク因循ヲ務メ世ノ改革ヲ言フ者ヲ目シテ軽々進歩トシ而シテ之ヲ拒ムニ尚早キノ二字ヲ以テスト」(69)と想定する。この想定される反論に対して、この建白では、民撰議院は、政治的決定を「鄭重」にするものであり、朝令暮改の甚だしい現状の政府において、それこそ民撰議院設置の必要性を証明するものではないかと主張する。さらに「夫進歩ナル者ハ天下ノ至美ナリ、事々物々進歩セスンハアル可カラス、然ラハ則有司必ラス進歩ノ二字ヲ罪スル能ハス、其罪スル所必ラス軽々ノ二字ニ止ラン、軽々ノ二字民撰議院ト曾テ相関渉セサル也[70]」と論じている。また、「尚早」については、さらに想定される議論を敷衍し、「有司ノ説又謂フ、欧米各国今日ノ議院ナル者ハ一朝一夕ニ設立セシノ議院ニ非ラス其進歩ノ漸ヲ以テ之ヲ致セシ者ノミ、故ニ我今日俄ニ之ヲ模スルヲ得スト[71]」としている。そして、この建白では、蒸気機械・電信など、すべてのものが欧米で数百年かけて出来たものを日本では成果として使っているのに、民撰議院のみそのように主張するのはおかしいと指摘しているのである。

そして、この建白では、最後に、ここまで弁論してきたことは「則有司ノ之ヲ拒ム者ヲシテ口ニ藉スル所ナカラシメントスル二非ラス」と、拒否する有司側に言いわけをする余地をなくすために議論してきたわけではないことを述べ、「斯議院ヲ立天下ノ公論ヲ伸張シ人民ノ通義権理ヲ立テ天下ノ元気ヲ鼓舞シ以テ上下親近シ君臣相愛シ我帝国ヲ維持振起シ幸福安全ヲ保護センヿトヲ欲シテ也[72]」と主張しているのである。

この建白のテーマを特徴づければ、①有司専制を制限する公議の主張の場、②租税協議権に基づく参政権の主張、③人民を啓蒙するための参政権、④強力な政府・国家の樹立のための人心統一、⑤著しい「進歩」観の強調、をあげることができる。テーマだけからみるならば、すでに、政府内外で議論されてきた立憲制に関するさまざまな議論が混在しているようにもみえる。しかし、建白書全体の論理がどのようなスタイルをとっているかを考えてみると、それは、かなり一貫している。この建白は、それまでの建白が政府に対して新たな政策を取り入れることを提案することを旨としたことと相違して、政府の体制的あり方自体を批判し、その批判すべき点を「民撰議院」を設立することで是正することを主張するスタイルをとっている。政府は「有司」なのであり、絶対的な存在ではなく、あるべき国家像からは批判されるべき存在なのである。また、すでに随所で触れてきたように、この建白書は、予想される反論を建白書の側であらかじめ提起して、それに対して再反論を加えている。つまり、この建白書自体が、ある種の論争的な弁証法をそなえているといえよう。この建白書自体が、政府を批判して論争を挑発するという性格を有している。これは、一方で、明治政府内部で行われた立憲制―国会創設をめぐる論争を反映したものとしてみることができる。しかし、それ以上に、マスメディアにおける公開を前提として、有司―政府を含めてこれを読む者に対して論争を提起したものとして考えることができる。

つまり、すでに前書や署名の点で触れてきたように、征韓論争で敗北した前参議を中心としたグループが、現存の政府―有司を標的にして、論争を挑発しているのである。彼らは、当然ながら、征韓論争の敗北以後、それとは別な形での政治的闘争を継続しているといえよう。彼らは、ある意味では、明治政府と立場を共通にしている。強力な国家を望み、そのためには、「進歩」を構想し、人心統一を願う点では、まさしく、明治政府と共通している。彼らがしめてきた経歴もまた、明治政府内部の「有司」と共通している。その中での政治的闘争の一つの手段でもあったことは否定できない。しかし、この建白においては、その政治的闘争を、民撰議院設立をテーマとした政策論争のスタイルをとりながら行っているという点に最大の特徴がある。それは、一方において、有司の持つであろう反論を一方的に断罪せず、論理的に反駁することによって、自らの正当性を示そうとするものである。それは、政治的な論争に依拠して行う新しい政治的闘争のスタイルを提示しているのである。

一方、これは、すでに明治政府の行ってきた建白などを通じて喚起されてきた「公議」に新たな意義を与えるものであった。それまでの建白などにみられる「公議」は、民間などに存在する政策的意見を、天皇―政府のもとに結集しその意見集約のもとに国政を運営するというもので、建白者側は対等な政治的主体の立場にたっていなかった。民撰議院設立建白においては、ある面ではそのような「公議」観を保持しつつも、民撰議院設立の採否する政府を「有司」として批判することで、建白者側は対等な政治的主体の立場にたつことが明白に提起された。政府は「有司」なのであり、正当な意見ならば取り入れる絶対者ではなく、民間の側の批判者とは対等な立場にたっている。言説の場において、政府—有司に彼らの立場とは違う政策を導入させ、そのことによって政府のあり方を変える。それが「公議ヲ張ル」ことであり民撰議院設置であり、この建白のテーマなのである。それがゆえに、まさしく政府—有司の主張を論理的に反駁しなくてはならず、ゆえに論争を挑発していくことになる。このような政治的な主体は、それまでの建白にはなかったものといえよう。

まとめていえば、建白主体が政府と対等であることは、政府批判を含んだ政策論争のスタイルを建白がとっていることによって位置づけられる。そして、建白のテーマとしては、このような政策論争を民撰議院設立によって公共的なものにすることをめざす。ある意味では、主体・スタイル・テーマが三位一体の関係にたっているのである。

まさしく、民撰議院設立建白は、それまでの建白の世界も変えることになった。この民撰議院設立建白の提出直後に、江藤新平は佐賀の乱に参加し——どれだけ本人の主体的な意志によってかはわからないが——、刑死する。また、論争の過程において、建白者側の士族中心主義は明確となっていく。しかし、この民撰議院設立建白は、ある意味では建白者の意図をも超えて、より普遍的な主張を行い、その主張を軸として、自らの反対派も含めて論争を行うことへ誘い、政府と対等な主体をたちあげていく性格を有している。その意味では、多くの人々の心のなかに呼びかけるものでもあった。

おわりに

最後に、民撰議院設立建白の直接の波紋について検証しておきたい。井上・渋沢連名奏議に触発されて外債の自発的な献金運動を提唱した橋爪幸昌は、一八七四（明治四）年四月、左院に建白を出した。この建白は、「邦ノ本ハ人也、苟モ人心ヲ得サレハ邦危シト、客歳十月　廟堂上ノ議論両端ニ渉ルヨリ人心洶々朝野囂然怨声四方ニ聞エ、コレ卑臣首ヲ痛メ狂ノ如ク踰礼ヲ覚ズ抗表上陳スル所以也、コレヲ斉スルニ道アリ、民撰議院コレナリ[73]」と、征韓論以来の政争を踏まえて、民撰議院設立を求めたものであった。この建白では、「卑臣曩日外債消却ノ儀意見ヲ左院ニ示シ各県令ニ倚頼シ以テ全国ニ告ク、然リ而シテ県令卑臣ト力ヲ合セス、甚キニ至テハ西京阪府出張官員ノ如キモノハ名ヲ公務ニ藉リ廻文ヲ写スニ隙無シ[74]」などと、自身の自発的な外債償却運動に対する政府側の非協力的な対応を示している。そして、それがゆえに、「陛下民ヲ撫セント欲セハ先ツ民撰議院ヲ立ヨ、大臣参議不可ナリト云トモ国民可ナリト云ハ、コレヲ納レヨ、卑臣等議スルトコロ外債ノ如キモ亦然リ、コレ民ト快憂ヲ同フスル所以也[75]」と、大臣たちが反対しても民撰議院を設立すべきであるとしたのである。

前述したように、外債償却のための自発的献金運動を提唱した時の橋爪の建白には、政府批判の傾向をみることはできない。しかし、政府の運動に対する非協力的な態度に直面した橋本は、政府の対応を批判し、自らの主張を実現するものとして、橋爪自身も民撰議院設立を望んだのである。

既述してきたように、牧原は橋爪の献金運動に報国心から国民の権利への転換を読み込む。まさしく、この段階の橋爪の建白は、そのように位置づけられても過言ではない。しかし、橋爪の建白自体にも表れているように、この間には民撰議院設立建白提出という出来事があったのである。報国心を満足させようということも含めて、これ以降、民の側の権利を実現するものとして、民撰議院はみられていくのである。ここに、民撰議院設立建白提出の作用を認めることができよう。

(1) 牧原憲夫『明治七年の大論争──建白書から見た近代国家と民衆』(日本経済評論社、一九九〇年)。
(2) 同右、三九頁。なお、牧原前掲書七三頁によると、「橋爪幸昌に示された〝民権の原初形態〟、すなわち『報国心の転形としての民権論』から脱却することは、当時の民衆にとって決して容易ではなかった。とはいえ、政治への参加権が完全に保証されれば兵役もまた『権利』として当然引き受けるべきものなのだろうか。かならずしもそうではあるまい。参政権は確保しながら徴兵制のみならず軍備そのものまでも拒否する、これが戦後民主主義の核心であった。私もこの理念に共感する。しかし、そのためには、前述した『自由』と『参加』の二重性を、それぞれ解体しなければならなかったはずである。だが、そんなことは原理的に可能なのだろうか。あるいは、それを可能にし現実化するには、我々と国家との関係をどのようなものとして設定する必要があるのだろうか。この点について我々は充分に自覚的な解答をもっているのだろうか」と指摘した。この指摘は、牧原の自由民権運動批判のプロトタイプをなすものといえよう。牧原の自由民権運動批判については、牧原「民権運動と『民衆』」（『自由民権』第八号、一九九五年二月）、同『客分と国民のあいだ――近代民衆の政治意識』（吉川弘文館、一九九八年）などを参照されたい。

（3）　金井隆典「『哀訴』という思想」（新井勝紘編『民衆運動史4　近代移行期の民衆像』青木書店、二〇〇〇年）一五八頁。

（4）　同右、一五九頁。

（5）　拙稿「『日新真事誌』と民撰議院論争――外国人ジャーナリストと『民主化』」（『自由民権』第一三号、二〇〇〇年三月）。

（6）　『明治建白書集成』第一巻（筑摩書房、二〇〇〇年）一四五頁。

（7）　同右。

（8）　同右。

（9）　同右、一四六頁。

（10）　同右。

（11）　同右、一四五頁。

（12）　同右、一四六頁。

（13）　同右。

（14）　同右。

（15）　同右。

(16) 『明治建白書集成』第二巻（一九九〇年）三三三頁。
(17) 同右。
(18) 同右。
(19) 拙稿「『日新真事誌』と民撰議院論争」参照。この時期の代表的な新聞である『横浜毎日新聞』が一八七〇年一二月、『新聞雑誌』が一八七一年五月、『郵便報知新聞』が一八七二年二月、『日新真事誌』が一八七二年三月に創刊された。創刊された当初の新聞は紙幅・発行間隔の点で不十分であっただけでなく、多くが何らかの意味で政府の保護を受けた存在であった。
(20) 『世外井上公伝』第一巻（原書房、一九六八年復刻）五三九～五七二頁、『日本歴史大系』第四巻（山川出版社、一九八七年）二九〇～三三一頁（坂野潤治執筆）参照。
(21) 牧原前掲書参照。
(22) 『明治建白書集成』第二巻、六二九頁。
(23) 同右、六三二頁。
(24) 同右、六二九頁。
(25) 同右。
(26) 同右。
(27) 同右。
(28) 同右、六三〇頁。
(29) 同右、六三一頁。
(30) 同右。
(31) 同右。
(32) 同右。
(33) 同右。
(34) 同右、六三一～六三二頁。

(35) 同右、六三二頁。
(36) 同右。
(37) 前掲註(14)参照。なお、拙稿「『日新真事誌』と民撰議院論争」二四頁において、渋沢栄一は処罰を免れたとしたが、前掲『世外井上公伝』第一巻、五六八頁によると、渋沢にも罰金が科されている。ここで訂正しておきたい。
(38) 『明治建白書集成』第二巻（一九九〇年）八五八頁。
(39) 同右。
(40) 同右。
(41) 同右、八五九頁。
(42) 牧原前掲書三四頁において、橋爪の献金運動を支持する『郵便報知新聞』一八七四年一月二二日号の投書（遠江人足立執筆）において、衆議院設置を主張していることを評価しているが、それは「彼の英国下院の法を折衷し、大に衆議院を興し民間より議員を募り、国を護る民と共にせば、誰か敢て憤起せざらんや、夫れ政府文明にして開化の民なかるべからず、於是乎人々力をあハせ外債を一消せん又難しとするに足らずと」と、外債償却などの義務をはたすための衆議院開設であって、参政権を根拠に主張していないのである。
(43) 『明治建白書集成』第三巻（一九八六年）二一二頁。
(44) 同右。
(45) 同右。
(46) 同右。
(47) 同右。
(48) 同右。
(49) 同右、二一一～二一三頁。
(50) 同右、二一三頁。
(51) 同右。
(52) 同右。

(53) 同右。
(54) 同右。
(55) 同右。
(56) 同右。
(57) 同右。
(58) 同右。
(59) 同右。
(60) 同右。
(61) 同右。
(62) 同右。
(63) 同右。
(64) 同右。
(65) 同右。
(66) 同右。
(67) 同右、二三〜二四頁。
(68) 同右、二四頁。
(69) 同右。
(70) 同右。
(71) 同右。
(72) 同右。
(73) 同右、二六〇頁。
(74) 同右。
(75) 同右。

第2章　地域結社と演説・討論——明治一〇年代前半会津地方を事例に——

松崎　稔

はじめに

自由民権運動研究において、演説会は、開催回数・頻度や参加者（聴衆）数などの数的データや警官との対立状況を紹介することで、反政府運動としての充実度のバロメーターとされたり、そこで行われた演説内容から思想分析がなされるなど、分析材料として扱われてきた。地域で掘り起こしを行う人々が、自由民権運動を〝草の根民主主義運動の魁〟として位置づけ、地元でのそれがどれほど盛んなものだったのかを明らかにすることを重視したことが、このような傾向を生み出してきた一因といえよう。

しかし、自由民権百年のムーブメントが一段落した一九八〇年代末から、自由民権運動における演説・演説会の役割を重視し、それ自体を対象とした研究が注目を集めてきた。この演説・演説会研究は「政治文化」をキーワードとして評価がされることが多いが、大きく分けて二つの視点から検討が加えられてきた。一つは、演説会場で創出される政治空間の重要性を指摘するもので、安丸良夫[1]・牧原憲夫[2]の研究がこれにあたる。もう一つは、弁士の壇上でのパフォーマンス性等に注目し、政治運動の有効な手段としての演説を創り上げた民権家自体に再評価を試みるもので、稲田雅洋[3]の研究がこれにあたる。前者が、弁士（民権家）――聴衆（民衆）――臨監する警察官（政府）の三者により各々の意図を越えた緊張空間が創り出される、演説会という〝場〟のダイナミズムに注目しているとすれば、後者は、その空間を創り上げることを最も主導できる立場であっただろう主催者側・弁士と、彼らの優れた演説技術の意味を問うた研究だといえる。両者の研究視覚は、演説会が自由民権運動の主要な活動形態だったことを考えれば、自由民権運動研究において欠かすことのできない重要なものといえるだろう。

しかし、これらの研究は、基本的に集会条例施行下での大規模な政談演説会を主な分析の対象としている。このような演説会には、優れた弁士や血気盛んな青年・壮士が多数演壇に立つため、弁士と聴衆と警察官の間で緊迫する空間が創り出されることが常だったともいえる。ただ、このような状況が全国各地で展開されるようになるのは、国会開設運動が全国的に拡大した時期以降であり、政談演説会は運動の最初から右に紹介したような状況で存在したわけではなく、その進展過程のなかで生まれてきた活動形態なのである。その意味で、演説会が自由民権運動の手段として有効と判断されるに至る理由を探ろうとする作業は、不足しているといえよう[4]。

運動が何を目的としているかにより、その都度有効と信じられた活動形態が選択されるはずである。だとすれば、選択される活動形態から、運動の各段階における課題・目的を推測することも可能となるだろう。またその際に、選択される形態はどのような効果を期待されたのかを考察することで、演説等の活動形態がどのように採用されていくのかを考えることも可能だろう。そこで本論では、結社が運動の展開過程で採用する活動形態に注目し、地域やそこで結ばれた結社がどのような課題を抱えていたのかを考えてみたい。

その際、結社の分析視覚についても注意を払う必要がある。結社研究も各地域の掘り起こし運動の成果と平行して充実した成果を収めてきた。その数は、自由民権研究のなかでも、最も多い分野の一つといえよう。しかし、その多くは、結社成立を端緒とした政治運動過程分析である。自由民権運動が基本的には国民の国政参加制度の制定・確立を求める全国的連携を持つに至る運動であったとすれば、そこに至るまでの各地域での運動が、結社活動を軸に運動過程として論じられてきたのは、当然であり欠かせない作業だった。しかし、結社が分析対象となる場合、その結社の方針・活動や後進組織のそれに「民権的なもの」が内包されているか否かが判断され、結果として何らかの「民権的なもの」が含まれていると判断された結社には「民権結社」の称号が与えられてきたといえよう。さらに、予め啓蒙結社・学習結社・政治結社・産業結社など性格によって結社は分類されるものとした上で、分析対象とする結社をどれか、もしくはその複合的なものと位置づけるという方法がとられてきた。つまり、結社研究は、この予め図式化された評価枠に組み込むことで評価する方法が採られてきたといえる。このような運動過程を追った結社分析は、結社自体のもつ固有の課題や目的の充分な検討を困難なものにしてきた、という面が否定できない(5)。

ただし、福井淳(6)・新井勝紘(7)はこのような研究状況へ一石を投じたといえる。福井は活動機能図によって結社の多彩さや多機能性を示した上で、結合力・思想の質・活動・支持層の厚さなど「ソフト面」からの分析の必要性を訴えている。また、新井は社員が結社名に込めた思想性から結社の分析を行おうとしている。両氏とも、無自覚に「結社」と「民権結社」とを同義で併用しているきらいがあるように思われるが、従来の予め措定された枠に結社を当てはめていく手法を放棄し、本来結社が持つだろう固有の論理を重視することから結社研究を始めようと提起している点で共通している。

本論では、この二人の姿勢に賛同した上で、個々の結社が抱えた問題や課題、その上で選ばれた目的と活動形態に注意を払い、それが運動の進展過程のなかでどのように変化するのかを具体的な結社の事例から検討しようとするものである。そのため本論では、基本的には各結社の緒言や規則を分析材料の中心に据え、そこで提起された問題意識・課題・目的と、それを克服・実現する手段として選択される演説・討論という活動形態に着目し、分析を加えたい。

実際に扱うのは、福島県会津地方に結成された愛身社・先憂党という二つの結社と、両結社の主要メンバーによって設置された自由党会津部である。これまでこれらの組織に触れた研究は多いが、主要テーマとして扱ってきたのは、主に糠沢章雄[8]・庄司吉之助[9]・田﨑公司[10]そして筆者である[11]。糠沢・庄司・筆者は組織自体の解明もしくは運動過程の分析を目的としているのに対し、田﨑は政府の経済政策を視野に入れ、地域での殖産興業の展開から結社を分析しようとしている。これらの先行研究で明らかにされた組織の展開過程に沿いながら、各段階における運動の目的・課題と活動形態について、分析を試みたい。

第一節　愛身社の結成――結社の誕生――

一八七八（明治一一）年一一月一〇日、耶麻郡喜多方町を中心に愛身社が設立された。愛身社結成に至る過程を記した史料として、その中心メンバーの一人だった宇田成一の手記「会津大同団結派ノ沿革誌[12]」がある。それによると、結成に向けた動きは前年二月頃から宇田成一らにより準備されたことに始まる。「此愛身社ヲ興セシハ安瀬敬蔵ト宇田成一ノ首唱ニ成レリ宇田成一カ此挙ヲ為セシハ当時福島県会議員トシテ河野君ニ親近シテ意気陶冶セラレタルニヨル」とあるように、県会の場で河野広中と意気投合したのがきっかけだとしている。河野広中は当時すでに石陽社を結成しており、それを伝聞していただろう宇田らにとって、河野との県会での対話は刺激的で、触発されたのだろう。また、県会という場に参加した政治体験も、何らかの影響を及ぼしていると考えられる[13]。

さて、愛身社が結成時に何を目的・課題と意識していたかを考える上で、重要な史料となるのが「愛身社設立趣意書(14)」である。長文となるが、全文を紹介したい。

夫れ（ママ）人ハ禽獣ニ異ナル故ニ造物主之レニ霊妙ノ智ヲ与ヘ以テ其身ヲ愛護セシム蓋シ智ハ身ヲ愛護スルノ権力ニシテ人能ク身ヲ保全スルハ各自ノ義務ト謂フベキナリ抑人其本分ヲ尽シ権利ヲ伸ベ以テ一身ノ自由ヲ保全スルヲ知ラズ徒ラニ世ニ禽獣視セラル、ニ異ナラザルナリ

今ヤ卑屈是レ安ンズルノ時ニ非ルナリ卑屈是レ甘ンズルハ　天皇陛下ノ取ラザル所ナリ宜ク自治ノ精神ヲ攉揮シ以テ一身ノ幸福ヲ計ルベキノ時ナリ然リト雖モ一人以テ国家ヲ為ス能ハズ軒滴以テ江河ヲ為ス能ハザルナリ夫レ外国ノ凌辱ヲ禦グモ協力相拠レバナリ一葦以テ江河ヲ支フル能ハザルモ衆水相集マレバナリ而シテ人ニ智アリ愚アリ智モ短無キ能ハズ愚モ亦長無シトセズ智モ尽ク時世ニ通ゼリトセズ愚亦尽ク本分ヲ誤レリトセズ蓋各々所見ヲ交換シテ始メテ其利益ヲ見ルベキナリ即チ　御誓文ノ広ク知識ヲ世界ニ求ルトハ此レ是レヲ謂フナリ是ニ由テ之レヲ観ルニ衆人相集リ相会シ以テ権利ノ在ル所義務ノ存スル所ヲ講究スルハ即チ身ヲ愛スル所以ニシテ身ヲ愛スルハ即チ国ヲ愛スル所以ナリ因リテ爰ニ同志ト詢リ一社ヲ設ク之レヲ愛身会ト謂フ即チ同志ト爰ニ誓約ス

明治十一年十一月十日

まず冒頭で、生まれながら人間に与えられたものとしての「霊妙ノ智」を指摘し、その「智」は「身ヲ愛護スルノ権力」であり、その「権力」を行使して「身ヲ保全スル」ことは「各自ノ義務」であるとする。ただし、それは個人で十分に達成できるものとは限らず、「智」に対して「愚」が優れた意見を持つ場合もあるので、「各々所見ヲ交換シテ」「利益」を考えるべきである。そのために人びとが集って、権利・義務の所在を講究することが真の意味での「身ヲ愛スル」行為であり、「身ヲ愛スル」のは「国ヲ愛」しているからだ、としている。つまり、愛国心が「愛身」

の根拠となり、「愛身」の実践が個々の権利・義務とは何かを考えることとなる、というのである。そして、「愛身」の実践（＝権利・義務の講究）のため、意見交換の場として結成されたのが愛身社だった。

次に「愛身社諸規則」(15)を見てみたい。

第　二　条　本社ハ演説討論ヲ旨トシ専ラ自治自衛ノ気象ヲ養ヒ併セテ時務ヲ討議シ以テ社会ノ公益ヲ付ルヲ緊要トス

第 十 九 条　演説討論会ノ如キハ素ヨリ人心ヲ皷舞誘掖スルノ基ナレハ隔月一回ツ、開会スルモノトス　但時宜ニ依リ臨時発会スルコトアルヘシ

第 三 十 条　社中積金且費用トシテ壱人ニ付入社ノ時金壱円ヲ本社ニ納ルヘシ尤有志ノ者ヨリ若干金寄附スルアラハ受クヘシ　但本金納ル、能ハサルモノハ此ノ限ニアラス

第三十一条　社費トシテ毎年金五拾銭ヲ春秋両度ニ分テ本社ニ出スヘシ

第 四 十 条　方部委員　若干

常ニ社員ノ思想ト異ナルナシ依テ臨時協議ヲ要スルトキハ之レヲ議決処分スルノ権アリ

諸般ノ事ヲ社長ヨリ通報スルアラハ其方部内ニ報告スルヲ掌ル

第二条・第十九条では、愛身社の結成目的とそのための活動としての演説討論会について規定されている。第二条には、主要な活動スタイルが「演説討論」であり、それにより「自治自衛ノ気象ヲ養」ふこと、「時務ヲ討議」し「社会ノ公益」を図ることが目的とされている。つまり、自己を律して治め自己を衛ることが、ひいては「社会ノ公益」につながると考えられているのである。その先には、「趣意書」にいう「国ヲ愛スル」こととも不可分の関係が

想定されていることは容易に想像できよう。また、「自治自衛」が「愛身」とほぼ同義のように使用されていることもわかる。第十九条では、演説討論会は「人心ヲ鼓舞誘掖スル基」であるとしている。つまり、「自治自衛ノ気象ヲ養」う積極性を演説討論会という活動形態に求めているといえよう。次に、実際に愛身社の構成員となる社員には、どのような規定がなされているのか。第三十条・第三十一条で、入社時に一円と年に合計一円を社費として納めることが定められている。役職の一つ方部委員は、各方部の取りまとめ役的存在であり、社への勧誘などは条文上には任務として表記されていない。

では、愛身社の活動内容は、どのようなものだったのか。「会津大同団結ノ沿革誌」には、「海外政治上ニ関スル書籍ヲ講求シ以テ時事ヲ攻論シ法律ヲ研究スルニ務メタリ」とある。この史料は注(12)に記したように政治的側面を強調している傾向があるので、これが主要な活動であるかどうかを即断することは危険であるが、活動の一つに欧米諸国の政治・法律に関する書籍をテキストにしての学習があったとしておきたい。また、田﨑公司は、愛身社の中心人物で喜多方戸長の安瀬敬蔵らが養蚕・製糸業の発展に力を入れていたことを明らかにしている(16)。養蚕・製糸業の促進が愛身社自体の活動目的なのか、愛身社員による社外での活動で社の目的とは異なるのか、は今後も検討を要するが、産業の発展による地域振興が愛身社員の大きな関心事であったことは間違いないだろう。

これらのことから、愛身社は「自治自衛ノ気象ヲ養」うこと（＝「愛身」）から地域社会、さらには国家の利益（＝社会の公益）を探ろうという問題意識を共有した、豪農たちを中心に結成された結社ということができよう。そして、社員各々が自らを律して治める個人として参加し、知識の向上と精神の育成が活動の目的とされていた。そしてその目的は、結果として地域振興や新政治知識学習・研究という具体的な課題として意識され、そのために演説討論が有効な活動形態とされたのである。さらに付け加えれば、活動の主要な目的はあくまでも社員間の修養にあり、社外への啓蒙には消極的であったことが窺えよう。

第二節　国会開設運動への接近から地域の団結・再編へ

愛身社の存在が社外にも知られるようになるのは、国会開設運動に呼応する動きを見せ始めた一八八〇（明治一三）年頃からである。[17] 一月三一日の『福島毎日新聞』雑報欄に、「本月十一日耶麻郡喜多方町西月楼に於て親睦会がありましたが……招待に応じ来会するもの五十余人始め勧業の談話あり次で国会開設願望の協議あり会主中安瀬宇田の二氏は各雄弁を振って演説する所あり来客原平蔵氏は之を和して大いに翼賛せられたり……実に該地未曾有の盛会なりしと云ふ」[18] と報道されているが、これは会主などから愛身社が開催した親睦会と判断できる。そして、この親睦会は、愛身社内に限られたものではないらしく、原平蔵が客員として参加していることにも注目したい。この親睦会で国会開設運動についての相談がなされたのを端緒として、愛身社は政治運動にも力を注ぐようになるのだが、このように活動の視野を社外にまで広げようとした時、それまでの社内での演説討論会ではなく、客員を招待しての親睦会という手段が採用されたということになる。

このように愛身社は国会開設運動に関わり始めるのだが、結局愛国社第四回大会には代表者となったはずの遠藤直喜が参加せず、河野広中に委任することとなった。この大会不参加が原因で、愛身社の国会開設運動参加方法に対して不満を抱く者が出、愛身社は分裂を引き起こした。その結果、一八八〇年一一月に、新たに生まれた結社が先憂党である。[19] 次の史料は、「先憂党緒言」[20] だが、先憂党の抱える課題・目的を知るために、これも全文引用する。

孟軻云ルアリ曰ク先天下之憂而憂後天下之楽而楽ト善ヒカナ言余輩カ今茲ニ一党ヲ組織セントスル所ノモノハ今ヤ国家ノ形勢窃カニ杞憂ニ耐サル所アリテ苴《宜カ》ク之カ救済挽廻ヲ希図シ而シテ各自カ固有ノ権理ヲ伸張シ碩大ノ幸

福ヲ享受センコトヲ欲スルノ至情ニ出ルモノナリ故ニ討論以テ真理ヲ研究シ演説以テ智識ヲ開発スルノ道ヲ始メ是ヲ大ニシテハ国会ヲ開ヒテ天賦ノ自由ヲ全フシ或ハ物産ヲ興シテ貨幣ノ濫出ヲ防キ素倹ヲ勉メテ以テ輸入ノ過多ヲ減スルカ如キ其他修身ト云ヒ斉家ト云ヒ苟モ国家ニ稗益アリテ世運挽廻ニ一助タルノ事ハ細大凡百努メテ事ニ従事シ実ニ自主自由ノ民タルニ至ランコトヲ期スルニアリ矣今爰ニ党名ニ冠ラスルニ先憂ヲ以テスルヤ蓋シ孟軻ノ意ニ採ルト云爾

まず、「杞憂ニ耐サル」「国家ノ形成」「ヲ救済挽廻」することと、各自の「固有ノ権理ヲ伸張シ碩大ノ幸福ヲ享受」することが先憂党の目的とされる。そのために必要とされた活動手段は、討論と演説だった。討論により「真理ヲ研究」し、演説によって「智識ヲ開発」した上で、国会開設や輸入過多状況の是正を社会的・国家的目標、修身・斉家をはじめ「世運挽廻ニ一助」となることに従事して、「自主自由ノ民」となることを党員個々の目標としている。愛身社の国会開設運動への関わり方への不満から分離しただけのことはあり、緒言のなかに「国会開設」という目標が明示され、さらに産業も貿易の是正という国家的課題として位置づけられており、運動の目的は具体化している。ここで規則にも目を通しておきたい。次の史料は、先憂党結成当初につくられたと思われる「先憂党仮規則」[21]である。

第　一　条　此ノ党ヲ名ケテ先憂党ト称ス其由テ起ル所以ノモノハ我々天賦ノ権義ヲ重ンシ且愛国ノ至情自ラ止ム能ハサルヲ以テ成立スルモノニシテ我々ト志想ヲ同フスルモノハ実ニ我徒ナリ故ニ之レト結合一致シテ其志望ヲ全フスルヲ要スルニアリ則チ本党ヲ仮ニ……ニ置ク

第　二　条　故ニ本党ハ将来演説討論ヲ旨トシ専ラ時務ヲ討議シテ以テ社会ノ公益ヲ付ルヲ緊要トス

第　三　条　自主ノ権利ヲ保全スル能ハサルモノ、外ハ何人ヲ問ハス此ノ党ニ入ルヲ許スヘシ　但本党ノ主義ニ

異ナルモノハ之レヲ許サス

第　四　条　此ノ党員為ランモノハ常ニ勉強耐忍シテ仮令百挫千折スト云フト雖敢テ聊カ屈撓スルコトナク終始一致之レヲ将来ニ維持センコトヲ要ス

第　十　条　演説討論ハ成ルヘク隔月一回ツヽ全党ヲシテ之レヲ開クヘシ但其日並ノ如キハ幹事ノ定ムル処ニ依ル

第十三条　党員ヲ分テ特別普通ノ二種トス特別トハ金拾銭以上積立スルモノ普通トハ更ニ積金セサルモノ是レナリ

第二十一条　誘説係　各部ニ一名ヲ置ク但シ党員三十名内外ヲ目的トス
常ニ党員ノ思想ト異ナルコトナキモノ故幹事ト共ニ諸集議ニ参与之レヲ議決処分スルノ権アリ
諸般ノ事務幹事ヨリ通報スルコトアラハ即チ其部下ニ回報スルヲ掌ル

先憂党でも愛身社と同様に、目標実現のために採用された活動手段は演説討論会で、二か月に一度開催されることとされた。そして、演説討論会は「社会ノ公益ヲ忖ル」ためとされ、愛身社の際に強調された「自治自衛」「愛身」という個々人に向けられた課題は、先憂党では課題ではなく、「自主ノ権利ヲ保全スル」ことは党員としての前提条件とされた。もう一つの特徴は、党員を特別・普通の二種に分け、普通党員に党費を課していないことである。愛身社が豪農などの富裕層による結社だったのに対し、先憂党は経済的ハードルを取り外すことにより、多数の党員獲得を目指したと考えてよいだろう。その結果、二六〇名以上の党員獲得に成功している。[22] そして、彼らは国会開設運動の賛同者として名を連ねることとなるのである。この党員獲得のために用意された役職が、地域ごとに置かれた「誘説係」だった。条文上では愛身社の方部委員と同様の役職とされているが、その名称自体に注目したい。ここで使われている「誘説」は、地方へ演説に赴く意味で使われる「遊説」とは異なり、文字通り誘い説いての党員獲得が誘説係の任務とされていたと考えられる。そのため、実際に党員獲得が功を奏して、国会期成同盟への代表者が派遣される段階になると、各方部をまとめるための「方部委員」と改名されている[23]。

そして、総代として選ばれたのが原平蔵だった。先憂党員の委任を受けた原は、出発が遅れたこともあり国会期成同盟大会自体には参加できなかったが、自由党結成の盟約には何らかの関わりを持ったようである。彼は一八八一（明治一四）年三月三〇日に、その体験をふまえて先憂党幹事宛に「稟議」[24]を提出している。

平蔵客歳上京ノ際各地有志者一同トシテ自由党結成盟約ナルモノ組織シ又這般三浦信六氏仙台ニ於テ之レカ自由ノ主義ヲ一層拡充セラル、ノ道ヲ相謀ルト雖吾党未タ其真理ノアル処ヲ尽サス夫レ固ヨリ形体一ナルモ主義ノ必ス同一ナラサレハ仮令吾党ノ人ナリト雖モ去就実ニ定メ難キモノナリ故ニ今茲ニ自由討論会ヲ開キ大ニ吾党ノ自由ヲ提撕シ以テ軽々薄々ノ常套ヲ払ヘ自ラ進テ其真ノ主義ニ任シテ同盟セラレンコトヲ冀望ノ至ニ堪ヘス

先憂党は、自由党結成盟約に参加し、東北有志会には三浦信六を派遣するなど、積極的に全国的な政治運動との連携を推進してきたが、結党から国会期成同盟大会まで一か月もないという状況だったこと、主要課題だった国会開設運動が多数の署名に基づいた建白という方法を選択していたことから、党員の獲得を急いだのである。それはあまりにも性急すぎた党員獲得だったのだろう。原は、結果として「真理ノアル処ヲ尽」しておらず、ために「形体一ナルモ主義ノ必ス同一ナラサ」る状況に陥っていると指摘している。つまり、討論によって行われるはずの「真理」の研究・共有がお座なりにされてきたことを指摘しているのである。全国的運動との連携が順調に進むなかで、足元をすくわれかねない状況への焦燥感が、原にはあったのだろう。「自由討論会」により党内の「自由」を奮い起こし、「真

ノ主義」（＝「真理」）を統一した上での同盟にすべきであると、党内改革を主張したのである。「仮規則」第二条には「将来」とあることから、演説討論が結成当初から実行されたとは考えにくい。自由党結成へと動き出していた全国的運動への対応が目前の課題だった先憂党は、「真理」研究や「智識」開発を目的とした定期的な演説討論会開催に時間を割く余裕を失っていたとも考えられよう。ここでいう「自由討論会」が「緒言」や「仮規則」にある討論・演説討論とどのような質的違いがあるのかは不明だが、ともかく党内の主義統一のために取るべき手段として、原は討論の重要性を指摘していることは注目に価する。

この原の意見がある程度受け容れられたのだろう。先憂党では規則の整備が進み、「先憂党規則」[25]が制定されている。

第二条　定例会ハ毎月十五日ヲ以テス其臨時会ヲ要スルトキハ更ニ党員ニ報告スルモノトス　但会費トシテ壱銭宛毎会出金スヘシ

第九条（中略）

第五　方部委員

但第三章第十四条ノ掲クル所ノ方部ニ壱名或ハ二名ヲ置部内党員ト各部ノ間タニ気脈ヲ通シ専ラ地方誘導皷舞ノ事ヲ掌ル

隔月開催だった討論会が、定例会と名称変更されて毎月開催することになっている。ただし、自由党結成への対応が先憂党の課題となっていることに変わりはなく、定例会はそれへの連携を取るための会議として運営されただろうことは容易に想像がつく。参加者は毎回一銭を会費として支払うという経済的条件が付与され、定例会では、全党員の主義統一を図ることは困難となっている。そのために、方部委員には、「地方誘導皷舞ノ事ヲ掌ル」という職務が書き加えられている。つまり、定例会に参加しない多くの普通党員を含めた主義統一のために、方部委員が担当する方部内の党員を「誘導鼓舞」することで、党内の主義統一を図ることになったのである。

自由党結成盟約には、先憂党の原平蔵だけではなく、愛身社の代表として派遣されていた遠藤直喜も関係した(26)。そして両結社とも、自由党結成盟約に対してどのような対応をするのかが、大きな課題として浮上していたはずである。つまり、自由党結成の暁に地方部設立を実現させるべく、何らかの道筋を模索しなければならなかったのである。国会開設運動の方針対立をきっかけに、先憂党と愛身社が各々独自に行動をとっていたが、次回の国会期成同盟大会で自由党成立が予測される状況下で、両結社を中心にした再合同、さらには会津地方全域の団結が大きな課題となっていたのである。

それを実現するために開催されたのが、一八八一（明治一四）年五月二八日に若松七日町山田楼で開催された会津地方有志大懇親会である。座長は先憂党の幹部である三浦信六が務め、二〇〇余名が参加したとされる。その場では、おそらく数人の演説が行われ、今後の方針が議論されたと思われるが、実際の演説や議論の内容を示す史料は発見されていない。ただ、結果として参加者のうち一〇〇余名で、次の三か条の盟約が合意されている(27)。

第一条　吾人ハ自由ヲ伸張シ権利ヲ拡充スル事ヲ勉ムヘシ
第二条　吾人ハ我カ日本国ハ立憲政体ノ其宜シキヲ得ルモノナルヲ信ス
第三条　吾人ハ前条ノ目的ヲ達センカ為メ合和協同スヘシ

第一条で自由の伸張と権利の拡張を、第二条で立憲政体の樹立を謳っており、第三条で前二条の目的を実現するための「合和協同」を誓っている。ごく簡易な盟約ではあるが、立憲政体を樹立を目的とした自由党結成盟約に対応することが意識されていることは疑いないだろう。これにより、一応会津地方の団結が成功し、一八八一年一〇月の国会期成同盟大会（自由党結成大会）には、会津地方代表者の一本化に成功し、三浦信六が選ばれている。

第三節　自由党会津部設置とオルグ活動

三浦信六が参加した国会期成同盟大会は、そのまま自由党結成大会となり、日本で最初の全国的政党が生まれた。その結果、一八八二（明治一五）年一月には愛身社と先憂党が中心となり、会津地方でも独自に地方部を設置している。(28)そして、組織拡大のために行われたのが、同年二月前半に原平蔵と福島部から派遣されていた花香恭次郎によるオルグ活動である。原平蔵は、三浦信六・自由党会津部に宛てた活動報告書簡(29)を三通送っており、彼らのオルグ活動を概観することができる。

原と花香は、二月七日喜多方を出発し、最初に河沼郡三河村の中島友八を訪ねている。二人が自由党結成のいきさつや会津部設置などについて説明したところ、中島は好反応で、原と花香は同夜に開かれる演説会での弁士を依頼され、二題ずつ演説する。その席では、地元有志二名の学術演説も行われ、原は「中々気合宜シキ」との感想を記している。翌八日は坂下町での演説会が予定され、中島も同行して二人はそこへ向かう。坂下町では、戸長役場となっていた光明寺で午後四時頃から演説会が開かれ、二人も演説した。聴衆は六〇から七〇名程で、この演説会の開催のために尽力したのは、坂下町戸長の星恒八と中島だった。特に中島は、「近在ヲ奔走シ誘説方実ニ一方ナラザリキ」と原が記すほどの熱心な「誘説」を行っている。閉会は夜一〇時頃とあるので、演説会は六時間にも及んだことになる。翌日にも午後一時から坂下駅茶屋町光照寺で演説会が開かれることとなり、二人はその場での弁士を快諾している。

聴衆は、前日に一割増とあるので、七〇から八〇名程ということになるだろう。この日の演説会について、原は「其感格ハ勿論近在ニマテ与ヘタルモノト想像セリ」と記しており、聴衆の反応に大きな手応えを感じていたようである。会は黄昏時に終わったとあるので、午後五時頃だろうか。その後青木・青津両村の有志に対して自由党結成と会津部設置について説明する機会を得、生江貞八ら一一名の同盟者を獲得している。夜はその同盟者らとともに酒宴を開き、坂下周辺有志の志気高揚が図られた。

翌一〇日、二人は高田へと足を向ける。佐治幸平・田中仙三との談話後、午後六時から高田駅の芦原庄平宅での演説会に参加し、二題ずつ演説を行っている。それ以外に同地の佐治幸平・望月与三郎・笹原丈助らの演説もあった。聴衆は七〇名余で、演説会が終了したのは深夜の一時だったので、七時間にも及んだことになる。原は、この日の演説会について、当日は旧暦の年末だったために参加者が限られていたが、「今回ハ佐治等モ大ニ翼賛セハ蓋シ他日好結果ヲ見ルニ近カヽラン」と記している。

二人は翌一一日に若松に入る。若松では復県運動が盛んに叫ばれていたらしく、「兎角都合悪シキ体ニアリケリ」と困惑した様子を伝えているが、具体的にどのような活動をしたのかは報告されておらず、成果を得られなかった可能性が高い。そして、原は一二日には所用のために花香と別れ帰宅しており、六日間に渡った原と花香のオルグ活動は、これで終わる。

会津地方有志大懇親会で結ばれた盟約は、自由党結成盟約に呼応したものではあったが、これにより同意者全員が即自由党会津部設立に同意したということにはならないし、自由党に加盟したとは考えにくい。自由党会津部は、国会開設運動を進めるなかで全国的運動との連携を持ち、自由党結成にも関わった愛身社と先憂党の有志者により成立したに近い状況だったと考えられる。そのため、旧愛身社員・旧先憂党員や、懇親会の際の同意者、県会などの地方議会議員、従来から存在していただろう豪農層を中心としたネットワーク網に頼りながらのオルグ活動による同盟者獲得が、自由党会津部の当面の課題となった。原らの行ったオルグ活動は、まず賛同が得られると予測される有力者へ「誘説」を行い、賛同が得られると、その有力者の力を借りて地域の人々への「誘説」が行われた。さらに、その有力者の周旋で急遽演説会が開催され、原らはそこで直接に地域の人々で構成された聴衆に自らの思想・主張を訴える機会を得る、という段取りで進められた。

会津地方における演説会は、判明している限りこの原のオルグ活動に際して開催されたのが最初となる。それ以前にも演説会が開かれていた可能性は否定できないが、当時の人々が頻繁に体験できるものではなかっただろう。それもあり、各地で開かれる演説会は盛況だった。この時の演説会の特徴は、オルグ活動中に急遽開催が決定されており、訴えかける対象も限られた地域に住む人々だったことである。同盟者獲得を目的としたオルグ活動では、限られた範囲内に住む人々へ語りかける場として演説会が開催されたのである。

第四節　政談演説会の開催

「自由党会津部日誌」からは、その後も党員のオルグ活動により同盟者獲得が続き、あわせて「自由党会津部仮申合規則」(30)も定められ、日々組織の拡充が行われている様子が確認できる。しかし、自由党会津部の最大のウィークポイントは、会津地方最大の都市である若松町内での勢力拡大が思うように進まなかったことだった。原が花香とともに行ったオルグ活動を見ても若松町内での成果が上げられたとは考えにくい。会津地方全体を視野に入れた活動をどのように展開するか、その際最も重視すべき中心都市若松町への運動の浸透・展開の足がかりをどのように見いだすか、が大きな課題として浮上してきたのである。

そのような状況下で、一八八二年四月二三日に若松融通寺で会進社主催による政談演説会が開かれることとなった。

会進社の笹原辰太郎・田中勘三郎、坂下魁先社の山崎又三郎から、自由党会津部への参加依頼の書簡が届いている。(31)それは、「坂下高田青木野沢若松ノ有志大ヒニ相会シ政党親睦ノ為」に政談演説会を開くので「自由党諸君モ陸続御来会有之度」、弁士としても参加してほしいので「十五六日迄ニ演題人名共御記載之上」申し越してほしい、という内容のものだった。

当日の様子は、四月二六日の会津部から福島部への通信(32)に詳細な記述が残されている。

四月廿三日午後第一時若松大町融通寺ニ政談演説会ヲ開ク弁士ハ自由党会津部員三浦信六原平蔵若松会進社員田中勘三郎笹原辰太郎山崎又三郎香坂留彦仮(坂)下魁先社員佐々木勝次関真一八名ニテ聴衆殆ント三百名ナリキ而シテ第六題目原平蔵氏吾内閣責任鴻大ノ弁ナル演題ニテ政府理財ノ点ニ論及シ例ヲ挙ケ仮令情ノ親密ナル親子ノ間タサヘ親カ山ノ如キ負債ヲ子ニ譲リ渡ストキハ子ハ頗ル迷惑ナルモノナリ況ンヤ道義ノ一片ヲ以テ接スル政府ト人民間ニテ如此キ国債ヲ国会ニ引渡サレナハ実ニ受取悪ラント説及フヤ臨監警部ハ会主ヲ急呼シ解散ヲ命シケレハ弁士モ稍抗論ニ亘リ聴衆モ中々立去気色ナカリシニ警部ハ益ス々々気ヲ張込迚モ聞済気色ナキニソ先ツ会主ハ聴衆ニ解散ヲ告ケ置更ニ此所ニテ親睦会ヲ開クヘキニ付志アル人々ハ残リ給ヘト言フヤ警部ハ傍ラヨリ親睦会ハ届ケノ上ナラテハ成難シト断ハルニ弁士一同ハ大ヒニ不審ヲ起シ親睦会ヲモ届ケヨトハ何ノ日ニ達セラレシカ余等ハ更ニ知得ネハ伺ヒタシト一同ニ逼リシニ警部曰ク兄等ハ言ヲ親睦ニ托シ其実講談会ナレハ聞済カタシト断言シテ止マサレハイツマテ論シ居モ果テシナケレハ他ニ席ヲ移スニ如スト志士一同七日町山田楼ニ会ヲ移シ午後第八時劇談歓ヲ尽シテ立返レリ

爾来ハ坂下喜多方若松ノ三所ニ各月輪転シテ演説会ヲ開キ弁士ハ互ヒニ主客トナリテ相声援スルコトニ決セリ

これによると、会進社四人、魁先社二人に加え、自由党会津部からは三浦信六・原平蔵の二人が弁士として派遣されている。聴衆は三〇〇名とあり、融通寺はおそらく立錐の余地なしといった状況だっただろう。そして六題目の原平蔵の演説途中で、臨監する警察官に解散の命を受ける。弁士の原らと警察官は壇上で抗論となり、聴衆もその情況下でますます興奮する様子が伝えられている。会主はその場で親睦会に切り替えようとするが許可されず、七日町山田楼に会場を移して親睦会が開催された。その場で、「爾来ハ坂下喜多方若松ノ三所ニ各月輪転シテ演説会ヲ開キ弁士ハ互ヒニ主客トナリテ相声援スルコトニ決」した。

これが、現在明らかになっている会津地方で最初の政談演説会である。少なくとも、自由党会津部にとって、不特定多数へ向けた演説会は初体験に近かったはずである。[33] そう考えたとき、国会期成同盟大会に総代として派遣された三浦・原を弁士にしたのは、彼らが会津部を代表する幹部だったというだけではなく、大会で雄弁家たちの巧みな演説パフォーマンスを目撃しただろう二人の経験を買ってのことだったとも考えられる。また、その経験もあって彼ら自身が雄弁ぶりを発揮していたことを示しているとも考えられる。そして、原の演説が「公衆ノ安寧ヲ妨害スル」[34]と判断され解散となったことで、会津地方の演説会でおそらく初めて、弁士と警察官と聴衆の三者による緊張関係が創出されたのである。そして、警察官との抗論により、三団体から参加した弁士たちは対警察官（政府）の関係を強烈に意識し、その高揚した意識を共有したまま親睦会を開いている。この意識の共有が、今後の政談演説会等での提携にまで結びついたのである。さらに、二五日付の笹原辰太郎の三浦信六宛書簡[35]で、会進社の自由党会津部への合併が計画されていることが分かる。

三浦と原は、会津地方最大の都市での不特定多数を前に、自らの政治思想を主張することで自由党会津部の存在を知らしめよう、と勇んでこの政談演説会に参加しただろう。また、弁士のパフォーマンスにより演説会場に緊張と興奮の空間が創出されることを、新聞等を通して、もしくは全国大会での体験で知っていただろう彼らは、自らの演説パフォーマンスで見事にそれを創出させたのである。この政談演説会への参加により、自由党会津部は、会津地方全域に向けた政治メッセージを発するのに政談演説会が有効な手段となること、警察官との間に生まれる緊張関係が聴衆の興奮をも創出するということを実感しただろう。さらに、若松で自らの政治思想をアピールすることができ、若松の結社会進社の合併への道も開けてきたという意味でも、この政談演説会は自由党会津部にとって大きな意味があった。(36)

それは、自由党会津部の喜多方での政談演説会開催計画にも影響を及ぼしたはずである。五月二日の臨時会の後に開かれる喜多方町出雲神社での政談演説会の開催届(37)が喜多方警察署長宛に提出されたのが、四月二六日だということから考えて、その数日前には弁士の選定と演題の決定作業に入ったと考えられる。つまり、四月二三日の政談演説会終了後、本格的に演説会開催にむけて動き出したと見てよいだろう。

警察の報告書によると、この演説会は聴衆五三名で、「其論旨ニ於テ条例ニ触レ且ツ公安ニ妨害ノ廉無之(38)」終了している。この演説会についても、福島部宛の報告(39)に記載がある。

> 本月二日喜多方町ニ開ク政談演説会ハ弁士三浦信六原平蔵三浦茂次郎瓜生直七遠藤豊八ノ五名ニテ聴衆ハ兼テ政事思想トテハ猿猴程モ、タサル狡獪人種ノ栖息スル喜多方市中ノ事故僅カニ百名前後ニ過サレトモ右聴衆ハ多ク党中及ビ遠在ノ人ニテ其遠キハ五里以上ヨリモ来リシモノアリ知ルヘシ山村僻地モ稍政事思想ヲ起シ来リシヲ

警察の報告に五三名とされた聴衆が一〇〇名前後と誇張されているが、それでも「政事思想」を「猿猴」ほどにも持っていない「狡獪人種ノ栖息スル喜多方市中ノ事故」と少人数だったことの言い訳がなされている。その上で、「知ルヘシ山村僻地モ稍政事思想ヲ起シ来リシヲ」と記しているように、遠在からの参加者が多いことを高く評価し

ている。これは、若松での会進社主催の政談演説会を三〇〇名と報告した手前、自らの開く政談演説会が小規模に終わってしまったことの言い訳でもある。おそらく五三名のほとんどは、自由党会津部に所属する党員だったのだろう(40)。ただ、ここで注目すべきは、遠在からの参加者が多く、自由党会津部は会津地方の広範囲に勢力を拡大している、という言い訳が有効と判断されたことだろう。つまり、自由党会津部は、自らを会津部と名付けているように、愛身社や先憂党の時とは異なり、会津地方全域を視野に入れる必要があると意識されていたはずである。そのため、遠在からの参加者が多いことは、高く評価されるべき材料と意識されたのである。

その後も、会津三方道路開鑿問題が深刻化してその対応に迫られることになるまで、自由党会津部の主要な活動形態は、広範囲の不特定多数に向けた政談演説会の開催だった。それは会進社・魁先社との連携により行われていく。

おわりに

自由民権運動において、演説会は当初から存在したわけではなく、運動の諸段階における模索の結果として選択された活動形態なのではないか。また、結社は各々に目的と課題を抱えて活動していたのであり、そこには各組織固有の論理と共有する論理の混在があったはずである。しかも、全国的運動との連携が進んでいない早い時期の結社であればあるほど、固有の論理は顕著に存在していたはずである。このような問題意識から、各結社・組織は運動の諸段階において何を目的・課題としていたのか、それによりどのような活動形態が選択されたのか、が本論の掲げた課題だった。その際、趣意書・緒言や規則などからその論理を直接に探り、諸段階における主な活動形態（演説・討論の開かれ方）がどのようなもので、どのような効果が期待されていたかを追うことで、その課題に答えるという方法を採った。そして、会津地方で結成された愛身社・先憂党の二結社と自由党会津部という具体的な組織の活動に着目した。

愛身社は、会津地方で最初に誕生した結社で、主に豪農層がその構成員だった。この結社の主要な目的は、社名にもなっている「愛身」だった。「愛身」は規則で使用される「自治自衛」とほぼ同義で、具体的には人類に備わっている「霊妙の智」を行使することで「身ヲ愛護スル」ことになるのだが、それが人間に与えられた義務と認識されていた。そして「智」を行使する手段として、また「人心を鼓舞誘掖スル基」として、演説討論が選択されている。つまり、社員個々が演説討論により「智」を行使し高めること、それにより自主性を養うことが、「愛身」「自治自衛」となる、というのが愛身社の基本的発想だった。ここで、もう一つ注目すべきは、この「愛身」「自治自衛」という個人的課題が、社会の公益となるし、「愛国」とも不可分の関係であると認識されていることである。

この愛身社から国会開設運動をめぐる方針対立により分離、結成されたのが、先憂党である。先憂党は、結成目的自体が国会開設運動への積極的参加だったため、愛身社で重視された「自治自衛」の論理は陰を薄め、国家への憂いが強調された。主要な活動形態は愛身社同様に演説討論で、同盟者拡大のために用いられた方法は「誘説」だった。ここで、討論は「真理ヲ研究」し、演説は「智識ヲ開発スル」道であると考えられた。おそらく、それは討論が党員同士が意見を戦わせて真理を党全体で追究するもの、演説が知識のある者がない者に語るために知識が広がるし、弁士も人前で話す準備をすることで、より深い理解を得られるものと考えたためであろう。そのため、原平蔵は主義不統一の打開策として討論会の開催を主張したのである。しかし、結果的に二六〇名を超える党員の主義統一を討論会で行うには限界があるとされたのだろう。定例会の頻繁化と方部委員による「誘導鼓舞」が定められる。つまり、演説・討論は結社内、特にその中心メンバーでの開催が前提であり、党員全員には方部ごとに意志伝達し主義統一を図るという方法が選択されたのである。

一方、国会期成同盟にそれぞれ代表を送った愛身社と先憂党は、自由党結成への動きに呼応しようと模索する。その際に意識されたのは、両結社の再合併だけではなく、会津地方全体の結合だった。全国政党の結成動向に対応して、会津地方をその支部となるべき領域と意識した結果とも考えられよう。このような従来の殻を破っての運動が必要視された際に選択されたのが、親睦会・懇親会という活動形態である。愛身社が国会開設運動参加に際して開いた親睦会も、これに類似しているといえよう。これらでは組織外の有志の参加が可能となり、酒の力も借りながら文字通り親睦・懇親を深めての同盟者拡大が意識されており、会場では主催者側を中心に演説がなされた。

その後自由党会津部が発足するが、当初の活動は組織拡大のための「誘説」だった。地域有志者を誘い説き賛同者として党に引き入れ、その有志者の斡旋により各地で小規模な演説会が開かれた。これが、史料で確認できる社外へ向けた演説会の最初である。ここではじめて、演説は「智識」の開発ではなく、政治運動拡大の手段として採用されたのである。

それに対し、若松で開催された会津地方最初の政談演説会は、自由党会津部の主催ではなかったが、会津地方最大の都市で開かれたこともあり、不特定多数に向けての演説を意識したはずである。しかもこの演説会では、原平蔵の演説がきっかけで中止・解散を命じられたことにより、警察官との激しい抗論となり、会場に緊張と興奮の空間を見事に創出した。それから一〇日余で自由党会津部主催の政談演説会が喜多方で開催される。この演説会は期待したほどの聴衆参加はなかったが、それでも自由党会津部は、遠隔地からの参加者が多かったことを評価している。このことからも、政談演説会は広範囲の不特定多数を対象としたものと意識されていたことが明らかであろう。その後も自由党会津部は頻繁に政談演説会を開催する一方、地道な賛同者獲得の「誘説」活動を進めている。同盟者獲得には「誘説」が重視された一方で、不特定多数へ向け政治メッセージを放つ際には政談演説会が有効だと判断されたのである。

このように、当初の結社で「自治自衛」という個の目的・課題と、それと不可分の関係とされた社会の公益のために社内に向けられた演説・討論は、政治化（国会開設運動への連携から自由党会津部設置）する課題のなかで徐々にその意義付けを変化させていった。討論は真理の研究から政治的主義統一のために用いられるようになり、演説は「智識」の開発から組織拡大、さらには不特定多数に向けた政治メッセージを主張する手段となったのである。自由民権運動の象徴的場面として紹介される、反政府的政治メッセージが雄弁に語られ、聴衆を巻き込んだ対警察官の緊張と興奮の空間が創出される政談演説会は、会津地方では政党の勢力拡大を課題とする段階にいたり、採用された方法だったのである。

演説や討論は、明治に入り導入され定着し始めた自己表現の手段だった。そこでは、従来の日本語とは異なり、主語を明確にした論理的な語り口が求められたことが指摘されている(41)。演説や討論が定着していく過程は、「語りの近代化」の進展過程ともいえよう。本論では、結社の趣意書・緒言や規則等によりその運動の課題・目的と演説や討論の活用状況を分析したのだが、現在から見ればその変遷は至極当然のようにも思える。しかしそれは、語り方自体が大きく変化しているなかで、その語り方を積極的に導入し、運動の各段階での課題を克服し、目的を達成しようと模索した過程なのである。ただし、史料的制約から愛身社・先憂党・自由党会津部各々の構成員が具体的に何を考え、どのように模索したのか、実際の演説や討論はどのように行われたのかは、ほとんど分析できなかった。ここまできて初めて筆者が本論で掲げた目標は達成できるといえる。これは、今後の課題としたい。

（1）　安丸良夫「民衆運動における「近代」」（安丸良夫・深谷克己編『日本近代思想体系21　民衆運動』岩波書店、一九八九年）。安丸は、明治初年にさかのぼり自由民権運動について独自の視角から分析を加えているが、民権運動と民衆の関係から運動の実態を解き明かそうとしており、その典型的なものとして演説会が創出する政治空間を重要視した。

（2）　牧原憲夫『客分と国民のあいだ　近代民衆の政治意識』吉川弘文館、一九九八年。牧原は、「客分」「国民」をキーワードに、そのあいだを浮遊する近代民衆の政治意識を分析対象としているため、演説会での聴衆の意識に力点が置かれているといえよう。

（3）稲田雅洋「自由民権運動」（『岩波講座　日本通史』17　近代2、岩波書店、一九九四年）。同『自由民権の文化史——新しい政治文化の誕生』筑摩書房、二〇〇〇年。稲田は、主に都市ジャーナリスト民権家を分析対象として、新聞・演説という彼らの自己主張形態の分析を主要テーマとしている。

（4）もちろん、三氏の研究にこのような問題意識が全く欠如しているというわけではなく、それは筆者との分析対象の相違が原因である。三氏ともに民権運動と民衆を異なるものと位置づけた上で、その関係から民権運動・民衆意識や両者が創り出す空間に問題関心の中心がある。そのため、筆者が問題としたい演説や討論の活動形態が導入されはじめる段階からの開催側の模索に対する分析が不足しているのである。

（5）江村栄一「自由民権運動とその思想」（『岩波講座　日本歴史』15　近代2、岩波書店、一九七六年）、同『自由民権革命の研究』（法政大学出版局、一九八四年）は、自由民権運動と農民的結社の運動とに大別した上で、自由民権運動を主導した政治結社のほかに、農民的結社を政治結社・学習結社・産業結社に分類し、実際にはこれらの性格を合わせ持つと指摘している。ここで江村は「民権結社」という用語を使用してはいないが、その後の各地の結社研究は、この評価枠に依拠するという傾向が強かったと思われる。結果として、自由民権運動につながる結社を「民権結社」と位置づけた上で、さらに政治結社・学習結社・産業結社のどの傾向が強いのかを判断することで、結社研究は進行してきたといえる。

（6）福井淳「多彩な結社の運動」（江村栄一編『近代日本の軌跡2　自由民権と明治憲法』吉川弘文館、一九九五年）。

（7）新井勝紘「自由民権期の結社のあり方——結社名の頭語と結語に注目して——」（ピエール・スイリ、西川正雄、近江吉明監修『歴史におけるデモクラシーと集会』専修大学出版局、二〇〇三年）。

（8）糠沢章雄「自由党会津部の活動について——明治一五年前半期の活動を中心に」（『福島史学研究』復刊1、福島県史学会、一九六五年）。これは、自由党会津部の日々の活動を記録した「自由党会津部日誌」（「庄司家寄託文書」福島県歴史資料館保管、『喜多方市史』6（中）近代、一九九六年、七三〜八九頁）により、その活動を追ったものである。

（9）庄司吉之助「会津先憂党と民権思想」（『近代史研究』1、福島近代史研究会、一九七一年）。のち、庄司吉之助『福

島自由民権運動史』（歴史春秋社、一九八二年）に所収された。この論文は、先憂党の存在を初めて世に明らかにしたものであり、会津地方の結社研究の大きな前進となった。庄司はここで、先憂党から自由党会津部という組織発展の図式を提示した。この先憂党関係の史料は、その後『喜多方市史』6（中）に所収された。また、庄司はこれにさきがけ『日本政社政党発達史』（御茶の水書房、一九五九年）という史料集を編んでいる。

（10）田﨑公司「内務省段階＝大隈財政期の「農商」育成振興政策——福島県の事例を中心にして——」（『福大史学』60・61合併号、福島大学史学会、一九九六年）。田﨑は、福島県令山吉盛典を大隈財政の地域担当者と位置づけ、山吉の県政に協調する豪農商が、殖産興業の自発的推進機関の一つとして愛身社を結成したと捉えている。田﨑論文は、結社組織の展開過程を明らかにすることに主眼が置かれなかった結果、先述の従来の結社研究が陥りがちだった枠組みを克服する上でも示唆的な成果を収めているといえよう。

（11）拙稿「会津地方民権結社・政党の結成——全国的国会開設運動への連携——」（『中央史学』21、中央史学会、一九九八年）。ここでも、本論と同様に愛身社・先憂党・自由党会津部の三組織の分析を試みているが、政治運動過程分析を基本姿勢としていたため、ここでいう従来型の結社研究の方法を採用している。本論では、今回筆者が提示した結社分析視覚により、再考を試みたい。

（12）「会津大同団結派ノ沿革誌」（『福島県史』11、一九六四年、一〇九六頁）。この史料は、宇田成一が大同団結運動を進めていた一八八九（明治二二）年五月に書き上げた会津地方の自由民権運動史ともいえるものである。そのため、愛身社設立に関しても、その後の政治運動の論理で書かれている可能性を充分に意識する必要がある。

（13）一八七九年前後は各地で結社が結成され始める時期で、そこでは（演説）討論が主要な活動スタイルとして選ばれることが多い。これは、県会の設立と関係が深いのではないだろうか。県会では、各地域から選挙された者同士が整然と並べられた席に着き、議長の進行のもと規定に則り各議員が発言し、議事が進められた。このような議論の方法が各地域に還元され、結社の活動スタイルとして採用されたのではないだろうか。先述のように、愛身社は宇田成一が県会で河野広中と意気投合することから生まれたとあるが、県会という場は、県という広範囲な人的つながりを形成しただけではなく、結社の活動スタイルにも大きな影響を与えたとも考えられよう。

（14）小野徳吉『会津民権史』福島民報社出版部、一九二四年。

(15)「宇田成一関係文書」(喜多方市史編纂室所蔵、『喜多方市史』6(中)二二四頁)。
(16)田﨑前掲論文。
(17)「各社規則並景況」(「庄司家寄託文書」、『喜多方市史』6(中)二八頁)には、愛身社について「明治十一年中ノ創立ニ係ル当時社外此ノ社アルヲ知ラス本年ノ始メニ当リ該地方ノ県会議員等加入シ随テ国会開設論ノ流行ニ際会シテルヲ以テ社名始メテ社外ニ顕レタリ元来此ノ社ハ豪農又ハ各村戸長等ヨリ成立チ専ラ興業殖産ヲ以テ目的トス」と報告されている。この社外に社名が知られるきっかけになったのが一月三一日の親睦会だったのだろう。
(18)東京大学法学部附属近代日本法政史料センター明治新聞雑誌文庫所蔵(『喜多方市史』6(中)四〇頁)。
(19)愛身社から先憂党が分離した経過については、前掲拙稿論文に詳記している。
(20)「書類綴込　先憂党」(三浦大輔家所蔵、『喜多方市史』6(中)三二頁)。
(21)前掲「書類綴込　先憂党」(『喜多方市史』6(中)二八頁)。
(22)「結盟書」(三浦大輔家所蔵、『喜多方市史』6(中)三四頁)には、国会開設に賛同する旨が示されており、二六五名の署名がある。また、この署名者が、原平蔵を国会開設請願の総代とした委任状「委任要件之事」の署名者とほぼ同一であることから考え、国会開設運動への賛同者がそのまま先憂党員とされたと考えてよいだろう。
(23)「先憂党約束」(前掲「書類綴込　先憂党」、『喜多方市史』6(中)三三頁)。
(24)前掲「書類綴込　先憂党」(『喜多方市史』6(中)三八頁)。
(25)前掲「書類綴込　先憂党」(『喜多方市史』6(中)、三〇頁)。
(26)自由党結成までの経過分析は、前掲江村著書に詳しい。
(27)前掲「会津大同団結派ノ沿革誌」。
(28)自由党会津部結成の時期には明治一四年末や一五年二月など諸説あるが、ここでは前掲拙稿論文に依拠し明治一五年一月と考えたい。
(29)福島県歴史資料館保管「庄司家寄託文書」。「第一号報」(二月八日付、三浦信六宛)、「第二号報」(二月一〇日付、自由党会津部宛)、「第三号報」(二月一二日付、自由党会津部宛)の三通で、『福島県史』11に所収されている。
(30)「庄司家寄託文書」(『喜多方市史』6(中)六九頁)。

(31)『喜多方市史』6（中）九五頁。若松会進社・坂下魁先社については、その性格や目的の記された史料が発見されておらず、政談演説会に関する史料等から、構成員が数人確認できる程度である。ただ、それらの史料から社内で自由党会津部に近い人物とそうではない人物がいたようで、両結社が組織ごと自由党会津部に参加することはなかった。
(32)前掲「自由党会津部日誌」。
(33)「会津大同団結派ノ沿革誌」や『会津民権史』には、この政談演説会についての記述はなく、続いて開かれた自由党会津部主催の喜多方出雲神社での演説会を「嚆矢」としていることからも、自由党会津部が開催した政談演説会は、これが最初と考えてよいだろう。
(34)若松警察署長中条辰頼の福島県令三島通庸宛「演説会解散上申」（「三島通庸関係文書」国立国会図書館憲政資料室所蔵、『喜多方市史』6（中）九八頁）。
(35)三浦大輔家所蔵、『喜多方市史』6（中）九九頁。
(36)「自由党会津部日誌」の明治一五年四月二六日の項には、福島部への報告とともに中島信行宛書簡控が記録されている。そこには「当若松地方景況ハ兼テ御洞察ノ通リ未開中ノ尤モ未開ナル土地柄ナル土地柄ニ候所近来ハ人心稍振起中等以上ノ人物トモ言フヘキ者ニ至リテハ大概多少之政事思想ヲ有シ来リシト言モ適当ナル現況ニ候所未タ政党ノ組織トテハ我自由党ヲ除クノ外無之都合ニ付此機ヲ以テ充分ニ我党ノ勢力ヲ占領シ度」とあり、今回の政談演説会によって、自由党会津部が会津地方なかでも若松町内への勢力拡大の足がかりを得たと感じていることが分かる。
(37)三浦大輔家所蔵、『喜多方市史』6（中）九九頁。
(38)喜多方警察署長加治木常清より福島県令三島通庸宛の政談演説会の景況上申（「三島通庸関係文書」国立国会図書館憲政資料室所蔵、『喜多方市史』6（中）一〇〇頁）。
(39)「自由党会津部日誌」明治一五年五月三日の項（『喜多方市史』6（中）七八頁）。
(40)この参加数は、自由党会津部の規模の判断材料となる。つまり、愛身社員・先憂党員すべてが会津部に加盟したわけではないのである。愛身社・先憂党の性格や実態を考える際、会津部に加盟しない選択をした人々についての検討も重要な作業となる。その意味で、自由民権運動の展開のなかでは顔を出すことのない愛身社員を突きとめている前掲田﨑論文は、貴重な成果である。

（41）前掲稲田著書、二九〇・二九一頁。

第3章　自由民権と義民——「主体」の形成と政治的実践の編成としての自由民権運動——

金井　隆典

はじめに

自由民権運動において民権家として活躍した植木枝盛の著作の一つに『民権自由論』がある。自由民権運動が隆盛をむかえるなかでよく読まれた書籍である。この書籍に、その表紙を四人の人物が飾っているものがある。その四人とは、板垣退助、福沢諭吉、森藤右衛門、佐倉宗五郎である。板垣退助は兎も角も、ワッパ騒動の指導者森藤右衛門や近世の義民佐倉宗五郎がその表紙を飾っているのは、やや奇異に思われる。この表紙は一体、何を意味しているのであろうか?

自由民権運動は、日本の近代化過程における課題とそれへの対応との関連で見るならば、「主体」の形成と政治的実践の編成の一つのあり様として捉えることが出来るであろう。幕末から明治維新以後、日本の近代化の歩みのなかで、国民国家を創出することは緊急の課題となった。そこでは、西欧列強に対峙し独立を保つための国家・政治・経済・社会システムを支えるに足る「主体」の創出こそが、より根本的に重要な問題であると認識され実践されたのである。より直接的な政治の位相においては、この問題は、国政参加システムの構築とその担い手の創出をめぐる問題として浮上した。近世社会における身分制は形式的には解体され、それにふさわしい主体であれば、政治に参加できる可能性が開かれた。それは、同時代のほぼ全ての人々にとって未曾有の経験であった。この時代は、政治・経済・社会システムの変更と再構築ばかりでなく、人々にその習慣・思考・身体の根こそぎ、かつ、全面的な変容を迫ったのである。それゆえ、様々な軋轢、摩擦、衝突が至るところで生起し、人々を様々な「抵抗」という政治的実践へと駆りたてた。こうした過程のなかで、「民権家」という「主体」が喚起、形成され、正当な「抵抗」という政治的な実践が編成されていった。それが自由民権運動である。

従来の自由民権運動研究は、自由民権運動における「抵抗」の側面に注目し、国家とそれに対する抵抗という二項対立の構図を設定し、その下で自由民権運動を描き出す。その際、「抵抗」という共通項でもって自由民権運動とその他の民衆運動を同質視、あるいは一体視している。また、自由民権運動における市民社会的な「近代性」を評価し、両者の関係を「指導＝同盟」関係として捉え、そうした「近代性」に合致しない要素は、自由民権運動の限界、封建制（近世）の残滓として処理された(1)。

これを厳しく批判したのが、近年の民衆史研究の成果である。民衆史研究は、民衆運動固有の運動の原理、論理を摘出し、自由民権運動と民衆史運動との安易な結合を否定、近世的な固有の論理と原理に基く民衆独自の運動のあり方を明らかにした(2)。

こうした民衆史研究からの批判は「自由民権運動とは何なのか？」という極めて根源的な問題を突きつけている。さらに、現在では、「自由民権運動」という概念によって語りうるのか？　という問いさえ提出されている(3)。

そこで、本稿では、こうした問いに、「主体」の形成、特に、新しい政治的人間像の形成という側面と、政治的実践の編成、とりわけ、正当な「抵抗」の編成をめぐる問題を明らかにすることを通じて自由民権運動のあり様を考察することで答えたい。そして、この作業は、従来の研究が自由民権運動の限界、封建制（近世）の残滓と評価した要素についても再考を迫ることになるだろう。

こうした考察を進めるうえで注目したいのが義民伝承である。人々は、国民国家創出の全過程を通じて、自らの思い、考えを表現する言葉を新しい言葉のなかに「発見」し、同時に、その理解のために過去の経験、言葉、物語を総動員した。国民国家日本の創出は、近代の受容と伝統といった二項対立的な視角では収まらない、新旧がクロスオーバーするなかで遂行していったのだ。この交差点に、まさに義民が存在するのである。義民という存在と義民の世界は、近代の新しい言葉と、過去の経験、言葉、物語が交錯する場なのである。近世に成立した義民伝承と義民は、それまでの人々のさまざまな経験、言葉、物語の集積であるがゆえに、国民国家創出の過程において動員され、近代の文脈のなかで「再発見」され、読み直され、再解釈・再構築される。そして、それによって、「主体」を喚起するとともに、「抵抗」という政治的実践を編成し、正当化し、方向付けもした。それは、自由民権運動においても同様である。そこでは、義民という存在と義民の世界が、「民権家」のありうべき姿とその実践と折り重なっている。(4)

そこで、本稿では、上述の課題に応えるために、近代の義民と義民伝承を分析することを通じて、いかなる新しい政治的人間像が喚起、形成され、それが、「抵抗」という政治的実践をいかに編成し、正当化し、方向付けたかを見てゆく。そうして、「民権家」という新しい政治的人間像の形成と正当な「抵抗」という政治的実践の編成としての自由民権運動の姿を検討することにしたい。さらに、そこから我々にとっての政治的実践としての「抵抗」のあり様とその意味について検討する手がかりを得られれば、と考えている。

第一節　義民の「発見」

百姓一揆の指導者である義民は、近代に再発見され、新しい時代に適合的な人間像として再構成された。そして、それは「主体」を喚起し、政治的実践の編成を促した。その際、政治的実践としての正当な「抵抗」の存在の発見が大きな意味を持つこととなる。

近代の文脈における義民の「再発見」の嚆矢は福沢諭吉である。福沢は、その著『学問のすゝめ』のなかで義民佐倉宗五郎に対して「余輩の聞くところにて、人民の権義を主張し正理を唱えて政府に迫りその命を棄てて終わりをよくし、世界中に対して恥ずることなかるべき者は、古来ただ一名の佐倉宗五郎あるのみ。(5)」と最大限の賞賛をおくっている。

佐倉宗五郎を始めとする義民は、江戸時代から一種の「英雄」であった。福沢が取り上げた代表的な義民である佐倉宗五郎は、『東山桜草子』や『花雲佐倉曙』といった形で歌舞伎で上演され、大当りをとった、全国的によく知られた存在である。しかし、近世における義民の「英雄」化は、もちろん、福沢による義民評価とは大きく異なっている。近世の義民は、近世において唯一無二の世界である「仁政的世界」に規定された「英雄」であった。近世の世界は「仁政イデオロギー」に支えられた世界、「仁政的世界」である。「仁政イデオロギー」とは、「百姓」とは天からの預かり物、「公儀の御百姓」であり、領主は、そうした「百姓」に平和で安定した生活を保証する統治、すなわち「仁政」を提供せねばならず、被治者である「百姓」はそうした「仁政」にこたえ、「仁君」の「慈悲」に感謝しつつ、素直にその命令に従い、「年貢皆済」をはたす「律儀」な「御百姓」でなければならないという、領主と領民の相即的な関係意識である。(6)近世の義民伝承では、百姓一揆が勃発する状況は、そうした「仁政イデオロギー」に支えられた「仁政的世界」が顕現しない世界として描かれる。そこで、「仁政的世界」の顕現を妨げる「悪」[7]を排除すべく「百姓」側の善の体現者として登場するのが、義民である。義民は「仁政」の回復のために奮闘するが、その行動には一揆参加者の行為も加乗累加される。そうして、義民は超人的、神がかり的な活躍をすることとなり、「英雄」化されていく。しかし、義民の超人的な活躍は、それが超人的であればあるほど、その行動自体を「仁政的世界」の規範から逸脱させることとなる。その結果、義民の罪は許されないものとなり、その死は必然のものとなる。換言すれば、近世において義民は死ぬからこそ義民だったのである。義民の死は「仁政的世界」が内包する構造的矛盾の帰結であり、義民はこの構造的矛盾に規定された存在である。同時にそれゆえに、義民は、同じく近世の「仁政的世界」において善の体現者とされた楠正成ら忠臣義士と肩を並べる「英雄」たり得たのである[8]。

江戸幕府の終焉と明治維新に始まる日本の近代化の本格的な歩みは、幕藩体制を支え、正当化していた「仁政イデオロギー」を否定した。「仁政的世界」は、もはや唯一無二の世界ではなくなったのである。福沢もまた、「門閥制度は親の敵でござる」という言葉に象徴されるように、封建制度、「仁政的世界」を徹底的に否定している。したがって、福沢の義民に対する高い評価は、近世のそれとは自ずと異なるものなのである。福沢は、近世において等質とされていた義民佐倉宗五郎と忠臣義士とを、両者の死に注目することによって、峻別する。忠臣義士の死は、「世に益することと」の無い死、「不文不明の世の常」であって、ただ、「己が主人のためと言い己が主人に申し訳なしとて、ただ一命を棄つればよ」いとするものであり、「今文明の大義」からすれば、「未だ命のすてどころを知らざる」死である、とする。福沢は、その死は主人の使いに行った奉公人の権助が、預かった一両の金を落として途方にくれ、旦那に申し訳が立たないとして褌で首をくくって死ぬのと本質的に変わりのないものであるという「楠公権助論」を展開する。そうして、そうした文明に益しない死を「英雄」視する近世社会を否定するのである。

しかし、佐倉宗五郎の死はその対極にあるもの、つまりは、「文明の趣意」にかなった、「文明に益する」ところの死とされた。この死をもって、佐倉宗五郎は、「世界中に対して恥ずることなかるべき者」という最大の賛辞を受けるのである。佐倉宗五郎が「文明の趣意」にかなった「文明に益する」人物とされたのは、彼が模範的国民の理想像として再解釈されたからである。福沢にとって、「文明の趣意」にかない、「文明に益する」こととは、近代化の課題に応えること、すなわち、国民国家を創出することと、それを支えるに足る「主体」=「国民」を創出することであった。ここにおいて、人々と国家がいかにその関係を切り結ぶか、が問題として浮上する。福沢は「国民の職分」として「国民たる者は一人にて二人前の役目を勤むるもの」だと説く。第一の勤めは、「政府の下に立つ一人の民」という「客」の役目であり、第二の勤めは「国中の人民申し合せて一国と名づくる会社を結び社の法を立ててこれを施し行う」国家の「主人」としての役目である。

「客」としての人民は国法を重んじ人間同等の趣意を忘れてはならない。それゆえ、国法を正しく守って彼我同等の大義に従わなければならない。また、立法・外交・行政などの政府の権は「もと約束にて人民より政府へ与えたるもの」であるから、政府の政治に関係無い者がみだりにそれを評議することは許されないのである。福沢はここで、法とそれを制定した政府への「人民」の服従を強調している。一方、一国の人民は「政府なるものを設けてこれに国政を任せ、人民の名代として事務を取扱わしむべしとの約束を定めた」「主人」でもある。「主人」である以上、人民は、国政に積極的に参与し、その費用を負担しなければならない、そして、政府もまた、人民の委任を引き受けその約束に従い、その国民をして貴賤上下の別無くその権義を伸張させねばならず、法を正しく罰を厳にして一点の私曲もないようにしなければならない、と「人民」の自発性と国家の公平性の必要を説く。そして、「人民も政府も各々その分限を尽くして互いに居合うときは申分」ないとする。しかし、福沢は、政府はしばしば、その分限を越えて暴政を行うことがあると指摘し、この非常時における政府と「人民」の切り結び方、別言すれば、「人民」の服従と自発性の関係について論ずる。福沢によれば、このとき、「人民の分としてなすべき挙動は、ただ三箇条あるのみ」である。それは、「節を屈して政府に従うか、力をもって政府に敵対するか、正理を守りて身を棄つるか」の三つである。この三箇条のうち、福沢は第一の方法と第二の方法を斥ける。

第一の策である「節を屈して政府に従う」は、天の正道にしたがうという人の本分にもとる、第二の「力をもって政府に敵対する」は、徒党の結成を誘発し、内乱を引き起こすものであり、いずれも下策であるとする。

そして、第三の「正理を守って身を棄つる」、すなわち「天の道理を信じて疑わず、如何なる暴政の下に居て如何なる過酷の法に窘めらるるも、その苦痛を忍びて我志を挫くことなく、一寸の兵器を携えず片手の力を用いず、ただ正理を唱えて政府に迫ること」こそが、「上策の上」であり、「人民の分としてなすべき挙動」であるとする。

ここに、人民による政府に対する正当な抵抗の存在が示されることとなる。国家の「主人」たる人民には、その資格として政府の暴政に対する正当な抵抗が担保される。同時に、ここで注目すべきは、福沢が政府に対する抵抗の存在を認めながらも、「抵抗」の手段としての暴力を厳しく批判している点である。節を屈して政府の暴政に唯々諾々と従うことを福沢は人の本分にもとる下策として退けているが、同時に、政府に対する抵抗としての私的な暴力の行使を断固として否定している。福沢は近代においては、自力救済に代わって、国家の法によって社会秩序を維持することこそが正しい姿であることを強調する。よって、暴力は国家に集約され、個人の私的な暴力は禁止される。ゆえに、人々は国法とそれを制定する政府にしたがう「客」たらねばならない。「悪法も法」なのである。この点を福沢は、赤穂義士の行動とその死を批判することを通して明示している。福沢にとって赤穂義士は「身は国民の地位に居ながら国法の重きを顧みずして妄に上野介を殺したるは、国民の職分を誤り政府の権を犯して私に人の罪を裁決したるもの」なのであった(9)。ここから、忠臣義士は「己が主人のためと言い己が主人に申し訳なしとて、ただ命を棄つればよ」いという死の質から、だけではなく、その死に至る手段においても否定される。人々の自発性の発露の手段は、国法への服従という枠によって厳しく制限されるのである。

この点からも義民佐倉宗五郎と忠臣義士は厳しく峻別されることとなる。義民佐倉宗五郎は、「人民の権義を主張し正理を唱えて政府に迫りその命を棄てて終わりをよくし」たこの第三の方法の実践者であり、その死は、この方法の遂行の結果と解された。佐倉宗五郎の死はあくまで「人民の権義を主張し正理を唱えて政府に迫」った帰結であり、そこに暴力の介在する余地は無い。ここで、義民は、百姓一揆における暴力の発動、暴動化を押さえて一身を犠牲にした存在となる。だからこそ、その死は国家の「主人」たる「人民」として「人民の権義を主張し正理を唱えて政府に迫りその命を棄て」る「マルチルドム（martyrdom：殉教・殉死）」という主体的な死となる。福沢は「仁政的世界」を文明に無益なものと否定することで、義民の死を「仁政イデオロギー」が抱える構造的矛盾の必然的帰結から解放し、主体的な行為へと転換させた。その結果、義民は国民の職分を遂行する理想的な国民像として再解釈され、文明の世にふさわしい新しい政治的人間像として提示されることとなった。そして、それは、人々に政治的実践として、いわば「非暴力不服従」という政府に対する正当な「抵抗」の存在を明らかにした。義民は、「非暴力不服従」という政府に対する正当な「抵抗」を実践した政治的実践者でもあったのである。

第二節　「民権ノ一種子」としての義民

福沢による、暴政・暴虐な政府に対し、「人民の権義を主張し正理を唱えて政府に迫」る、という正当な「抵抗」の存在の義民を通じての提示と、その政治的実践者としての義民像の造形は、近代化過程のなかで「民権」を掲げ、政府に対抗・抵抗しつつ、政府とは異なる近代化の道を摸索していた自由民権運動に大きな影響を与えた。

植木枝盛は、福沢が理想的な国民像として「再発見」した義民佐倉宗五郎像を受容しつつ、自由民権運動における「主体」と実践に関連付けて義民を再解釈した。彼は、義民を「民権ノ一種子」[(10)]と位置付けた。しかし、植木は義民を「民権ノ一種子」としながらも、「民情家」として「民権家」とは弁別する。彼は、義民を「民権家」と称すべきではないと明言する。義民の「所為ノ如キハ全ク其一時ニ関シ其一事ニ係ル者ニシテ、若シ其民人タル者敢テ困究ニ迫ルコトナク、其実地ノ上ニ於テ租税ヲ出スノ力アリ生計ヲ遂グルノ便アランニハ、蓋シ之ヲ如何トセントスルノ志モアラザリシナルベシ。而シテ其民モ亦之ヲ出スノ力サヘアルモノナラバ、縦令妄ニ徴収セラルヽモ亦仍ホ其租税ヲ出セシナラン。只其実地ニ於テ之ヲ出スノ力ナク真ニ困究ニ迫ルヲ以テ初テ動キシモノ[11]」である。義民は、民が苛税に苦しみ、困窮するのを見て、不憫、不便に思って、我が身を顧みず、遂に身を殺して訴願を達成したのである。逆にいうならば、義民は、民が税を払う余裕が十分にあり、豊かであれば、決起しない、とする。これに対して、「民権家」とは貧富、困窮の有無に関わらず、「全ク非法ニ抗敵シ理ニ従リテ民権ヲ守リタルモノ」であるとされた[12]。つまり、「民情家」と「民権家」には、「一ハ貧ニ在リテ事ニ究シテ起コリ、一ハ富ニ在テ理ヲ守テ起レリ。一ハ貧ナラズンバ究セザレバ起ラザルベク、一ハ貧富ニ関ハラズ又其一事上ニ究スルト否トヲ問ハズシテ起レルモノ[13]」という違いがあり、義民は「民ノ情ヲ思ヒシ事ハ切ナレドモ、民ノ権ヲ思ヒシニハアラズ[14]」がゆえに、「民権家」ではなく「民情家」であると措定される。そして、義民が「民情家」と措定されることによって、義民の性格は、福沢の義民像と大きく異なることとなる。義民とは「理ニ従リテ民権ヲ守リタル」者ではないから、福沢が義民の核とした「人民の権義を唱え正理を唱え」るという性格は剝奪されてしまうのである。

このように、植木は「民権家」と「民情家」とを厳しく弁別し、義民を「民情家」と同定したにもかかわらず、義民を、また「民権ノ一種子」とも評価している。それは、義民が内包する精神ゆえである。植木は、義民を「固ヨリ民益ヲ謀リシモノニシテ社会ノ仁人タルニ異論[15]」はないとするが、その評価軸は、「民益」「社会」「国家」における貢献である。植木は、人々が国家・社会に関心を持ち、積極的に関与するようになることが、福沢が『学問のすゝめ』で主張したのと同様に、重要かつ焦眉の急務である、と認識した。彼は、「国家公共の事に心を用ひず、自由の精神なく独立の気象なく、（中略）政府の命令とあれば是とも非ともなくへー〳〵はい〳〵ひたすら是に従て、言ふべき事も言ひもせず論ずべき事も論じもせず、怒るに怒らず怨むに怨まず、卑屈の奴隷に安んじて此に満足する人民等は、是れは国家の良民ではない、ほんに国家の死民」であるから、人々は、「広く智識を磨き世の事国の事にも心を用ひ、始終これ等の事にも気を付けねばらな」ない、と主張する。(16)

にもかかわらず、植木の眼に写るのは、「昔より日本の平民と申す者は一向元気がなく、唯自分一身一家の事のみに打ち掛って更に世の事国の事に心を用ひ気を付けず、総て公けの事には甚だ疎くうか〳〵として、川向の火事でも観るが如く、虻の目の前を飛び去ると同様なんの事とも思はざりけり」(17)という日本の現状であった。それゆえ、「世の事国の事に心を用ひ気を付け」ることのできる「精神」の持ち主は、極めて貴重かつ重要な存在だった。植木は、福沢と同様に、国家と人々との関係において、人々の自発性の発露を要請するのである。

こうした精神の持ち主として植木は、士族に注目する。士族は、完全ではないものの、国家、公共のことに関心を抱き、自主独立の精神、国家の良民たるにたる精神を持つ人物として再解釈される。そして、同様の精神の持ち主として植木によって義民は「発見」される。国家、社会、公共への関心は、日本の近代化における重要かつ焦眉の急務であるがゆえに、ひとり士族だけが有していればよいものではない。本来、全ての人々が持たなければならない精神である。義民は、江戸時代において武士（士族）以外でこの精神を持っている唯一の存在であった。だからこそ、義民は「民権ノ一種子」と評価されたのである。

士族に対するこの評価は、福沢が否定した忠臣義士に対する再解釈をもたらした。植木は、福沢がその死のあり方ゆえに、「文明の趣意」も知らず、「文明に益すること」もなく死んでいった「命の棄て所を知らざる者」とした忠臣義士――特に赤穂義士――を擁護し、福沢に反論する。福沢のような解釈は、「欧米各国自由文明ナル処」(18)であれば、確かに成立する。しかし、徳川の世は「天下の正理戕賊せられて真純の法律行はれず、理が非に曲り或は曲を直となし、正道廃して物の平均を失ひ、彼是れ相背て一は従ふべからざるに従ひ一は抑ゆべからざるに抑ゑ一は取るべきに取らず一は渡すべきに渡さず、政府は圧制を施して人民を虐げ人民は卑屈にして正理を達することを得ざる[19]」暴虐の世であり、徳川政府は甚だ暴政府なのである。そうした「専制独裁ノ国ニ至テハ、国法ト云フモノハ政府ノ私ニ裁定スル所ニシテ人民ノ与テ立定スルモノニ非ザレバ、敢テ必シモ之ニ従ヒ之ヲ守ラザルベカラザルノ道理モナク、之ヲ非トシ之ヲ好マザレバ則不得已シテ之ニ反キ、之ガ社会ヲ出ヅルモ曽テ不可ナル所[20]」はない。したがって、暴虐の世、暴政府に抵抗し、反逆した義士の行動は、むしろ、「徳川政府ノ罪人ニシテ天地ノ良民、倫理ノ功人ト云フベシ[21]」となる。つまり、義士の行動とその帰結としての死は、福沢の言うような、「文明の趣意」を知らない、「文明に益することもない」、主人への申し訳のための死などではなく、政府が暴政・悪政をふるうという人々と政府の関係の非常時における民益、社会、公共のための行動とその結果としての死、なのである。そして、この評価は義士の行動と死の質を変えるだけではなく、その死に至る手段をも正当化させる。福沢は、「抵抗」の手段としての私的暴力の行使を否定し、それゆえに忠臣義士を否定したのに対し、植木は、義士の行動とその死を再解釈することによって、「抵抗」の手段として暴力の行使を正当化した。

こうした死と同質の死として、義民の死が位置付けられ、義民と義士は同一線上に置かれることとなる。植木が義民を義民たらしめているものとして注目したのは、福沢と同様にその死であった。彼は、義民の死を「一身ヲ擲テ人民ノ窮苦ヲ救フ、古人ノ所謂捨生取義殺身為仁者ニシテ、泰西ノ所謂「マルチルドム」タル者是矣[22]」と再解釈、再構成する。ここでも義民の死は、「一身ヲ擲テ人民ノ窮苦ヲ救フ」「マルチルドム」という主体的な死として評価される。しかし同時に、植木は義民の死・精神を表現し得る言葉を「マルチルドム」という西欧からの新しい言葉の中に発見するとともに、「捨生取義殺身為仁」という過去の言葉[23]によって理解している。植木によれば、「マルチルドム」とは「捨生取義殺身為仁」なのである。そして、「マルチルドム」=「捨生取義殺身為仁」とされる時、植木によって福沢の義民像から剝奪された重要な要素が補完されることとなる。すなわち、欠落させられた「人民の権義を主張し正理を唱え」の座を「為仁」が占めることとなる。義民の行為は「人民の権義を主張し正理を唱え」る行為ではなく、「仁を為す」行為として構成される。この「仁」を媒介として、福沢によって切り離された義民と忠臣義士は、その行為がいずれも民益、社会、公共のための行為として、再び同一の地平におかれる。しかし、それは、もちろん近世の義民像の再現ではない。植木のいう「仁」は、「人民の権義を主張し正理を唱え」るという行為の代替物なのであり、それゆえ、その内実は、日本の近代化において要請される「主体」を喚起するための、極めて近代的なものだった。[24]「捨生取義殺身為仁」という義民の死は「マルチルドム」と同義とされたのである。

こうして、義民の死が「マルチルドム」=「捨生取義殺身為仁」と定義される時、政治的実践者としての義民の性格もまた、福沢が描いたそれとは大きく異なったものとなる。「マルチルドム」を「捨生取義殺身為仁」と同義とすると、「為仁」の内実は「人民の権義を主張し正理を唱え」ることに限定されなくなる。すなわち、福沢とは異なり、「殺身」に至る手段を束縛するものはなくなる。その結果、「仁を為す」ための政府への「抵抗」という政治的実践の手段として暴力が正当化される。政治的実践者としての義民には、正当な「抵抗」の手段として暴力が容認されるのである。これは福沢が分離した義民と百姓一揆とを再結合させることとなる。福沢は、徒党を結成し「力をもって政府に敵対する」第二の手段の行使を否定した。したがって、百姓一揆という行動もまた、否定される。それゆえ、義民が持っていたはずの百姓一揆の指導者という側面は削ぎ落とされ、義民は、むしろ、百姓一揆における暴力の行使を抑える側にまわり、「一寸の兵器を携えず片手の力を用いず、ただ正理を唱えて政府に迫」り、身を棄てるという第三の手段の行使者として百姓一揆から切り離された。しかし、「抵抗」の手段として正当な暴力の存在が認められた時、両者は再び結び付く。植木は、義民を「民権ノ一種子」と評価する際に、「蓋シ真ニ民権ノ一種子トモ称スベキハ一ノ百姓一揆ナル者アリシノミ(中略)其一揆願訴ノ尤モナル者ニ至テハ我輩嚢キニ福沢先生モ楠公権助ノ裁判ニ引出サレタル佐倉宗五郎ヲ以テ巨擘トナサヾルベカラズ[25]」と「民権ノ　種子」として百姓一揆を「発見」し、その指導者として義民を評価するのである。こうして義民の行為に、正当な手段としての暴力を伴う「抵抗」が見出された時、義民は、政治的実践の面においても、忠臣義士と同一線上に位置付けられ、さらには、「宗五、平八ノ如キハ一身ヲ擲テ人民ノ窮苦ヲ救フ、古人ノ所謂捨生取義殺身為仁者ニシテ、泰西ノ所謂「マルチルドム」タル者是矣。」と大阪の民衆を救うために実力行使の挙に及んだ大塩平八郎と並置される。

また、正当な「抵抗」の手段としての暴力の行使は、「正理」の実現においても認められることになる。植木は、真の「民権家」とその実践としてアメリカ人民とアメリカ独立戦争を挙げている。アメリカ人民は「全ク非法ニ抗敵シ理ニ従リテ民権ヲ守リタル」、「不法ニ従ハズシテ民権ヲ守リタル」真の「民権家」であり、アメリカ独立戦争は「只其一時ノ一個事上ニ止テ実地ノ困究ニ迫リ真ニ全ク已ムコトヲ得ズシテ動キシニアラズ、英国政府ヨリ命ズル所ノ租税ハ之ヲ出スノ力ナキニ非ズト雖ドモ、出スベキ理ナキガ故ニ之ヲ出サズ、敢テ服従セズシテ独立ヲ謀リタル[26]」ものとなる。アメリカ独立戦争という暴力の行使は、真の「民権」的実践として肯定されるのである。この正当な抵抗としての暴力の行使の肯定を介して、真の「民権」的実践としてのアメリカ独立戦争も、義民の行為も、その行動様式においては、同様のものと見做される。そうして、アメリカ独立戦争は『民権かぞえ歌』（植木枝盛作）の中で「六ハツトセー　昔おもへば亜米利加の　独立なしたるむしろ旗　コノいさましや」と歌われるように、百姓一揆でもって表象されることとなる。

植木は、義民が内包する国家、公共のことに関心を抱き、積極的に関与しようという精神、その自発性に注目し、義民を「民権ノ一種子」として、人々に一つの精神の範型を示した。義民の死は「マルチルドム」＝「捨生取義殺身為仁」であるとされ、義民の行為の中核に「為仁」が置かれることにより、その内実は「正理」の主張に限定されるものではなくなった。その結果、正当な「抵抗」の手段として暴力の行使が肯定されることとなり、それは真の「民権」的実践にさえなるのである。こうして、義民は「社会の仁人」、「民権の忠冤鬼（マルチール）(martyr：殉教者・殉死者―筆者注)」という模範的人間像として提示されるとともに、正当な「抵抗」としての政治的実践、実力行使である百姓一揆を実践・指導した政治的実践者であるとされた。

第三節　「民権家」としての「義民」

福沢と植木による義民とその行為の再解釈、再構成は、ありうべき新しい政治的人間像の提示と、正当な「抵抗」の存在、およびその様式を示唆した。この人間像の提示と正当な「抵抗」の存在およびその様式の「発見」は、近代化過程のなかで生起する様々な抵抗・対抗運動の担い手、およびそれに対する「まなざし」に大きな影響を与えた。一例を挙げると、農民たちの石代納歎願運動に始まり、やがて酒田県県政改革要求・村役人層の不正追求運動へと発展していった、酒田県で起こったワッパ騒動の指導者森藤右衛門は「今宗吾」、「二代目宗五郎」と称され、その存在と行為は義民になぞらえられた。

近代化の過程において政府に対する大きな「抵抗」運動の一つであった自由民権運動においては、義民は特に重要な位置を占めることとなる。植木によって、義民は「民権ノ一種子」と位置付けられたように、義民とその行動は、民権家および自由民権運動と高い親和性をもって把握されていた。かつ、義民が指導・実践した百姓一揆に含まれるとされる暴力の行使という「抵抗」の様式も真の「民権」的実践とされた。それゆえ、自由民権運動のなかで、民権家の手によって多くの義民伝承が収集、著述され、また、義民の顕彰が行われた。福沢、植木によって「発見」された義民を通じて提示される新しい政治的人間像と正当な「抵抗」のあり様が、自由民権運動のなかでより発展的に展開されたのである。義民、およびその行動と、民権家・自由民権運動とは密接に結び付くこととなり、両者は互いにそれぞれに対し、ある種の根拠、正統性と理解の枠組を提供した。

その詳細を『民権鑑加助面影』と『東洋民権百家伝』を例に見ていくことにしたい。『民権鑑加助面影』は長野の民権家松沢求策が、地元松本で起こった百姓一揆、貞享騒動とその指導者義民中萱加助を題材とした義民伝承を歌舞伎作品化したものである。『東洋民権百家伝』は小室信介が全国の義民伝承、義民の事績を収集、編纂したものである。小室信介は本書を「されば官に抗し理を守りて、民の為に身を擲ちたるもの、唯かの佐倉宗五郎一人のみかは。他に湮没もれたる人々の数多なからずやは。いかでこの湮没たる人々の名と跡をさぐり求めて、世に公にし明治の昭代に光りを出さしめて、かの仁人義士てふ人々の霊を黄泉の下に慰めばやと思ひ立ち」、「亞弗利加の浜辺に金剛石をさぐりあて[27]」るようにして、まとめたと語り、この作品が福沢の提起を受ける形で成立したことを示している。

『民権鑑加助面影』においても『東洋民権百家伝』においても、義民は「民権家」としての性格を強めている。『民権鑑加助面影』では、その表題が示すとおり、義民加助は「民権家」と同定されており、その姿は「かゝる圧制束縛の下に生まれし民として自由権利ハ夢にだもしらざるその中に多田独り義を鉄石に堅め為し、多くの民の其の為に身を鴻毛より軽んじて、雷公よりも懼れなす時の領主に畏縮せず、理非明らかに剛訴[28]」するものとして描かれている。『東洋民権百家伝』では、義民は「我邦古来、自由ノ説、民権ノ論無シ。之レ有ルハ、維新以来、西説ノ輸入ニ始ル。故ニ明治以前ニ在リテ、民権家ト称シ得ラルヽ者ハ、大抵古来ノ教育習慣ニ依リ、幾分カ忠義、任侠、孝義、貞烈等ノ意味ヲ含マザル者少ナシ。之ヲ民権家ト称センヨリ、寧ロ仁人義士ト名クルノ妥当ナルヲ覚ユ。」（初帙之上「例言」）と一応は「民権家」と区別されるものの、その区別は植木ほど明確ではない。それどころか、義民はしばしば、直截に「民権家」に措定される。むしろ、「我邦ノ仁人義士、今世所謂民権家也」（同前）、「我邦の民権家ちふものは、（中略）遥かに萬の美しき行ひにも立ちまさり、難き所為にもすぐれて、彼の西洋の民権家に勝りはするも劣りはせざる」（第二帙之上）と、義民と民権家は同一線上に置かれることになるのである。

こうした民権家としての義民の江戸時代における優秀性と特殊性は、他の農民たちとの対比によって、より強調される。農民たちは「お上さまの前へ出て物言うふ事は得出来ぬ」「無智文盲卑屈に慣れた百姓」[29]、「無理非道なる事を仕向らるゝも、公に之に抵抗するの気力は少しも無く、唯寄り集ひて徒に眉を顰め額を蹙めて、苦情を述べ愚痴を溢せるのみ」（第三帙之上「高梨利右衛門伝」）の「卑屈の根性に生抜きたりし百姓原」（初帙之上「戸谷新右衛門伝」）といった「愚民」として描かれている。こうした「愚民」像が、義民の「大義ノ為メニ正理ノ為メニ、人民ノ為メニ国家ノ為メニ、特立独行天下後世ヲ顧ミザル」（同前）性格を際立たせるのである。しかし、この義民と「愚民」の対比は、両者の間の人間としての根源的差異を表わすものでもなければ、「愚民」が「愚民」に止まり続けることを保証するものでもない。「愚民」が「愚民」であるのは、彼らが「萬の民むげにいやしくかろしめられて、人々の自ら尊び自ら重んずるの風なき」（初帙之上）「水の高きに流る、如く烟りの卑きに下るが如[30]き「江戸の変体」、「江戸の暗黒」の世という時代的制約に拘束されていたからである。義民が優秀であり特殊だったのも、こうした時代的制約下にありながら、それに絡めとられていなかったからである。したがって、そうした時代的制約から解放された、「行政司法の途の分れて、司法の部も始審、控訴、大審院なんどの別ちありて、人民の権理を伸ぶることの進みたる」（第二帙之上）「明治の昭代」においては、義民は決して特殊な存在では無くなる。義民の行為は全ての人々にとって、なされるべき当然の行為となり、義民は普遍的存在となる。また、「愚民」も時代的制約の無い「明治の昭代」のもとでは、永遠に「愚民」でありつづける必然性は無くなり、当然ありうべき人間像である「義民」になることが要請される。誰もが「義民」になれる可能性が開かれるのである[31]。こうして、義民の普遍化により、義民は「明治の昭代」である現代の人々の規範的人間像となり、過去／「我邦」の「義民」は、現在／「西洋」の「民権家」と同一線上に置かれ、「民権家」としての「義民」が成立するのである。

ところが、義民の普遍化は、その行為は人として当然の行為なのであるから、義民の死を、死なくてもよかった死という特殊な死とする。[32]この特殊な死を説明するのが、「殺身成仁」の論理である。「世の為め国の為め人の為に理の為めに、名誉をも利益をも財産をも子孫をも顧みず、わが一命を塵よりも軽んじて」「官に抗し（中略）身を擲ちたる」べきであるとする（初帙之上）[33]「殺身成仁」の論理は、死ななくてよかったはずの義民の死を価値あるものとして正当化する。そして、この「殺身成仁」の論理こそが、義民を義民たらしめているものの中核をなすのである。

それゆえ、義民の行動もまた、「殺身成仁」の論理によって、正当な「抵抗」となる。「殺身成仁」の論理は、「世の忠義を説く者、往々奴隷卑屈の態あるを免れ」ない盲目的な国への忠誠とともに、「恩義を棄て、頂上に抗することを好む傾向有」るむやみやたらな、野放図な「官」への抵抗も否定し（初帙之下「白須賀駅平八伝」）、正当な「抵抗」のあり様を示す。義民が活躍する舞台は「江戸の暗黒」であり、時の政府は悪政、暴政を行う暴虐な政府であった。この暴虐な政府は「民を虐げ国を害し無礼せしとて手討なし御用と云て金を取り総て上の為する事ハ以下なる非道な事にても訴へおれバ重い仕置」[34]を科し、「萬の民」は「むげにいやしくかろしめられ」ていたのである。そうした虐げられる民を救うための義民の行動は、「世の為め国の為め人の為に理の為め」の行為であり、正当な「抵抗」として位置付けられる。そして、義民の行為・百姓一揆のもたらした成果は、近世の義民伝承のような「仁政イデオロギー」の下でのもう一方の善である領主による、仁政の回復としてではなく、正当な「抵抗」の対価として描かれることとなる。

しかしながら、「殺身成仁」の論理はまた、正当な「抵抗」の急進化ももたらす。「殺身成仁」の論理は、義民として行動し得る根拠と正統性を、その行動の対象である民、社会から解放してしまう。「殺身成仁」の論理において必要なのは、「民の為め」の行動であるが、その対象である民、社会の支持を必要とする必然性をもたない。それが求めるところは、行為者が「世の為め国の為め人の為に理の為め」に行動していると信じる主観的な信念である。「殺身成仁」の論理は、「世の為め国の為め人の為に理の為め」という行為者の信念をもって、民の支持の有無にかかわらず、義民の行動を正当化する。そのため、「世の為め国の為め人の為に理の為め」に行われる「抵抗」はその対象である民、社会の支持を待たずとも、正当化されるのである。(35)

また、「殺身成仁」の論理は、正当な「抵抗」の手段の急進化をも誘発する。植木の場合がそうであったように、「殺身成仁」の論理は、正当な「抵抗」のための対象と目的は明らかにするが（もっとも、その内実は多様に解釈可能であるが）、その手段を規制、制限、束縛するものはない。よって、正当な「抵抗」として、「正理」を主張し、粘り強く交渉を続けることとともに、暴力を伴う実力行使をも容認する。『民権鑑加助面影』では、民の暴発を押さえながら、「義を鉄石に堅めなし多くの民の其為に身を鴻毛より軽んじて雷公よりも懼れなす時の領主に畏縮せず理非明らかに」根気よく迫る義民加助の姿が描かれるが、「愚民」である「百姓」が憤激し、実力行使に出る姿も肯定的に描かれる。『東洋民権百家伝』では、「正理」を唱えて「人民ノ為メニ国家ノ為メニ」に東奔西走する義民の伝記が収録されているが、同時に、「義民伝」と銘打ちながら、特定の義民がとりたてて活躍するのではない、物理的暴力を伴う集団的実力行使としての百姓一揆の物語も収録されている。

「殺身成仁」の論理は正当な「抵抗」の急進化を推し進め、「志士仁人」的な「抵抗」のあり様を呼び込み、正当化するのであった。それは、従来しばしば、政府の弾圧などによる自由民権運動の閉塞状況の結果であると説明されたり、近世（封建）的な思想の残存・影響として、自由民権運動の近代性の「限界」と位置付けられることが多かった。だが、そうした見方は妥当とはいえまい。「志士仁人」的な「抵抗」のあり様も、また、「近代」的な「抵抗」のあり様に他ならないのである。

第四節　「義民」の実践——建白・請願、民権運動会から激化事件へ——

近代における義民の再解釈、再構成は「主体」を提示・喚起し、正当な「抵抗」という政治的な実践のあり様を方向付けた。それは、自由民権運動において、より強く作用し、急進的に展開した。再解釈され、再構成された義民のあり様と政治的実践は「民権家」のそれとして受けとめられ、「民権家」という新しい政治的人間像と、その実践（＝自由民権運動）を形成、編成してゆくこととなる。

『民権鑑加助の面影』の作者である松沢求策は、長野県の民権結社奨匡社の国会開設請願書捧呈委員に選出され、国会開設の請願のため上京する際に、自らの決意を表明している。そのなかで、国会開設の正当性を粘り強く主張していくことを宣言し、さらに「余輩若シ不幸ニシテ仮令断頭上ニ首級ヲ失ヒ身骨ヲ小塚ヶ原ニ暴露スルモ、諸君必ラス畏懼屈撓スル事ヲ止メテ直チニ応シテ其轍ヲ履ミ、所謂甲倒ルレハ乙接キ丙来ツテ以テ自由ノ鬼ト為リ、日本人民ノ心胆ヲ激発セシメ、政府刺衝一堪ヘ難キノ極終ニ善良ノ憲法ヲ生シ終ニ国会ノ設立ヲ為[36]」さしめるよう呼びかけている。これは、福沢が赤穂義士を非難し、赤穂義士が採るべきだった正当な「抵抗」の方法として挙げた、「四十七士の面々申合せて、各々その筋に由り法に従って政府へ訴え出でなば、固より暴政府のことゆえ最初はその訴訟を取上げず、或いはその人を捕えてこれを殺すことあるべしと雖ども、仮令い一人は殺さるるもこれを恐れず、また、代りて訴え出で、随って殺され随って訴え、四十七人の家来理に訴えて命を失い尽くす[37]」という方法と合致している。松沢は、福沢が義民佐倉宗五郎が実践したとする「人民の権義を主張し正理を唱えて政府に迫」るという方法を、国会開設の請願方法として採用したのである。そして、松沢は奨匡社の国会開設請願運動において、政府の請願書受け取り拒否にもかかわらず、再三再四、請願を繰り返し、さらには請願書受け取り拒否の理由の開陳、人民の請願権の確認を求めて粘り強く交渉を続け、ついには岩倉具視から言質を取るのに成功する。[38]

松沢は自らの行動原理に「一身ヲ犠牲ト為シ天下人民ヲシテ感奮激発スルノ一大基本ヲ構造スル事ヲ務メ[39]」ることを置き、自らの実践を「身ヲ殺シテ国ニ尽ス」、「栄枯得失ヲ忘レテ国家ニ尽ス[40]」ことであると認識している。すなわち、松沢は、自らの存在と行動の中核に「殺身成仁」の論理を据えているのである。これは、松沢の「民権家」としての自意識を構成する重要な要素となる。そして、このことが松沢の意識と行動を強く律することとなる。松沢を請願書捧呈委員として選出した奨匡社は、彼が東京での活動を継続しているなかで、その活動方針を次第に転換させてゆく。その結果、松沢との間に齟齬を生ずることとなった。やがて、松沢は、自らの母体である奨匡社からの支持、支援を失っていき、孤立していく。こうした状況に対して、彼は「僕ノ身ハ僕ノ身ニ非ズ即チ諸君ノ体ナリ諸君僕ニ委任状ヲ贈ラレタリ其文ニ何トカ書シアル　天皇陛下へ国会開設願望ニ付諸般ノ権限ト書シアルニ非ズヤ」（傍点、原文）と自らが奨匡社社員の代表であることを強調し、東京での活動に対する支援を呼び掛けている。しかし同時に、彼は、「噫男児栄枯得失ヲ忘レテ国家ニ尽ス其費用ノ供給ヲ衆多ノ公力ニ仰ガント欲スル固ヨリ誤謬ト云ツベシ僕今ニシテ大ヒニ昨非ヲ悟ル仰ギ願クハ諸君モ真ニ国家ノ為メニ尽サント欲セバ供給ヲ待ツテ従事シ供給ヲ待ツテ動クコトヲ止メヨ」と、自らの活動の正統性の根拠に奨匡社からの支持、支援を必要不可欠なものと考えておらず[41]、民、国家、社会のために尽力しているという自意識こそが自らの正統性の根源的な根拠であると認識しているのである[42]。それゆえに、松沢はその後の活動のなかで、次第に奨匡社とのつながりを断っていき、国会開設請願のために上京してきていた各府県の代表者たちとの連携、交流を深めていく。やがて、彼は東洋自由新聞の社員となり、そこに活動の拠点を置くことになるのである。

また、松沢は、正当な「抵抗」の手段について、「人民の権義を主張し正理を唱えて政府に迫」るという方法の果てに、暴力を伴う実力行使を見通しており、容認している。「人民の権義を主張し正理を唱えて政府に迫」るという方法が有効性を保ち得るのは、最終的には政府が「人民の権義」を認め、「正理」に服するということが前提とされているからである。したがって、「此乞願ノ権利ニシテ政府ハ特ニ吾人人民ヨリ褫奪シテ敢テ許サヽル者トスレハ、事情ヲ具陳シ惨苦ヲ訴フルノ道ナキヲ以テ、直チニ竹槍ヲ閃メカシ蓆旗ヲ翻ヘス」、「何時ノ人民カ直チニ竹槍蓆旗ノ激発ヲ為サンヤ、必ラスヤ幾回ノ歎願哀訴ヲ為シ、而ル後言聞カレス願容レラレサルノ時ニ至ツテ初テ破裂ス」[43]、「弾丸的ヲ失スレハ必ラス佗ニ当タル所ナクンハアラス激昂ノ反動必ラス不測ノ禍ヲ生シ」[44]というように、政府が人民の権利、「正理」を主張する者の言を容れず、その権利を認めず、「正理」に従わないならば、それは人々の権利幸福を抑圧し、踏みにじる暴政府の暴政であるのだから、そうした暴虐に対抗するための実力行使は、必然的な帰結となる。悪政、暴政を行う暴虐な政府のもとでは、それに対抗する暴力を伴う実力行使は、正当な「抵抗」の手段となるのである。そして、こうした松沢の見通しは、やがて現実のものとなる。

小室信介は、『東洋民権百家伝』を編纂するにあたって、各地の義民に関する史料の提供を呼びかけている。この呼び掛けに答えて、石井伊左衛門・神長市兵衛・須鎌作次郎の三人の義民の事績についての資料を小室のもとへ送ったのが、栃木の鯉沼九八郎であった。さらに、鯉沼九八郎は、この三人の義民の慰霊祭を栃木県自由党の同志とともに、民権運動会として行っている。一八八三年八月二五日付の『朝野新聞』「雑報」欄は、その様子を以下のように伝えている。

「栃木県下の自由党員が運動会を催し七八名拘引せられたることは過日紙上へ記載せしが、今再報に拠れば、此の運動会は往年元禄の比（中略）神永市兵衛（壬生町の人）石井伊左衛門、須釜作十郎（共に稲葉村の人）の三氏が、奮て其の虐政に抗し身を犠牲に供して冤民を塗炭の中より救ひたるの義挙を慕ひ、其追薦として催せし者にて（中略）人民無慮八百余名（中略）も集りて、各陣鐘太鼓又は竹槍等を携へ、大小二百余流の旗幟を押し立て、烽燧と太鼓を合図となし、諸方に散在せる壮士は予て設けたる祭壇近く進み寄り、十重二十重に円陣を作り、祭壇の両側には榊原経武、深尾重城の両氏が扣へ居て左右を警護し、神官六名壇に登り祝詞を誦し、次で壮士は各々礼拝せり。式終りて横山信六氏円陣の中央に進み、祭主に代わりて祭文を朗読せしが、其要旨は三氏が当時壬生藩の苛税に堪へず、稲葉村外十八ヶ村の総代となり減税の儀を藩主に歎願せしに、啻だに聞届けられざるのみならず、官命に抗せしとの科にて無慚にも断頭場裏の露と消え、永く不祀の鬼となりしことを悲み、茲に其霊を祭る云々と。(後略)[45]」

ここで、義民は「民権家」の先駆者として位置付けられている。その性格は、祭文では、福沢が造形したような百姓一揆における暴力の発動を抑え、「正理」を唱えて一身を犠牲にした存在として描かれている。一方で、その慰霊祭の形態は、「各陣鐘太鼓又は竹槍等を携へ、大小二百余流の旗幟を押し立て、烽燧と太鼓を合図となし」、「凡そ騎馬五百名、徒者千名、総勢一千五百名計り、竹槍等を携へ隊伍を組みて曠野を運行し、既に去十七日上都賀郡の東南隅なる曠野に於て威勢堂々として勢揃ひなし居る[46]」といった百姓一揆を再現するような、あるいは百姓一揆を髣髴させるような形で行われている。ここから、義民は百姓一揆という実力行使の指導者として顕彰されていることがわかる。しかし、この二つの義民像は、もはや必ずしも矛盾したものではない。権利や「正理」の主張が受け入れられず、暴虐な政府が悪政、暴政を続けるならば、その先に、暴力を伴う実力行使が登場することになる。暴力の行使は、「人民の権義を主張し正理を唱えて政府に迫」るという方法の延長線上に位置付けられ、いずれも正当な「抵抗」のかたちとして認識される。そして、鯉沼らは、実際に正当な「抵抗」のかたちとしての暴力の行使を実行に移すのである。

鯉沼は福島の自由党員河野広躰らと連携しながら、爆裂弾を用いて、福島事件で民権派を弾圧した三島通庸と政府高官を一挙に暗殺し、専制政府を転覆しようと画策、準備を進めた。しかし、東京での強盗事件や、鯉沼の爆裂弾製造中の事故による負傷等で計画に狂いが生じ、準備不足のまま、一八八四年九月二三日、茨城県の加波山を本部に定め、宇都宮の栃木県庁と監獄の襲撃などを目指して、蜂起した。加波山事件である。蜂起参加者は警官隊に追い詰められ、二五日に解散、事件は終息する。

事件参加者にとって、ありうべき国家、社会は「衆庶平等の理を明にし、各自天与の福利を全うする」国家、社会であり、したがって、「政を為す者は宜しく此趣旨に基き、人民天賦の自由幸福を増進すべくして、濫りに苛法酷律を設け、圧逆を施」してはいけないのである。(47) しかし、日本の現状は「内は国会未だ開けず。為めに姦臣政柄を弄し、上 聖天子を蔑如し、人民に対し収歛時なく、餓莩道に横はるも之を検するを為さず(48)」という状態であり、「権臣覇者ノ挾テ以テ私利我欲ヲ逞フスル(49)」専制政治が行われていると認識される。専制政府が人民の自由幸福を阻害し圧制、悪政を横行させ、言路が壅塞し下情が上通しないなかで、彼等は「自由の公敵たる専制政府を転覆し、而して完全なる自由立憲の政体を造出せん(50)」ために、その手段として暴力の行使を選択する。それは、「国家ヲ憂ルノ厚キ処ヨリ企テタル陰謀ナレバ、心ニ屑シトスルモノニシテ、他ニ向テ聊カ恥ル処ナシ(51)」といった正当な「抵抗」の手段であった。彼等は自らの行為を「国家ノ為メ身ヲ犠牲ニスル(52)」行為と規定した。しかも、事件関係者は必ずしも人々からの支援や支持を求めてもいないし、必要としていない。（鯉沼は同じ栃木自由党の人々に対して、不信感さえ表明している。）加波山での蜂起の際に、確かに彼等は檄文を発し、「嗚呼三千七百万の同胞兄弟よ、我党と志を同ふし倶に大義に応ずるは、豈に志士仁人たるの本分に非ずや」と呼びかけているが、それは支持・支援を求めるためというよりは、「不肖等ガ意思ノ那辺ニ在ルヲ知ル徴証(53)」とするためだった。彼等の行動の正当性を支えたのは、何よりもまず、彼等自身の認識と意思だったのである。すなわち、その行動の中核には「殺身成仁」の論理が存在した。そして、彼等は自らの行動を「志士先覚ヲ以テ自ラ任ズル者、国家ノ危急ニ当リ身ヲ挺シテ仁ヲ為シ、或ハ海鳴ノ惨毒ヲ嘗メ、或ハ歩ヲ断頭場裏ニ進ムル者、古来其例少シトセザル也。今不肖広躰等国家ノ犠牲トナリ、故ニ是等ノ人ト其運命ヲ同フセントス。(54)」と過去の「殺身成仁」の実践者と自らを重ね合わせている。加波山事件は、鯉沼をはじめとするその参加者にとって、「民権家」としての「義民」の実践だったといえよう。

おわりに

日本が本格的に近代化の道を歩み始め、国民国家の形成が最重要な課題となり、それへの対応が求められるなかで、国家と人々は新たな切り結び方を求められることになった。それは様々な摩擦や軋轢をはらみながら、「主体」の形成と実践の編成を促していく。

「民権家」という「主体」の形成と政治的実践の編成＝自由民権運動もそうした動きの一つであった。義民伝承は、そうした自由民権運動のなかで大きな位置を占めたものである。近世の英雄であった「義民」の再解釈、再構成を通じて、「民権家」という新しい政治的人間像が喚起され、政治的実践が編成される。その人間像は、文明の世「明治の昭代」に相応しい、国家、公共のことに関心を抱き、積極的に関与しようという精神、自発性をもつ存在であり、誰でもがなれる、なるべき規範的人間像であった。それゆえ、そうしたあり様を阻害するものに対する正当な「抵抗」の存在が「発見」される。その正当な「抵抗」の手段・かたちは、「人民の権義を主張し正理を唱えて政府に迫」るものから暴力を伴う実力行使までを含むものであった。すなわち、「民権家」は正当な「抵抗」を実践する政治的実践者でもある。そして、こうした政治的人間のあり様と正当な「抵抗」という政治的実践を支えるものが「殺身成仁」の論理であった。それは、「世の為め国の為め人の為に理の為めに」、身を棄てるべきであるというものであり、そこでは、他の人々からの支持や支援は必要不可欠なものではなく、必ずしも自らの行動を拘束するものではない。

請願・建白から激化事件に至るまでの自由民権運動の諸相は、こうした「主体」の形成と政治的実践の編成の表れとして理解されるべきであろう。もちろん、正当な「抵抗」としての暴力の行使の肯定が、直ちに激化事件を勃発させた、というのではない。論理的な行動可能性と、実際に行動に移すこととの間には大きな飛躍がある。行動可能性を現実の行動へと転化させる要因として、国家暴力の高まり、国家による弾圧をはじめとする様々なものが存在するであろう。しかし、激化事件の主要因を、そうした外的状況にのみ求めたり、参加者の行為をいわゆる「近代性」の視点から理解したり評価しようとすることは、激化事件の性格を見誤ることになるだろう。激化事件は、「民権家」という「主体」の形成と政治的実践の編成のなかで準備されていたのである。

自由民権運動は、「民権家」という主体の形成と政治的実践の編成に貫かれており、様々な実践はその中に布置されるものである。植木枝盛の『民権自由論』の表紙を四人の人物が飾っていることは、このことを象徴的に表しているといえよう。

（1）従来の自由民権運動研究の整理については、牧原憲夫「民権と民衆——二項対立図式を超えるために——」・大日方純夫「民権運動再考——研究の現状と課題——」（『自由民権』町田市立自由民権資料館（一九九七年）。なお、牧原の論稿は、後述の民衆史研究からの批判についても整理している。

（2）稲田雅洋・鶴巻孝雄・牧原憲夫の諸論稿を参照。ただし、民衆史研究は、民衆の「抵抗の拠点」である民衆運動の原理、論理を「近世」的なるものに依拠しており、日本の近代化過程を「近代」においても「近世」的なるものがカスタムに存在し、それが「近代」による攻撃を受け、次第に叩き潰されていくという構図で描いている。それゆえ、民権運動を「近代」として政府の側に回収してしまう結果となっている。そもそも、「近世」的なるものがカスタムに存在していたのか。「仁政イデオロギー」の崩壊や、質地慣行や借金年賦割返済は「近世」的なるものとは区別して存在可能なのではないだろうか。

（3）木村直恵「書評　稲田雅洋『自由民権の文化史』」、『歴史学研究』七六〇号（二〇〇二年）。

（4）安丸良夫は、こうした点に注目して近代の義民伝承に言及している。しかし、安丸は、民権派は、民衆の活力や暴力性を削ぎ落とした近代に適合的な「民権の先駆者」としてデフォルメされた義民像だけを継承していく、としている。安丸良夫「民衆運動における「近代」」、安丸良夫・深谷克己編『日本近代思想体系21　民衆運動』岩波書店（一九八九年）・「明治一〇年代の民衆運動と近代日本」、『歴史学研究　増刊号』（一九九二年）・『日本ナショナリズムの前夜』朝日新聞社（一九七七年）。

（5）福沢諭吉『学問のすゝめ』七篇、一八七四年（岩波文庫版、一九七八年）。以下、本節における引用は、特に注記がない限り、『学問のすゝめ』七篇からの引用である。

（6）宮沢誠一「幕藩イデオロギーの成立と構造——初期藩政改革との関連を中心に——」、『歴史学研究　別冊』（一九七三年）。

（7）安丸良夫『日本の近代化と民衆思想』青木書店（一九七四年）。

（8）近世の義民像の詳細については、拙稿「日本近代成立期における義民の「発見」と「主体」の形成」、『人民の歴史学』第一五八号（二〇〇三年）参照。また、本稿の第一節、第二節で取り上げる福沢諭吉と植木枝盛による義民評価を通しての「主体」形成の側面に関しての詳細も同前論文を参照。

（9）福沢による国法の遵守と私的暴力の禁止についての主張は、『学問のすゝめ』六篇に詳しい。この篇のなかで、福沢は赤穂義士の行動について「このとき日本の政府は徳川なり、浅野内匠頭も吉良上野介も浅野家の家来も皆日本国民にて、政府の法に従いその保護を蒙るべしと約束したものなり。（中略）浅野家の家来共この裁判を不正なりと思わば、（中略）四十七士の面々申合せて、各々その筋に由り法に従って政府へ訴え出でなば、固より暴政府のことゆえ最初はその訴訟を取上げず、或いはその人を捕えてこれを殺すことあるべしと雖ども（中略）四十七人の家来理に訴えて命を失い尽くすに至らば、如何なる悪政府にても遂には必ずその理に伏し、上野介へも刑を加えて裁判を正しうすることあるべし。かくありてこそ始めて真の義士とも称すべき筈なるに、嘗てこの理を知らず、身は国民の地位に居ながら国法の重きを顧みずして妄に上野介を殺したるは、国民の職分を誤り政府の権を犯して私に人の罪を裁決したるものと言うべし。」と非難している。

（10）「論説」、『朝野新聞』一八七六年二月二三日。

（11）植木枝盛「民権家」一八八〇年六月七日、『植木枝盛集』第三巻　岩波書店（一九九〇年）。

（12）同右。

（13）同右。

(14) 植木枝盛「無天雑録　二」一八七九年五月二七日、『植木枝盛集』第九巻　岩波書店（一九九一年）。
(15) 前掲「民権家」。
(16) 植木枝盛「民権自由論」一八七九年四月、『植木枝盛集』第一巻　岩波書店（一九九〇年）。
(17) 同右。
(18) 植木枝盛「赤穂四十七士論」一八七九年一一月、『植木枝盛集』第一巻　岩波書店（一九九〇年）。
(19) 前掲「民権自由論」。
(20) 前掲「赤穂四十七士論」。
(21) 同右。
(22) 前掲「無天雑録」。
(23)「殺身成仁」という言葉は漢籍の中に見ることができる。「志士仁人、無求生以害仁、有殺身以成仁。」『論語』衛靈公第十五。
(24) そもそも、「殺身成仁」は「志士」の行為であるため、近世においては、その行為の担い手は、武士層に限定されていた。したがって、近世の義民伝承においては、義民の行為は、「殺身成仁」とは見做されていない。
(25) 前掲「論説」。
(26) 前掲「民権家」。
(27) 小室信介編『東洋民権百家伝』初帙之上　一八八三年（岩波文庫版　一九五七年）。以下、本節における『東洋民権百家伝』からの引用に関しては、本文中に（　）で出典を示す。なお、同書は第二帙から書名を『東洋義人百家伝』と改めているが、本稿では『東洋民権百家伝』で統一する。
(28) 松沢求策『民権鑑加助の面影』（一八七八年、「松沢求策関係文書」穂高町立図書館所蔵）。
(29) 前掲『民権鑑加助の面影』。
(30) 前掲『民権鑑加助の面影』。
(31) 誰もが「義民」になれる可能性を端的に表わしているのが、『東洋民権百家伝』に描かれている義民を選挙で選出する場面である。「戸谷新右衛門伝」、「文殊九助伝　丸屋九兵衛伝　麹屋伝兵衛伝」、「松木荘左衛門伝」では、訴願や江戸への上訴のための評定が、義民が「代表」として人々によって選ばれる場面として描かれている。このことは、ある特定の人物が義民であることの必然性を剥脱する。彼が「義民」として選ばれたのは、人々からその資質を見込まれての偶然にしかすぎない。資質さえ有していれば誰でも義民になり得るという形で、義民になる可能性を人々に開いているのである。

(32) 『東洋民権百家伝』のなかで小室は、義民の死を「この篇にかゝぐる百家伝の諸氏も今の世に出なば、あたら一命捨てずとも、志を達せし人も多かりしやも知るべからず。」と評している。
(33) 同様の表現は『民権鑑加助の面影』にも見られる。註(24)参照。
(34) 前掲『民権鑑加助の面影。』
(35) この結果、自由民権運動の義民像は「代表」としての義民に、義民が義民として行動し得る根拠と正統性を付与することでもって、義民の特権性を剥脱し、義民の人間像をすべての人間に対して開き、「主体」を喚起する一方で、「民の為め」に行動することを「殺身成仁」の論理によって保障することで、民の支持を必ずしも必要としない、ある意味で民から遊離した特権性をもつ行為主体を喚起するという、ねじれた二面性をもつこととなる。
(36) 松沢求策「大阪公会ノ国会願望諸ハ内閣元老院共ニ之ヲ却下セリ」、『松本新聞』第六四六・六四七号(一八八〇年四月二一・二二日 中島博昭・松沢求策顕彰会編『自由民権家 松沢求策~その論述・作品と解説~』東京法令出版株式会社 一九七六年)。
(37) 前掲『学問のすゝめ』六篇。
(38) 中島博昭『鋤鍬の民権――松沢求策の生涯――』銀河書房(一九七四年)。
(39) 前掲「大阪公会ノ国会願望諸ハ内閣元老院共ニ之ヲ却下セリ」。
(40) 「松沢求策君の手翰」、森本省一郎『松沢求策君伝』深志時報社(一九一四年)。
(41) 同右。
(42) 「代表」とその選出母体である結社との間の相克に関しては、福島の結社北辰社が一八八〇年大阪で開催された国会期成同盟第一回大会に派遣した代表者の行動をめぐる議論にも、代表者の意識と行動に関連して興味深いものが伺える。
(43) 前掲「大阪公会ノ国会願望諸ハ内閣元老院共ニ之ヲ却下セリ」。

(44)「歎願開設図会書」（一八八〇年、「松沢求策関係文書」穂高町立図書館所蔵）。
(45)この運動会については、八月二四・二五日付の『自由新聞』も紹介している。また、この運動会に関しては、新井勝紘による論稿がある。新井勝紘「義民と民権のフォークロア」、新井勝紘編『民衆運動史4　近代移行期の民衆像』青木書店（二〇〇〇年）、新井勝紘「自由民権と近代社会」、新井勝紘編『日本の時代史22　自由民権と近代社会』吉川弘文館（二〇〇四年）参照。
(46)『朝野新聞』「雑報」一八八三年八月二二日。なお、参加人数は二五日付の記事で、八〇〇余名に修正されている。
(47)「革命挙兵の激」、板垣退助監修『自由党史（下）』岩波文庫（一九五八年）。
(48)同右。
(49)「河野広躰陳情書」、『加波山事件関係資料』。
(50)前掲「革命挙兵の激」。
(51)「鯉沼九八郎訊問調書」、『加波山事件関係資料』
(52)同右。
(53)前掲「河野広躰陳情書」。
(54)同右。

第Ⅱ部　自由民権の〈激化〉

第4章　自由党と明治一七年激化状況
——田母野秀顕の獄死と顕彰活動——

田﨑　公司

はじめに

本稿は明治一六〜一八年（一八八三〜八五）の数年間（いわゆる「激化事件期」）を、それぞれの地域の中で、地域運営や地域間調整に指導力を有した民衆の一部（地域に拠点をもつ豪農層や廃藩置県後も地域に残った士族層）やその子弟たちが議会開設運動とそれを通じて合法的政治活動を追及するのみならず、実力行使や武力蜂起を手段として国家変革を目指し、決意するに至った時代状況であると捉え、仮説的に「激化事件状況」と名づける(1)。

激化事件については、本書所収の高島論文や大内論文の註に示されるように数多の先行研究があり、民権激化は経済的および政治的要因からのアプローチによってさまざまに語られてきた。それら研究史を踏まえた上で、わずか一〇数年前に民衆が江戸幕府の倒壊や諸藩の崩壊という劇的な社会変動を体験したという歴史的＝縦断的なつながりや、国内的には福島・喜多方事件や秩父事件などの激化諸事件が短時間に相前後して発生し、国際的にもロシア虚無党(ナロードニキ)による実力主義の台頭等という同時代的=横断的なつながりのなかで、激化事件総体の歴史的位相を再検討することも必要であろう。(2)

「明治十四年の政変」と「国会開設の勅諭」ののち、日ましに民権運動への弾圧を強める明治政府を目のあたりにしていた民権家にとっては、そのような、またその程度の政府が設立する議会で自由民権の理想を実現できるとは、とても思えないと考えるにいたったのは、現代に生きる私たちでも容易に想像がつく。その上で、「反動的」な権力的対応が目の前で展開された時、諦めや忍従に耐えていた彼らの憤激はどのようなものとして、次なる活動に収斂していくのだろうか。結果的に採用された無謀とも思われる自由党急進派グループによる挙兵方針と彼らの力量からして実行可能だと考えられた高官暗殺方針との交錯とが、いかなる時代的雰囲気(ムード)の中から生まれてくるのであろうか。何よりも筆者の念頭にあるのは、普段は日常生活にある人々が、何ゆえに非日常的な活動である民権運動ひいては反政府運動に参加し、この時期には合法的手段を超えた実力行使に走り、身を危険にさらすことを厭わないのか、という素朴な疑問である。

本稿では、「激化事件状況」へのアプローチとして、一五年一一月の福島・喜多方事件勃発によって、翌年二月に不当に逮捕され、石川島監獄で獄死した田母野秀顕(後述)の自由党葬と彼に関する建碑・出版活動(田母野秀顕顕彰)が、一七年の激化状況に与えた影響を考察し、ひいては激化状況そのものを喚起したというという見通しを検討するものである。以上の問題を、近年の歴史学の成果でもある儀礼(祭礼・葬儀)と民衆運動との関心からも考察していきたいと考える。(3)

第一節　福島・喜多方事件と高田事件

明治一五年（一八八二）二月、自由党の東の拠点であった福島県の自由民権運動を壊滅させることを目的に、薩摩出身の三島通庸が県令として赴任した。三島は自由党派の影響力が強い同県議会をほとんど無視するとともに、農民に負担を強いる会津三方道路開鑿を強行する。同年一一月二八日に喜多方で勃発した警察署での衝突事件をきっかけに、翌日から自由党首脳・反対派同盟指導部、農民の大検挙が翌年二月にかけて巻き起こる。いわゆる「典型的激化事件」とよばれた福島・喜多方事件の勃発である(4)。

この緊迫した時期の自由党本部は、それまでの同党の態度からすれば、明らかな方向転換がみられた。その転換の一因は、一五年六月の集会条例の改正によって地方支部の解散を強いられたことにあった。自由党地方部は名前をかえて存続したが、党中央との公然たる連絡がこの改正でできなくなった。また同年一一月に党内の反対を押しきってヨーロッパ視察にでかけた党首板垣退助（世直し板垣公）が、翌年六月に帰国してから、民権運動への熱意を失したように受け止められた。さらに自由党の運動資金が枯渇したことも運動停滞の一因と考えられる。これは立憲体制を追及する自由党の堕落以外のなにものでもなかった。

このような運動の閉塞的な状況と自由党首脳部の消極的態度を打開すべく、党内の若手を中心に急進派や決死派の形成がみられる。これは、本論集の大内論文に収録された『ダイナマイトドン』に示されるように、フランス急進派的な段階から、ロシア虚無党からの影響としての政府顚覆路線が台頭してきたことである。この動きは、福島県の自由党においても例外ではなかった。逆に中央ではなく、福島県というマージナルな地域でこの動きが加速されたことが、他のさまざまな地域を鼓舞する上で重要なのである。以下に示した資料は、福島・喜多方事件の際に、三島県令を侮辱する文書を撒いたことで逮捕される若き知識人民権家・花香恭次郎(5)の書簡である。一五年八月の時点で自由民権「革命」の意思が表明されていることに何よりも注目したい。

革命ノ為シ易キト難ハ今更ラ古今ニ比スルヲ俟タズ。然シ今日ノ世上ノ感ニ依レバ、之ヲ戊辰ノ革命ニ比スルニ現在ノ革命ハ頗ル為シ易キヲ覚ユルモノアリ。如何トナレバ、昔時封建ノ時ノ如ク群雄割拠ノアリ様太タ少ケレバナリ。然シ其他一方ヲ視レバ政府ハ一手ニシテ微弱ナリト雖モ、尚ホ全国ヲ支配ス。決シテ徳川政府ト同視スベキニ非ズ。且ツ其手段モ較《マヽ》之徳川ト異ナレリ。然ラバ之ヲ為ス亦甚ダ難シトイフベキカ、或ハ余カ視ル如ク易カルベキカ、然レ共有志家ノ挙動ヲ比スルニ如何、復タ同日ノ論ニアラザルベシ。(6)

戊辰の内乱期に比して、現在の「革命」が容易であるとの評価を下している。冤罪としての「喜多方警察署襲撃事件」(一五年一一月二八日)そして、翌日(二九日)のからの福島自由党本部「無名舘」の一斉検挙により、河野広中他五名は「政府顚覆」の血盟書を結んだとして逮捕状が出され、東京・銀座各地に身を隠したが翌一六年一月下旬に逮捕され、彼らは石川島監獄等に投獄される。河野広中他五名が国事犯として検挙された際の証拠とされた「圧政政府顚覆盟約(7)」は、以下のようなものであった。

第一条　我党ハ我日本国ニ在リ圧政政府ヲ顚覆シ直《真》ナル自由政体ヲ確立スルコトヲ懋ム。
第二条　前条之目的ヲ達センカ為メ生命ヲ賭シ財産ヲ擲ツヘシ。
第三条　我党ハ我党ノ会議ニ於テ決定シタル事件ヲ決行ス。
第四条　我党員ニシテ我党ニ密事ヲ漏スモノ直ニ漸ニ処スヘシ。

第五条　我党ハ以上ノ目的ヲ遂ケサレハ幾年月ヲ経ルモ渝ラサルヘン。
右ノ盟約ハ我党ノ主義精神ニシテ則チ之ヲ神明ニ誓ヒ死ヲ以テ之ヲ守ルモノナリ。(8)

さらにこの「盟約」には「自由党中ニ於テ最モ急進ニ自由ヲ得ント熱望スルノ精神ヨリ組織セシモノナリ故ニ自由党ヨリ分ツテ急進党ト名ツケタリ」、「一　吾党ハ我日本国ニ在テ自由ヲ全フシ、幸福ヲ得ルヲ以テ目的トス。一　吾党ハ我日本国ニ在テ急進ヲ事トス。一　吾党ハ我日本国ニ在テ善美ナル立憲政体ヲ確立スルコトニ竭ス」という三か条からなる急進派そのもの条文も存在していた。この「盟約」を発展させた「血盟書」(9)では、「十九世紀〔ロシア・ナロードニキ的――引用者〕ノ手段ヲ将テ一大革命ヲ諮ルベシ」、「自由平等ニ悖反スルモノハ何人ヲ問ハス、何物ヲ選ハス、廃滅破壊ス可シ。而シテ真正ナル政体ヲ確立スルコトニ勤ム」、「吾党ノ目的ハ決シテ多衆ニ諮ルヲ要セス。多衆ハ往々法懦シ□屈ノ徒アルヲ以テナリ」という「前衛党」的な発想を有しており、福島・喜多方事件段階での闘争方針がのちの加波山事件への連続性を持っていたことを証明している。

つづいて一六年三月に、新潟県旧高田藩士である赤井景韶や八木原繁祉らが、大臣暗殺・内乱陰謀を企てたとして、両名をはじめ、山際七司等の県内の主要な自由民権家が一斉検挙された事件がひき起こされる。いわゆる高田事件である。この事件は、福島・喜多方事件につぐ自由民権運動に対する弾圧事件であり、急進派の民権家が言論・請願などの合法的活動ではなく、実力行使や武力蜂起などを通じて政治変革をはかろうとした一連の動きを、この段階で表現するものである。これを明文化する「天誅党旨意書」と「天誅党盟約規則」(10)をみてみよう。

世運衰頽し、人情軽薄に流れ、國勢日に危殆を赴き、義理地を拂ふ。實に痛哭流涕の至りなり矣。奸人奸物要路に塞り、其の慾を逞ふし、私利を之れ營み、吾人の國は将に売られんとす。吾人は将に應に近きにある可き也。

故に吾人は天誅党を組織し、天に代わり奸人奸物を拂ひ、世運を回し、敦厚にし、國勢を挽回し、義理を重んじ、吾国家を永遠に維持せんことを謀る。幸い同志の士来り與せよ焉。（中略）

盟約　第一章　苟も吾国家に不為めのものある時は吾人は踵を回さず天に交代り之れを誅罰すること。

第二章　吾党は義理を重んず、故に義理の為めには身を致すことを誓ふ。吾党の人は吾党全体の議決に依りては、何等故あり共之れが実行に辞せざること。

規則　第一條～第四條（省略）

福島・喜多方事件段階での「盟約」や「血盟書」から比べれば随分と維新動乱期の復古調的な論調ではあるが、一連の弾圧事件は、その一方で一五年から一六年までの民権激化の時代的空気を確実に醸成していくのである。

第二節　田母野秀顕の獄死

本稿が対象とする田母野秀顕[11]（嘉永二年（一八四九）～明治一七年（一八八三））は、福島自由党の最高幹部の一人であり、同い年である河野広中の片腕として、福島自由党本部「無名舘」に常駐し、党員の連絡・指導にあたり、特に自由党福島部の設立と『福島自由新聞』の発刊に渾身の力を傾けていた。福島・喜多方事件の激化状況時の一五年八月一五日、『福島自由新聞』株主募集と自由党会津部の支援のため、若松栄町・清水屋に宇田成一（耶麻郡下柴村）・小島忠八（河沼郡野沢村）とともに宿泊中、県官吏に守られた会津帝政党員に理不尽かつ不当な襲撃を受ける。田母野は口中麻痺するほど打ち据えられ、頭部の二か所と眉間の突疵が特に深く前身が紫色に膨れあがる傷を負った上に、次のような屈辱的な「誓文」を書くことを強要される。

誓文　今般各君御来臨之処、酔狂ノ上失敬仕候段奉謝罪。右ニ付テハ彼此吐口申上間敷候、以上。

明治十五年八月十七日　　田村郡三春町平民　　田母野秀顕　印(12)

同年一一月二九日からの福島自由党本部「無名館」の一斉検挙により、いまだ傷も癒えぬ田母野は、河野広中・平島松尾・愛沢寧堅・沢田清之助・花香恭次郎とともに「政府顚覆」の血盟書を結んだとして逮捕状が出され、東京・銀座各地に身を隠したが翌年一月下旬に逮捕される。軽禁錮六年に処せられ、石川島監獄に収監される。同監獄は孤島ゆえに水の確保が困難であり、衛生状況は劣悪であった。随時、流行性感冒（コレラ・ペスト）が蔓延した上に、獄吏の日常的な暴行が収監者に行われ、自白強要や気紛れな拷問に使われた罪石は四〇貫（約一五〇キログラム）もあったともいわれる。

一六年の初秋ころより、田母野は監獄熱とよばれた熱病に冒される。それに対して、前年の八月に田母野が若松の清水屋で暴漢に襲われた時、口に塗られた毒薬の中毒ではないかと同囚たちは心配した。発病し、数日後に田母野は監獄内の病院に移された。平島・花香・沢田らの同囚がかわるがわる田母野を見舞ったが、監獄内ということで十分な治療もできず、おのおの断腸の思いだったという。日ごとに田母野の病状は進み、回復の見込みなしという事態になったのである。石川島監獄の土治医花房景仰により「死因　不全窒扶斯、本〔一一〕月中旬来、本〔二九〕日午前第八時三十分衰弱に由て斃る」(13)という「死亡届」が遂に製作され、一一月二八日から翌日にかけて、田母野は三四歳の若さで獄死したのである。この日は奇しくも福島・喜多方事件が勃発した一周年のまさに当日であった。同囚の平島はのちに「心ゆく迄の看護をせんものと、例刻より稍々早目に病床を見舞うたのであったが、痛ましくも田母野氏は早や此の世の人ではなく、冷たい骸と化し去っていたのである。世が世ならば数多の近親知己に守られて、心措きなく逝かるべきものを、前途有為の身を以て、如何に国の為めとはいへ、獄内に於て斯くも惨めな死を遂げられしことの余りにも悲しさよ。同志の痛惜実に極まりなく、只相擁して涙数行、密かに其の襟を沾した。惨又惨、吾人は言うべき言葉を知らぬ」(14)と述懐し、河野広中の伝記のなかでも「あの板の間に薄き蒲団の上に、既に遺骸と為って横臥して居る。田母野が病気で苦しんで居るときに、茶碗で水を呑みたいと云うので、同じく入獄中の沢種某と云ふものを借りて、之に水を入れて呑ましたら、彼は『非常に美味い』と云って喜んで居た。予〔平島――引用者〕は、其の痩せ衰へて瞑目した彼の顔色に接した一刹那と云ふものは、感慨が胸に迫って、熱涙の滂沱として下るを覚えなかった」と述べている。(15)また同囚の花香は獄外にある苅宿仲衛に宛て田母野の死去を伝えている。

〔前略〕秀顕兄ハ当所ノ流行ノ熱病ニ罹リ、本月上旬ヨリ病床ニ伏セシニヨリ(尤感冒ノ気味ナリトテ、其血色常ノ如クナラザリシハ既ニ去月上旬ヨリノ事ナリ)、医員ハ勿論看護ニ至マテ優渥ノ保護ヲ受ケ格別ニ尽力有之候モ、遂ニ其効ナク昨夜三時死去遺憾ニ過ギズ候。就テハ此状御披見否ヤ、貴兄ニ於テ速ニ当署ヘ御出頭被成下死休引取方御委託申上候間、御承引被成下度此段申進候也。

追テ知己ノ各友人間宜敷御伝声ヲ乞フ。

明治十六年十一月二十九日午後

石川島監獄署在囚軽禁獄六年刑第五〇八号　花香恭次郎

苅宿仲衛　殿(16)

田母野死去の報は、福島の同志はもとより全国の運動家に大きなショックを与えた。『自由新聞』(一六年一一月三〇日付)は、すでに印刷が完了していたにもかかわらず、急告のため新聞欄外に田母野の死亡通知を刷り込んだ。

田母野秀顕儀
石川島監獄に幽囚中の処木月上旬より感冒症に罹り、遂に昨二十八日夜三時死去致候。此段不取敢辱知諸君に報ず。但し死体は明日引取る可し。埋葬所は未定。

飯田町三丁目十六番地　坂地方
秀顕知己　苅宿仲衛

翌日、田母野の遺体が引き取られた。この模様について同監獄に収監されていた原胤昭（後述）は、「其屍（田母野——引用者）を獄舎の非常門より送り出す時なんぞも、囚徒は心を尽くして再敬礼しました」[17]と回想している。自由党首脳の判断により『自由新聞』（一二月一日付）は、大井憲太郎・加藤平四郎・苅宿仲衛連名による田母野秀顕死亡葬儀広告をすぐさま掲載している。

第三節　田母野葬儀とその反響

田母野の遺体引き取りから葬儀いっさいを献身的に取り仕切ったのは福島自由党同志で同じ神官仲間の苅宿仲衛であった。苅宿は福島・喜多方事件後に国事犯として東京に送られたが、明治一六年四月一五日に無罪放免となるや、引き続き東京に滞在して有罪になった同志への差し入れ等に奔走していたのである。

現在行方不明になっている苅宿の手記を掲げてみよう。苅宿が獄にある花香より田母野死亡の通知を受けたのは一一月二九日の夜八時だった。「激雨を衝き、大井憲太郎を猿楽町に訪ひ、夫より日本橋に至り三輪（正治——引用者）に言信し、琴田岩松を蠣殻町の旅館に訪ひ、同行して寧静館に至る」。さらに、その足で二人は自由新聞社を訪れ、田母野死亡の新聞広告を依頼している。「夫より琴田氏と同道して植木枝盛を竹川町に訪ふ。氏微恙のため既に臥せり。然れども強ひて之に語るに、情を以てす。氏乃ち曰く。仮令微恙なりと雖も勉めて尽力す。故に明朝寧静館に出向して万事協議すべしと。然して尚問ふに埋葬所を以てす。植木氏曰く。国士の艱に死したる先輩の墳墓は、多く谷中天王寺にあり。此地域は然らん。何れ明日諸氏と共に寧静館に出向して万事商議すべしと。乃ち去りて星亨・北田正董の二氏を日吉町に訪ひしに、本日板垣総理を横浜に送り、激雨を冒せしを以て風邪に感じたるの気味なり。（中略）星氏忙に面して曰く。夜□□□辱したるも面会せざるは気の毒なり。余乃ち□□□説く平島・花香二氏に面会して以来の顚末を以てす。言未だ終らず、星氏曰く。君は福島県人にして殊に永久の滞在なれば、定めし所持金なかるべし。故に余は二十円金を用立つべし。是にて死体引取等の費用に充てられよ如何。高慮謝するに堪へたり。実に一銭の所有なし、乞う借用せんと。星氏乃ち先の有合せの金丈け差上ぐべし、他は後刻寧静館に持参すべし」[18]と苅宿は大雨の中を一晩中夜の東京を駆け回り、翌日もまた金策に奔走したのである。

田母野の獄死は自由党同志の悲嘆を悲憤に変えた。政府当局は葬儀禁止を厳命し、同志は無念を堪えて田母野の遺体を谷中墓地にひそかに葬るのやむなき事情にあったが、ひそかにどころか当局への抗議と示威を示そうと盛大な葬送を営んだのである。一二月一日、在京中の自由党員はほぼ全員が銀座・自由党本部寧静館に集まり、党葬を挙行したのであった。

ここで星亨の義弟である野澤雞一の手記をみてみよう。野澤は、福島・喜多方事件の地域リーダーである山口千代作や小島忠八〔清水屋事件の被害者〕の幼馴染〔同郷・同門〕の人物である[19]。「田母野秀顕氏が獄屋の中で死んだ時、先生〔星――引用者〕他の党員と同じく躬ら檻獄出向き屍骸体を迎い取り、これを寧静館に持込み、さらにこれを谷中天王寺に埋葬した時のごときは、折節その日は豪雨暴風路上の行人も絶えんばかりの荒れ日和なるに、天王寺まで殆ど二里〔八キロ――引用者〕にも及ぶ道程を徒歩にて送葬した」のである[20]。

「故田母野秀顕氏の葬式」（『自由新聞』一二月二日付）によれば、田母野の葬式は「午前十時頃より府下の自由党員は申すに及ばず、同氏の知己朋友其他縁故ある人々は、皆相踵いで続々寧静館に参会」した。「中には婦人もあり又幼者もあり、其の混雑一方なら」ないものがあった。この日は、前述したように、朝より大雨であったが、午後二時に出棺した。その行列は「真つ先に『自由鬼』と記せし旗一流、次に『掃尽妖気天日初清』と記せし白旗、『留取丹心俠骨長香』と記せし紅旗両側に相対し、次に又『其生不愧天地』『此志能貫日月』（『詩経』の一節――引用者）と記せし紅白の旗の相対し、其次に『自由志士田母野秀顕之柩』と記せし銘旗（以上各種の旗を持ち行れし人々は、各々簑笠を纏い草鞋を穿ちたりしが、そは皆自由党の壮士中なりしとぞ）、次に棺、次に葬主（刈《〔苅〕》宿仲衛氏）、次に墓標、此の墓標は余程巨大なるものゆえ大八車に積みたり。之れに続いて会葬の人々凡そ三百名、皆雨泥を冒して歩行なし、午後四時三十分谷中埋葬地に到着」した。まず葬主刈《〔苅〕》宿仲衛が弔詞を朗読し、つづいて植木枝盛・江村正網・直原守二が弔詞を朗読し、さらに星亨・琴田岩松・加藤平四郎・山口俊太・梅沢八郎が演説した。『自由志士田母野秀顕之墓』と記した墓標を立てられたあと、田母野獄死の日の逸話が語られる。「田母野氏の死去せられしば恰も昨年彼の赤城平六宅にて荒尾覚造・伊賀我何人等四十余名が捕縛せられし当月当日にて、昨一日は無名館にて河野広中・愛沢寧堅及び其他の人々の捕縛せられし一周年期に当るの日なりと云う。是れも亦如何なる因縁なる」。そして田母野はまごうことなく「自由鬼」となった。何よりも神官にして民権家であった彼の獄死は、福島・喜多方事件のまさに一周年に当たっており、参列した人々をして偶然の一致に驚愕させる。ここに田母野の獄死は、自由党の命運を決定するものと位置づけられたのである。

まず『自由新聞』（一二月三日付）には、植木枝盛・苅宿仲衛の弔詞「葬に会して柩に告ぐるの詞」が掲載された。つづいて『自由新聞』（一二月五日付）・『東京横浜毎日新聞』（一二月六日付）に、星亨・杉田定一・小室信介による『田母野募金広告』と「故田母野秀顕氏の履歴」（一二月五日から一一日まで七回にわたって連載）の記事が掲載される。さらに福島県三春において故田母野氏霊祭が挙行される（『自由新聞』一二月二二日付）。この葬儀には星亨の五円を筆頭に、大井憲太郎三円、中島又五郎三円、北田正董三円、植木網次郎三円、武藤直中三円等々の自由党幹部による計六七円五〇銭の香典が送られた(21)。それを受けて何ゆえにか愛知県岡崎においても故田母野氏の追祭がなされる（一二月二七日付）。

また一つの興味深い記事がみられる。故田母野の霊前に手向の歌として越後国岩船郡板屋沢村加藤勝弥うしの母・とし子が『自由新聞』（一二月二七日付）に投稿したのである。彼女は「天地の直なる道を踏をむる矢竹心の秀顕のぬしのみことハかしのみのひとり獄やの露霧と消えしあはれを永くさに尽さんとおもへどまさのたつ越の山家にすめる吾がふかきおもひを呉竹の一ふしもなき吉の葉を君が御霊に手向にぞする　志ら露と共に其身ハきえれども　消えぬその名ハ世々にとゝめむ」と詠った。田母野の死去が老婆の心をも動かしたのである。

待ちに待った星亨による「田母野秀顕君墓碑」が『自由新聞』（一七年三月五日付）に発表されたあと、同月一三日に春季臨時自由党大会（浅草井生村楼）が開催される。また、信州諏訪の坂田哲太郎・金井竹太郎ら一五名が発起人となり、諏訪湖畔に田母野秀顕の記念碑建設の計画が行われ、その設立趣意書と募金広告が掲載される。その広告文には「我友愛ナル田母野秀顕氏ガ、昨臘幽囚ノ獄裏ニ在テ牢死セシハ同感志士ノ大ニ痛哀スル所ナリ。今ヤ吾輩、氏ガ牢死ヲ哀憐スルニ耐ザルヨリ、世ノ悲歌慷慨有志士ト計リ、信州諏訪鵝湖ノ辺ニ一片ノ記念碑ヲ建設セント欲ス」とあり、「記念碑建設之主意書」をみると「我同胞友愛なる田母野秀顕氏は夫れ何人ぞや。夙に天賦自由を主唱し、民権を拡張し、然而現社会を善美の境域に改良し去らんと鞠躬尺力せし有志仁人其人なるに非ずや。嗚呼可憐哉、氏が憂国慨世の丹精は我明治政府法律の忌緯する所となり、咄其の身軽禁錮六ケ年の刑に処罰せられて石川島の監獄に幽囚せられたり。夫れ氏が此鉄欄獄窓の幽裡に在るや、無限の辛惨と無量の苦楚を嘗め、遂に其慨世憂国の鬱念漏すに由なく、悲憤激昂鉄腸断裂溘焉として牢死せられたり。嗚呼氏が不言の心事真に想ふ可し。吾人実に氏が義烈の赤心漏すに由なく、終に怨を呑みて逝去せしを思へば、毛髪為めに慄乎として怒り、涕涙滂沱として逆流するを覚えざるなり。（中略）其の建設の期は明治十七年四月末日にある也」（三月一八日付）と記される。この建碑は実現しなかったものの、長野においても、このような動きが起きたことが重要なのである。

第四節　田母野関係の出版物と建碑運動

まず田母野関係の出版物の魁となった小冊子『福島事件高等法院　公判傍聴筆記』（第一編〜第一三編、明治一六年九月、絵入自由新聞社）は、『自由新聞』に連載された公判傍聴筆記をまとめたものである。毎巻の挿絵は絵師・新井芳宗が担当し、六人（河野広中・田母野秀顕・平島松尾・愛沢寧堅・沢田清之助・花香恭次郎）の肖像は当時の写真に拠ったものといわれる。つづいて大判錦絵『天福六家撰』が発売される。『天保六家撰』を題材に「天福」・「顚覆」と被告六人をもじったこの浮世絵は『福島事件高等法院　公判傍聴筆記』と同様の構図であるが、「文明開化の浮世絵師」・「最後の浮世絵師」とよばれた小林清親が肖像を担当している。「田母野秀顕君之肖像」は、出版元の原胤昭（築地バンド）みずからが「確信犯」的に文字を付記している。それには、「河野君と同じく三春町の平民なり。去冬縛につき福島警察署の拷問に艱難を極め、三日間食さへ絶ちしと云ふ。此れ比しく自由の権利を伸張するの結果は、我々が幸福の基なれ共、之れに依って罪を得、六年の永日を獄裏に消光さるるとは、嗚呼、齢三十四年」。しかし、これに対して九月二〇日「出版条例第四条ニ準シ出版発売差止候旨、内務省ヨリ被達候」との命令が出された。反骨精神に満ちた原はこの命令に服さず「発売を禁止されたのであるから、無料で与える事は差支へ無い筈である」と、店員に手伝わせ街頭に四斗樽を並べ、原胤昭はみずから樽に上って田母野の錦絵を無料で通行人にばら散いた。そのため原は新聞紙条例違反で起訴され、軽禁錮三か月、罰金三〇円に処せられたのである。(22) さらに小冊子『田母野秀顕伝』が田母野の葬儀が行なわれて間もなく発売される。これは琴田岩松（加波山事件参加者）の依頼により、植木枝盛が執筆したものと考えられている。(23)

また「福島余聞」（『自由新聞』一七年一月一五日付）は、河野広中だけではなく田母野秀顕の遺族の様子を以下のように伝える。「田母野氏の遺族は、養父の衛とて六十五歳の鰥夫なり。妻女ノブ三十歳、養女トメ九歳にて都合三人なり。日毎にたつる炊ぎのいん烟も微かにて、外目あわれなる状況なりと云へり。衛氏の常に申せるは、秀顕は生さぬ中の子ながらも、三歳の時より養育して恩愛の厚きことは実子よりも甚しき心地の致すなり。されば遠からず墓参かたがた上京し、秀顕が生前死後に御厚情を蒙りたる諸君へ御礼を申述べたき志願なりと、さもあるべき事なり。秀顕の妻女は、氏の凶訃を聞くや、緑の髪をフツと中断し、其の根を白き紙線にて結びて後に垂れたり。到り弔する者をして転た無常のおもいあらしめけり。然れど霊祭の時などには、其の応接より万端の事何も能く行届きて、中々男子も及ばざる程のありさまなりし云々と」。

これらの記事は、民権運動で命を落とした者の家族の「心構え」を示すものである。全国に遺族救援活動が広まり、民権家は家族や社会的地位等の後顧の憂いなく民権運動に参加できる。なによりも、現状の維持に固執することなく、未来に限りなく夢と希望を託すことができる青年層の激化状況参加の機運を巻き起こしたのである。

そこで田母野秀顕への義捐金関係について、三つの表を用いて検討してみよう。まず表4-1は、『自由新聞』に掲載された都道府県別田母野秀顕義捐金拠出人数および金額である。ちなみに北海道・東北・関東・中部・近畿・中国・四国・九州（沖縄）にグルーピングし、道府県別に義捐金を拠出した人数と金額および全体に対するそれぞれの割合を示してみた。みられるように圧倒的に、数字が高いのは、三多摩地区を控えた神奈川県の九八人（七三円八一銭）である。つづいて首都東京の五五人（六三円三〇銭）・新潟の五七人（四一円四五銭）が目を見張る。新潟では、越後高田有志（一月一二日付）の二〇円や旧頸城自由党員（二月二四日付）の八円二〇銭などの大口義捐金拠出団体や山際七司（一六年一二月一九日付）の名などが見られることが、高田事件からの関係からも興味深い。愛媛の二三人（三〇円）を例外として、全体的に東北（秋田・福島）・関東（茨城・栃木・群馬・埼玉）・北陸（富山）地方に義捐金拠出者がみられ、山梨の小田切謙明（一二月一九日付）が一人で一〇円拠出しているように、岐阜・京都・大阪・岡山・高知には、それぞれの中心になる団体・個人が存在すると考えられる。東京にある旧三春藩士を中心とした親睦団体である三春会（一二月二一日付）は三〇円の義捐金を捻出している。

また著名な民権家の名前も散見される。例えば、千葉の井上幹（一一月一九日付）、奈良の櫻井徳太郎（一二月二六日付）、富山の魚住滄（一七年一月二四日付）、栃木の福田定一郎（一月二七日付）、福島の兼子常五郎（三月九日付）、愛知の内藤魯一（三月二一日付）、東京の北田正薫（四月二三日付）および中島又五郎（四月二五日付）などがあげられる。また女性としては、栃木の鯉沼とき（一月二四日付）は鯉沼九八郎、福島の愛沢とく（三月二〇日付）は愛沢寧堅の代理として名前を掲げていると考えられる。

表4－1　道府県別田母野秀顕義捐金拠出人数および金額

（単位：人・円）

道府県	人　数	%	金　額	%
北海道	3	0.50	1.50	0.39
青　森	－	－	－	－
岩　手	3	0.50	－	0.39
宮　城	1	0.17	20.00	0.05
秋　田	21	3.49	5.45	1.41
山　形	1	0.17	1.00	0.26
福　島	21	3.49	8.05	2.08
茨　城	72	11.96	27.85	7.20
栃　木	42	6.98	11.00	2.85
群　馬	17	2.82	9.20	2.46
埼　玉	16	2.66	7.15	1.85
千　葉	8	1.33	6.00	1.55
東　京	55	9.14	63.30	16.37
神奈川	98	16.28	73.81	19.09
新　潟	57	9.47	41.45	10.72
富　山	36	5.98	14.45	3.74
石　川	1	0.17	1.00	0.26
福　井	5	0.83	5.10	1.32
山　梨	1	0.17	10.00	2.59
長　野	7	1.16	5.00	1.29
岐　阜	28	4.65	9.90	2.56
静　岡	2	0.33	1.50	0.39
愛　知	5	0.83	6.00	1.55
三　重	7	1.16	3.30	0.85
滋　賀	5	0.83	4.00	1.03
京　都	10	1.66	6.50	1.68
大　阪	18	2.99	11.00	2.85
兵　庫	2	0.33	3.00	0.78
（奈　良）	2	0.33	3.00	0.78
和歌山	－	－	－	－
島　根	－	－	－	－
鳥　取	－	－	－	－
岡　山	10	1.66	2.20	0.57
広　島	－	－	－	－
山　口	1	0.16	30.00	0.08
徳　島	－	－	－	－
香　川	－	－	－	－
愛　媛	23	3.82	30.00	7.76
高　知	12	1.99	3.50	0.90
福　岡	2	0.33	5.00	1.29
佐　賀	－	－	－	－
長　崎	－	－	－	－
熊　本	1	0.17	20.00	0.05
大　分	6	1.00	2.70	0.70
宮　崎	－	－	－	－
鹿児島	3	0.50	2.30	0.59
沖　縄	－	－	－	－
合　計	602	100.00	386.61	100.00

出典；『復刻　自由新聞』（第3・4巻、三一書房、1972年）より作成。

註1：団体や有志は1名と数えた。

註2：東京・神奈川は補整を加え、奈良は大阪より独立させた。

註3：このほかに未発見分の『自由新聞』が存在する。

註4：1.11は、1円11銭を表す。

象徴的なのは、著名な民権家ばかりではない。一七年一月一三日には、田母野秀顕の実母である佐久間い志が登場し、一月一一日には上州神原村の黒沢とくの名が見える。実母の紙面登場は、多くの人々の涙を誘った。また黒沢とくの父黒沢円蔵は神原村戸長として、秩父困民党が、信州に転戦する際の、キーパースンとなった人物であり、秩父事件の広域的展開にも関連する人物である。またユニークさでは軍談師の松林伯圓（一六年一一月一三日付）、翌年三月二五日には大阪島ノ内芸妓・若駒が義捐金一円を拠出する。すなわち花柳界の芸妓までもが義捐金活動に名を連ねるのである。社会の片隅で生きている（マージナルな）芸妓でさえも、田母野秀顕の死を悼み、義捐金を拠出するというメッセージは多くの人々に共感を生み出す行為ではなかったのかと思われる。自分たちが理不尽だと感じている、感じざるをえない社会の矛盾を、田母野の死により理解し、社会変革の石杖に何らかの形でなろうとしたと考えることは、いい過ぎなのであろうか。全国の「不自由生」（一二月二八日付）たちが声を上げはじめたと考えられないであろうか。

つぎに表4-2明治一六～一七年日付別田母野秀顕義捐金拠出人数および金額を検討していこう。毎日のように、自由新聞社および見光社に田母野宛ての義捐金が寄せられ、その府県と氏名、および金額が連日紙面に報導される。それは、ほとんど全府県にわたり、一〇銭・二〇銭という零細な額から五〇銭・一円まで多い日は四〇名、約三日おきに氏名が、一六年一二月八日から一七年四月三〇日まで詳しく報じられ、田母野の獄死がいかに全国の識者のみならず一般の人々にも注目されたかがうかがえるのである。義捐金活動の便をはかるべく、茨城県土浦に義金取次所が設置され（『自由新聞』一七年一月二〇日付）、三月二〇日を以て田母野義捐金締切広告が出されたにもかかわらず（三月六日付）、一か月以上義捐金活動が続いたことになる。また田母野の義捐金運動を受けた形で、内藤魯一・大井憲太郎は岩手の民権家・鈴木舎定死去の「義捐金募集広告」（五月一〇日付）をも発表している。田母野義捐金活動を通じて、何かが動き始めたのである。

さらに表4-3は、自由党の党員数の推移を自由党結成の明治一四年一〇月（I期）・以後一五年一一月まで（II期）・以後一六年四月まで（III期）・同年一〇月（IV期）・以後一七年五月まで（V期）・以後同年一〇月まで（VI期）の計六期にわたる党員数の推移を示した表である。自由党結成後のII・III期の党員数は、目を見張るものがあるが、本稿では特に激化事件状況で問題となる時期であるV・VI期の党員数の推移に注目したい。この時期に公然自由党員として、『自由新聞』および『自由党員名簿』に名を掲げるのは、V期では福島以南の北関東と神奈川、中部の新潟・富山・長野であり、VI期ではそれに加えて、南関東の千葉、中部の福井・長野、近畿の大阪・兵庫である。この分布は、必ずしも激化事件勃発地と符合するわけではないが、緩やかな関連性は読み取れるのである。

何よりも表4-1と表4-3を見比べると、明治一六～一七年日付別田母野秀顕義捐金拠出人数および金額と一七年五月・一〇月の党員数の関係には、地域的な重複に何らかの相関性がみてとれそうである。このような事態と行為は

表4-2　明治16～17年日付別田母野秀顕義捐金拠出人数および金額

（単位：人・円）

日付	人数	%	金額	%
12月8日	7	1.16	3.45	0.89
11日	8	1.33	8.00	2.07
12日	7	1.16	1.80	0.28
13日	5	0.83	2.50	0.65
14日	3	0.50	1.70	0.44
19日	17	2.82	21.30	5.51
20日	5	0.83	2.30	0.59
21日	8	1.33	36.00	9.31
26日	17	2.83	14.50	3.75
27日	15	2.49	4.15	1.07
28日	16	2.66	9.15	2.37
12月合計	108	17.94	104.85	27.12
1月10日	16	2.66	8.25	2.13
11日	10	1.66	13.30	3.44
12日	24	3.99	50.00	12.93
13日	5	0.83	5.50	1.42
16日	24	3.99	6.30	1.63
20日	3	0.50	2.50	0.65
24日	41	6.81	14.60	3.78
27日	3	0.50	3.00	0.78
29日	3	0.50	3.00	0.78
30日	25	4.15	5.30	1.37
1月合計	154	25.58	111.75	28.90
2月1日	4	0.66	2.00	0.52
6日	3	0.50	1.80	0.49
7日	9	1.50	5.70	1.47
14日	13	2.16	1.25	0.32
15日	20	3.32	1.85	0.48
16日	40	6.64	17.20	4.45
17日	7	1.16	4.20	1.09
19日	27	4.49	9.40	2.43
22日	2	0.33	1.20	0.31
24日	7	1.16	10.20	2.62
28日	10	1.66	2.90	0.75
2月合計	142	23.59	57.70	14.92
3月5日	2	0.33	1.10	0.28
6日	2	0.33	4.00	1.03
9日	3	0.50	2.70	0.70
12日	4	0.66	3.00	0.78
18日	5	0.83	1.90	0.49
19日	5	0.83	2.10	0.54
20日	18	2.99	4.70	1.22
22日	6	1.00	3.10	0.80
23日	3	0.50	2.70	0.70
25日	18	2.99	12.35	3.19
26日	17	2.82	4.60	1.19
28日	14	2.33	8.80	2.28
30日	14	2.33	5.20	1.35
3月合計	111	18.44	56.25	14.55
4月1日	23	3.82	11.36	2.94
2日	14	2.33	10.00	2.59
3日	20	3.32	4.75	1.23
8日	8	1.33	80.00	0.21
13日	1	0.17	2.00	0.52
22日	10	1.66	1.85	0.48
23日	5	0.83	10.30	2.66
25日	2	0.33	3.00	0.78
30日	4	0.66	12.00	3.10
4月合計	87	14.45	56.06	14.50
合計	602	100.00	386.61	100.00

出典：『復刻　自由新聞』（第3・4巻、三一書房、1972年）より作成。

註1：団体や有志は1名と数えた。

註2：このほかに未発見分の『自由新聞』が存在する。

註3：1.11は、1円11銭を表す。

表4-3　自由党党員数の推移

（単位：人）

道府県	14・10	～15・11	～16・4	～16・10	～17・5	～17・10	合　計
北海道	1	0	0	0	0	1	2
青　森	1	1	0	1	0	0	3
岩　手	2	6	54	1	0	0	63
宮　城	3	2	0	15	0	0	20
秋　田	1	4	421	1	0	0	427
山　形	1	2	0	0	2	0	5
福　島	4	2	1	2	13	6	28
茨　城	6	28	33	14	13	4	98
栃　木	7	99	63	51	6	5	231
群　馬	2	76	24	6	80	5	193
埼　玉	5	85	13	9	25	3	140
千　葉	1	37	3	43	5	59	148
東　京	19	40	6	9	1	0	75
神奈川	5	84	75	38	15	14	231
新　潟	3	6	13	3	6	4	35
富　山	0	0	0	0	25	0	25
石　川	0	2	1	0	0	0	3
福　井	1	38	0	0	0	9	48
山　梨	3	1	0	26	0	14	44
長　野	0	27	27	28	55	28	167
岐　阜	2	55	0	0	0	1	58
静　岡	0	1	2	3	2	1	9
愛　知	7	10	2	3	0	0	22
三　重	0	1	0	2	1	0	4
滋　賀	1	2	0	0	0	0	3
京　都	0	1	0	0	1	1	3
大　阪	1	2	0	1	0	35	39
奈　良	―	―	―	―	―	―	―
兵　庫	2	49	0	0	0	12	63
和歌山	1	1	0	0	1	0	3
島　根	2	1	16	2	0	0	21
鳥　取	2	21	95	5	0	0	123
岡　山	2	4	0	0	0	0	6
広　島	1	0	2	1	0	0	4
山　口	0	1	0	0	0	0	1
徳　島	1	58	1	0	0	0	60
香　川	―	―	―	―	―	―	―
愛　媛	1	5	1	1	0	0	8
高　知	4	9	1	3	2	0	19
福　岡	3	0	1	0	0	0	4
佐　賀	0	0	0	1	0	0	1
長　崎	―	―	―	―	―	―	―
熊　本	1	1	0	1	0	0	3
大　分	2	2	0	0	0	0	4
宮　崎	0	0	0	1	0	0	1
鹿児島	3	2	0	0	0	0	5
沖　縄	―	―	―	―	―	―	―
合　計	101	768	855	271	253	202	2,450

出典；『自由黨員名簿』（明治史料研究連絡会、1955年、74～75頁）より作成。
註1；14・10は、明治14年10月を表す。
註2；大阪には奈良が含まれる。

「他者を通じての自己肯定」にほかならないと思われる。自由党機関紙『自由新聞』を通じて、自らの氏名が公表されるという「社会的認知」を得、いかにしてか変革団体である自由党に接近するかという具体的方策、すなわち自分と自由党との距離を埋めていく作業である。自由党の一員であるという自覚を得ることが出来る行為が、義捐金活動と公認党員としての新聞紙上発表であったともいえる。

関与した人々のあり方や考え方が非常に多様かつ複雑で、画一的な把握が難しいとしても、「自由」や「民権」に

対して人々の期待と結びつく社会状況が起きたことが重要であり、特徴的なのである

第五節　その後の激化事件

この時期に自由党への入党者が『自由新聞』紙上に続々と発表される。例えば秩父事件と関わりからは、群馬県の小柏常次郎、埼玉県の落合寅一・高岸善吉・坂本宗作・若林栄蔵・加藤善蔵・新井蒔蔵・新井源八・斎藤準次が入党し（『自由新聞』一七年三月二三日付）、のちに秩父困民党会計長となる井上伝蔵の入党も発表されている（五月二二日付）。この二月中旬には、大井憲太郎が埼玉県秩父に行き演説会を開催していた。また静岡事件に関係する鈴木（山岡）音高が入党している（三月二五日付）。鈴木は全国的な同志の連絡に奔走している。

この後、自由党急進派の台頭が見られるようになる。一七年二月中には、若手自由党員による自由党本部・寧静館占拠事件が起こり、三月一三日には春季臨時自由党大会が浅草井生村楼にて開催される。この大会で、茨城・群馬・埼玉・神奈川などの関東諸県の自由党員たちは圧政政府に対して目にみえるかたちでの攻撃を求めたといわれる。ここには余談ではあるが埼玉県高岸善吉・同県村上泰治等、秩父事件を担う人々も参加している。これに対して『自由新聞』（四月一六日付）は、党内左派の空理空論をいましめ、議会開設後の政党の任務は抽象的な理想の追及ではなく、個々の具体的な政策の内容で藩閥政府との優劣をきそいあうことにあり、そのためには議会開設を六年後にひかえた時点での政党はその準備につとめねばならない、と論じた。その一方で八月には、加波山事件関係者の拠点となる文武研究所・有一館が開館する。館員は、高知八名、新潟七名、東京・神奈川各六名、栃木五名、茨城・群馬各三名、千葉・福島・岩手・愛媛・徳島各二名、埼玉・秋田・愛知・岡山・岐阜・大阪各一名、計五五名とされる。この館員の中から加波山事件の参加者が輩出し、すでに述べたように、この間『自由新聞』に名前を公表する公然自由党

員が次々と登場するのである。

ここで翻って筆者がキー・パースンの一人だと考えている星亨の活動に目を向けてみよう。星は植木と並んで、田母野の葬儀を演出した人物である。また同時に自由党本部・寧静館と文武研究所・有一館の事実上のオーナーであった。そのような星が、北陸七州懇親会において拘引されてしまい（一七年九月、一二月）、自由党急進派の人々と引き離される意味をも考えなければなるまい。この時期から、加波山事件関係の記事も目を見張る。加波山事件の黒幕ともされる福田定一郎(25)が義捐金拠出者として登場し（『自由新聞』一月二七日付）、群馬県一宮における政談演説会と宇都宮事件に福田定一郎と平尾八十吉が登場する（三月二六日付）。

また星亨を事実上のオーナーとする『自由燈』の発行の広告が掲載される（四月二六日付）。同紙発行所である見光新聞社は、同時に星の義弟である野澤雞一宅でもある。福島事件の予審が終結した（一月二五日付）段階では、案外堂から「第二帙」が発行されていた小室信介『東洋義人百家伝（東洋民権百家伝改題）』の「第三帙」は、『自由燈』の発行元である見光新聞社から発刊されている。百姓一揆物語や義民との関連からか、挿絵には刎死梟首にされた義民が描かれる。民衆のため、命を投げ出す指導者像が描かれたのである。自由民権のために獄死した田母野は、義民そのものである。メッセージは、読者に配信された。刎死梟首にされた義民は、読者にとって田母野がモデルとなることは容易に連想されるのである。

そして高田事件の終結が訪れる。そこで同じく石川島監獄にあった赤井決死の脱獄の背景とは何であったのか考えてみよう（一七年三月二六日夜）(26)。赤井は、石川島監獄を脱獄後、本郷龍岡町にある実弟・新村金十郎を訪ね、石川県士族・松田克之（大久保利通狙撃犯）とともに脱獄したことを告げ決別する。そして逃走途中、車夫に怪しまれ、千住の荒野でこれを殺害したといわれる。これについては秩父事件前の照山事件の村上泰治のケースとの類似性が看取される。その後、赤井らは山梨・静岡両県を転々として姿をくらませていたが、九月一〇日、大井川橋上で静岡県警察署の手で捕縛され、同月一一日に警視庁に護送される。われわれはなぜ静岡なのかを考えなければならないであろう。(27) 翌一八年六月、殺人犯として両名は死刑の宣告を受け、赤井は七月二七日に市ヶ谷監獄署内の刑場で絞首刑に処せられる。この処刑は公開でなされ、余りに非人道的なものとして、さまざまなメディアに掲載された（『朝野新聞』八月二九日付）。遺体は実弟・新村へ引き渡され、ひとまず銀座三丁目の寧静館に安置し、翌二八日、旧自由党関係者によって谷中天王寺・五重塔わきの墓地に葬られる。ここに赤井は、第二の田母野（自由党殉教者）として位置づけられる。墓碑建設は、加波山事件の河野廣躰が中心になって作られ、墓碑そのものは田母野とまったく同型同縮尺である。墓碑によるメッセージが誕生する。

つづく加波山事件は一七年九月二三日から二五日にかけて、福島・喜多方事件保釈グループと栃木自由党グループとの加波山上での絶望的ともいえる蜂起として勃発し、関連事件として鯉沼事件・小川町事件・夷隅事件がある。蜂起失敗後に彼らの逃亡は栃木・山梨・静岡におよび、原利八については新潟が久しい潜伏先となり、最終的に福井において逮捕される。彼らの逃亡を支えた人々の存在は、何を意味するのであろうか。そして同事件の被告たちは、一九年七月三日に死刑または、無期徒刑の最終判決が下り、九月三日および一〇月二日に赤井と同じく、市ヶ谷監獄署内の刑場で絞首刑に処せられる。遺体は田母野・赤井ゆかりの谷中天王寺門前の墓地に葬られる。ここに田母野・赤井・加波山事件関係者の聖域としての谷中墓地が認知され、自由党の「慰霊空間」が誕生するのである。福島の事例を見る限り、事件後に、広範な義捐金活動と家族への救援活動体制がとられており、決して民衆から乖離した「テロリズム」(28)とは、いい切れない。人々は確実に激化事件参加者にシンパシーを寄せていたのである。

おわりに

従来の研究史で問題になったのは、自由党激化諸事件と「一斉蜂起論」・「全国的大動乱」の可能性はあったのかどうか、また自由民権運動と激化諸事件の実態・構造・相互関連性はいかなるものであったのかという問いであった。かつて坂野潤治氏は「福島事件から秩父事件にいたる、いわゆる『激化事件期』の自由党は、その実態においてだけでなく、そのイメージにおいても捉えられなければならないように思われる[29]」と評した。「実態」以上の「イメージ」を自由党やその運動が持つ意味とは、またはそう思わせる力があるとするならば、それは何なのであろうか。

福島・喜多方事件最後の生き残りの一人と称した平島松尾はのちに田母野の獄死を回想して、「此の事の外間に伝わるや、多数の同志の悲嘆は悲憤となり、其の遺骸を請ふて盛大なる葬送を営み、以て田母野氏の英霊を慰め、且つ全国同志の奮起を促がさんと準備をなした[30]」と述べている。「田母野の英霊を慰め」ることが、「全国同志の奮起を促」すと考えられ、それは自由党当事者の思惑以上に、多くの人々の心を揺さぶるものとなった。

本稿は、福島・喜多方事件ひいては自由民権の「殉教者」となった田母野秀顕の自由党葬と彼に関する建碑・出版活動（顕彰）が、人々をして目の前に現出する社会的な矛盾・不条理に対して、いかなるスタンスをとるのかという「判断」材料になったこと、そして明治一七年の激化状況を作り出す一助になったことを彼への義捐金拠出と自由党への入党との関連を考えたものである。この顕彰活動が与えた影響を地域的広がり（三河・信州その他）の観点から、地域ごとの登場人物を深く掘り下げて考察する必要がある。すなわち全国から自由新聞社（『自由新聞』）や見光社（『自由燈』のち『燈新聞』・『めさまし新聞』）に寄せられ、連日紙面に報導された田母野宛ての義捐者の分析が必要であると思われる。氏名（府県）および金額により、一七年の激化状況のヒントを若干ながら探り出せるのではないかと思われるからである。

さらに田母野葬儀に掲げられた「自由鬼」の旗、さらに「掃尽妖気天日初清」の白旗、「留取丹心侠骨長杳」の紅旗、「其生不愧天地」・「此志能貫日月」紅白旗、「自由志士田母野秀顕之柩」と記した銘旗の意味を考えなければならない。田母野が「死して自由の鬼とな」った時、それまで政府批判なり政府攻撃、ひいては政府の打倒に躊躇していた人々の中から決死派の奮起と形成を促す一助になったことは間違いない。また、そこまで思い切れない人々の気持ちとして義捐金活動が展開する。いずれにせよ、田母野葬儀が仮に自由党の演出効果だとしても、それに共鳴する広範な人々がいて初めて、出版や義捐金活動が広範な支持を受けるのである。

また本書所収の金井論文との関連からも、田母野葬儀時の「各種の旗を持ち行れし人々は、各々簑笠を纏い草鞋を穿ちたりしが、そは皆自由党の壮士中なりしとぞ」という意味を考えなければならないであろう。すなわち「簑笠」（百姓躰）を纏う民権家が百姓一揆と義民のフォークロアを大動員する意味である。さらに激化事件に持ち込まれた百姓一揆と義民のファークロアとの関係から「頭取」論[31]や秩父事件段階における総理・田代栄助登場の意味も考えられないだろうか。その延長線で本書収録の高島論文との関連も追求できないだろうか。

国会開設を目指した自由民権運動のもう一つの側面である社会の「解放」（社会的変革[32]）が真剣に考えられ、そのために「自己」を犠牲にすることを厭わない意識の醸成と決死的行動への参加決意と実行こそが、激化状況を支えた心情であるならば、社会矛盾に憤った人々の「心の琴線」に響くものとして、田母野秀顕の自由民権への参加とその代償としての理不尽な獄死があったと捉えることができよう。それを一つのイメージに仕立て上げ、時代のコンテクストのなかで、自己表明を促し決意させたものとして、田母野の顕彰運動は、激化状況を支える要因の一つになったと考えられるのである。

（1）筆者の念頭には、坂野潤治責任編集『歴史を読みなおす 21 立国の時代』（朝日新聞社、一九九五年）がある。当該誌では、「言論」による「立憲原理」の喪失と「官民軋轢」への転換をどのように考えるかという「難題」に対し、一方的な批判というかたちではなく、「時代の空気」を踏まえながら展開されている（寺崎修氏が該当部分を執筆）。また坂野氏の『体系 日本の歴史13 近代日本の出発』（小学館、一九八九年）、『近代日本の国家構想——一八七一〜一九三六——』（岩波書店、一九九六年）をも参照のこと。

（2）近年、河西英通氏は高田事件をコメモレイション（記憶の歴史学）の俎上に乗せることにより、「自由民権運動の合法的イメージ（言論・出版活動）をくつがえし、実力行使・武装蜂起といったもう一つの姿を浮かび上がらせる可能性を持っている。アメリカの南北戦争にも匹敵するような国内戦争＝戊辰戦争からわずか十数年しか経過していなかった時期において、幕府倒壊・権力奪取に連なる武力のイメージは現在から想像できないほど日常的なスタイルだったのではないだろうか。人々は来るべき立憲制を予期しながらも、内乱の経験と記憶のなかで、自由民権運動を見ていた。自由民権運動はそうした合法と非合法、文と武の両面から解析していく必要があろう」（河西英通「高田事件——その記憶のされ方——」『上越教育大学研究紀要』第二四巻第一号、二〇〇四年九月、一七九頁）と指摘されている。また横山真一『新潟の青年自由民権運動』（梓出版社、二〇〇五年、一三八〜一六八頁）をも参照のこと。

（3）松浦義弘「儀礼・象徴行為と権力関係」（歴史学研究会編『現代歴史学の成果と課題 一九八〇—二〇〇〇 I歴史学における方法的転回』青木書店、二〇〇二年）等を参照のこと。

（4）筆者は、福島・喜多方事件そのものについて、この時期の対抗図式を大石嘉一郎氏に学び、中央依存型地域開発路線に対する内発型地域開発路線の闘いと考えた（大石嘉一郎編『福島県の百年』山川出版社、一九九二年、同『日本近代史への視座』東京大学出版会、二〇〇三年を参照）。激化状況は、この内発型地域開発路線にそって、自らの近代的発展（政治・経済）に自信を有した地方の豪農層の民権運動から青年層への民権運動の主体・担い手のシフトであると考えている。

（5）花香恭次郎については、拙稿「旧幕臣子弟の自由民権——若き知識人民権家・花香恭次郎——」（千葉大学教育学部『歴史科学と教育』第一四号、一九九五年七月）を参照のこと。

（6）「岡野・佐藤両君へ無名舘ヨリ 花香恭次郎 明治十五年八月五日」（『福島市史 第四巻 近代I 通史編4』福島

市教育委員会、一九七四年、二九四頁)。
(7) 「盟約」(前掲『福島市史　第四巻　近代Ⅰ　通史編4』二九四頁)。
(8) 「花香恭次郎、平島松尾調書　明治十六年一月十四日」『三島通庸文書』(国立国会図書館憲政資料室蔵)。
(9) 「血盟書」(前掲『福島市史　第四巻　近代Ⅰ　通史編4』二九五頁)。
(10) 『自由新聞』(明治一六年一二月一二日付)。板垣退助監修『自由党史』(中)(岩波文庫、一九五八年、二七七～二七八頁)に収録。
(11) 田母野は、三春藩士赤松莭の子で、幼名を恵寛、のち千秋・秀顕と改めた。幼少の時、修験者常楽院・田母野浄因(元顕・衛)の養子となる。彼は自らの出自に関し、複雑な想いを抱き藩士子弟にコンプレックスを持っていたといわれる。早くから尊王論を唱え、戊辰戦争では三春藩断金隊に加わり、会津藩討伐に参加している(高橋哲夫『福島自由民権運動史』理論社、一九五四年、一八八～九頁)。この会津藩討伐が河野広中と同じく、土佐藩・板垣(乾)退助との関係をもたらすのである。
(12) 「誓文」福島県三春町四軒町・田母野主税家文書。
(13) 「田母野秀顕死亡届」前掲、田母野主税家文書。
(14) 平島松尾『安達憲政史』(安達憲政史編纂委員会、一九三三年、のち「復刻版」一九八五年、国書刊行会、一〇七～一〇八頁)。
(15) 河野磐州傳編纂会『河野磐州傳』上(一九二三年、六四七～六四八頁)。河野自身も「予が石川島に行った時が、恰も一一月四日であった。行ってみると、田母野は一一月二九日の晩に死んだと云ふことで、終に田母野には遇われなかった。予は田母野とは少年時代よりの親友で、而かも今日迄同士として寝食を共にし、艱苦を同うして来たのですから、其の死を聞いて、実に言葉に云ふ事の出来ぬ無限の感慨に打たれた」(同書、六四九頁)と述べている。
(16) 「明治一六年一一月二九日　苅宿仲衛宛花香恭次郎書簡」東京都中野区・苅宿俊幸家文書。現在、福島県文化センター歴史資料室寄託。
(17) 原胤昭「その時代のこと一、二」(明治文化研究所『新旧時代』自由民権号、第二年第四・五冊、一九二六年八月、二〇～二一頁)。

(18) 高橋哲夫『福島自由民権運動史』(理論社、一九五四年、一九三〜一九四頁)。
(19) 拙稿「星亭の時代――『星亭伝記資料』編著者・野澤雞一を中心として――」(『歴史評論』第四六八号、一九八九年四月)を参照のこと。
(20) 野沢雞一編著、川崎勝・広瀬順晧校注『星亨とその時代 1』(平凡社東洋文庫、一九八四年、二一六〜二一七頁)。
(21) 『田母野秀顕埋葬補助金控帳』前掲、田母野主税家文書。
(22) 井上和雄「原胤昭翁の筆禍事件」(前掲『新旧時代』自由民権号、一〇二〜一〇四頁)。また野口孝一『銀座煉瓦街と首都民権』(悠思社、一九九二年、一九二〜一九五頁)を参照のこと。
(23) 『植木枝盛集　第七巻』(岩波書店、一九九〇年、三三〇頁)。
(24) 黒沢正則「山中谷と秩父事件」(秩父事件研究顕彰協議会「秩父事件一一五年記念行事『中里村と秩父事件』記録集」『秩父事件研究顕彰』第一一号、二〇〇〇年三月)を参照のこと。また黒沢円蔵家の記事「一家有政党」(『自由新聞』一七年四月六日付)は、政府派の戸長・円蔵と自由党派の祖父や娘たちのことを伝えており、この時期の地方名望家のアンビバレントな立場を示しており興味深い。
(25) 会津出身で、栃木師範学校化学教師であった福田定一郎こそが、加波山事件の黒幕の一人であったことについては三浦進・塚田昌弘『加波山事件』(同時代社、一九八四年、二二一〜二二四頁)を参照のこと。これに対する批判的な説としては、高橋哲夫『加波山事件と青年群像』(国書刊行会、一九八四年、八二〜八三頁)がある。
(26) 赤井景韶の脱獄には、河野広中の策略があったという明治四一年三月二一日の内藤魯一の演説がある(「自由党歴史概要――加波山殉難志士追悼会に於ける演説――」『内藤魯一関係資料』知多市歴史民俗資料館、一九九〇年、六七頁)。
(27) 静岡事件により一二年の刑を受けた岐阜の民権家・小池勇は、明治一七年一一月に赤井が小池のもとに潜伏するとの紹介状を所持していたことより教職を罷免されたという(村上貢編著『自由党激化事件と小池勇』風媒社、一九七六年、四三、一六五頁)。
(28) 後藤靖『自由民権運動』(創元社、一九五八年、のち『天皇制形成期の民衆闘争』青木書店、一九八〇年、九一〜一一一頁)。のちに後藤氏は、この見解を修正している。この点については、大内論文を参照のこと。

(29) 坂野潤治「明治憲法体制の成立」『日本歴史体系　四　近代Ⅰ』(山川出版社、一九八四年、六〇九頁、註一三)。

(30) 前掲『安達憲政史』一〇八頁。

(31) この場合、一揆の「頭取」論については、自らの命を賭して一揆農民の罪を一身に背負う「義侠心」を備えるとともに、地域を越えた利害調整能力、論争に耐えうる見解と教養をもつ人物像を念頭においている(保坂智「百姓一揆の構造と御百姓意識」紙屋敦之他『日本の近世――地域と文化――』梓出版社、一九九五年、一二三～一二四頁を参照のこと)。

(32) 筆者は、「自由民権運動とは、国民が政治に参加する権利、すなわち『民権』を要求した運動で、具体的には新政府に国会開設を求める活動が展開された。だが、この運動に『民権』だけでなく、なぜ『自由』という理念が必要だったのだろう。それは、国会の開設という目標と同時に、社会の『解放』が運動の核心にあったからだと思われる。(中略)社会的な変革という視点で自由民権運動の特徴をみると、それまでの日本ではありえなかった、まったく新しい現象だったことがわかる」(塩出浩之「自由民権の時代」(『ビジュアル・ワイド　明治時代館』小学館、二〇〇五年、一七四頁)という意味を激化期に考えたい。

[付記]　本稿を執筆する上で、福島自由民権大学の故松本登先生、表の作成においては、大阪商業大学田﨑公司研究室の泉彩子・河野絵梨両氏にお世話になった。記して、感謝の言葉を申し上げたい。

第5章　明治一七年　加波山事件再考
――事件後の顕彰活動と河野広體の動向について――

大内雅人

はじめに

明治二〇年代に流行した「ダイナマイト節」という民権演歌がある。

民権論者の　涙の雨で　みがき上げたる大和魂　コクリミンプクゾウシンシテミンリョクキュウヨウセ　若しも成らなきゃ　ダイナマイトどん(1)

これは、国利・民福を増進させ、民力休養を図れ、もし実現しなければ実力行使を取るという、時代状況を表す演歌である。この演歌が謡われる契機になったのが、加波山事件である。

加波山事件とは、明治一七（一八八四）年九月に茨城の富松正安・福島の河野広體《ひろみ》・栃木の鯉沼九八郎といった自由党「急進派」が、栃木県庁開庁式で県令三島通庸ら政府高官の暗殺を企てるに至った一連の事件である。事件の内容はおよそ三つに分かれる。まず第一は、河野と横山信六・小林篤太郎・門奈茂次郎の四名が、同年九月一〇日に資金調達のために神田区裏神保町の質屋を襲撃事件である。失敗して、門奈のみ逮捕され、逃走した河野らは警察から追跡されることになった。通称、「小川町事件」と呼ばれる。ついで第二は、鯉沼が同年九月一二日に暗殺用の爆裂弾製造中に負傷した事件である。警察は警戒を強め、開庁式は延期となった。そして第三の事件はこうである。富松正安ら一六名が同年九月二三日に茨城県真壁郡の加波山々頂に本陣を置いて、「自由之魁」「圧制政府顛覆」「一死報国」「自由取義《マ》自由友《マ》」の旗を立てて檄を発した。山麓に近い下妻警察署町屋分署を襲撃するとともに、長岡畷で警戒中の警察官と衝突し、双方に死傷者を出すという事件が勃発した。

加波山事件は、東日本の急進派諸グループに決起を促がすと同時に一ヵ月後に自由党を解党させるという結果をもたらした。日本近代史上初めて「爆発弾」を使用した点、蜂起者一六名のうち死刑七名（横山信六は獄中で病死）・無期七名・有期徒刑四名という極めて重刑であった点など、衝撃的な事件であった。

加波山事件が他の激化事件に較べて、明治後期という比較的に早い時期から先行研究が多いことは注目に値するであろう。(2) 例えば、栃木自由党の鯉沼九八郎を中心に記述した、野島幾太郎による『加波山事件』（宮川書店、明治三三年）、玉水嘉一が中心となって加波山事件ほか大阪・飯田・名古屋・静岡事件など東日本の民権運動を記述した、関戸覚蔵による『東陲民権史』（養勇館、明治三六年）などがある。本稿執筆の動機は、なぜ加波山事件研究が多いのかという点にある。

先行研究の主眼では、加波山事件を自由民権運動史のなかで位置づけるか否かという点にあった。後藤靖は、「加波山事件は福島事件のなかで芽ばえはじめていたテロリズムへの志向が結実したものであり、その決行者たちの意図の如何にかかわらず、ブルジョア革命としての自由民権運動にとって邪道でしかなかった」と位置づけた。(3) その後、「自由民権運動のなかで、加波山事件ほど評価がむずかしい事件はない。加波山事件については長い研究があるにもかかわらず、今日でもなおその評価のしかたがさまざまであり、統一された見解が見られない。〈略〉混乱を招いたものとして改めてこの史料〔『茨城県史料』のこと、引用者注〕を手がかりに研究しなおしたいと考える」(4) との訂正を述べているように、未だ検討の余地ある事件であることが分る。江村栄一は、加波山事件参加者を「決死派」と名づけて、まず政府高官の暗殺を企図して、その実行〈小運動〉を革命〈大運動〉への不可欠の契機にしようとしているグループとする。(5) 色川大吉は、「〈略〉これを志士仁人意識にとらわれていた急進分子の自己陶酔であるとか、捨石精神だと批評することはたやすい。あるいは彼らのほとんどが士族出身で、その地域の民衆に深い根をおろしていなかった故の、はね上がりだと評することもたやすい。しかし、当時の状況を精密に復元し、その中で富松がたどった足跡を冷静に検討してみるなら、そうした頭ごなしの批判を酷であろう」(6) との指摘もなされている。一部過激派志士の孤立・絶望的な武装蜂起と低く評価するのではなく、東京での連帯蜂起があった仮説を提示した三浦進・塚田昌弘の労作がある。(7) 福島県内における史料と民権家の掘り起こし作業成果を纏めた、「名利を求めず、利害を省みず、ひたすら自由と民権のために青春を捧げ尽くした若者たちの群像」を描く、高橋哲夫の論稿がある。(8) また、明治一五年の福島・喜多方事件から加波山事件へという視点を提示した、喜多方歴史研究協議会の研究・顕彰運動がある。(9)

本稿の目的は、「民権百年運動」以後の、福島県の民権家ならびに史料の発掘作業を継続することに留意しつつ、加波山事件ならびに事件に関った民権家個々人を、事件後の動向も含めて考察することである。事件に至る経緯の諸研究は多数あるが、事件後の民権家について中心に論究したものは少ない。河野広體は、出獄後に政界には進出せず、殉難民権家の顕彰活動を行っていた。(10)「顕彰」とは、隠れた功績・善行などをたたえて広く世間に知らせることである。ここでいうところの、「顕彰活動」とは、激化事件の当事者ないし事件関係者が事件のあらましを明らかにして今に伝える行為との意味合いである。また、加波山事件の、「自由民権運動史から遊離した暴徒による暴挙」という従来の位置づけではなく、自由民権運動史のなかで再検討を行いたい。これは、蜂起者一六名だけの問題として捉えるのではなくて、支援していた多くの民権家の諸活動を明らかにする作業を通じて、論証できるはずである。第一節では加波山事件の「檄文」読解および福島・喜多方事件から加波山事件へ連続する「国事犯」問題を、第二節では事件後の獄中民権家への救援ならびに慰霊活動を、そして第三節では河野広體の顕彰活動について着目して論を進めることにする。

第一節　加波山事件と「国事犯」問題

明治一七（一八八四）年九月二三日、富松正安ら一六名は、茨城県の加波山に登頂した。同山は、元治元年三月、水戸天狗党が加波山に連なる筑波山で挙兵したことが広く知られている。

彼らは加波山々頂で挙兵を決し、「自由之魁」「圧制政府転覆」「一死報国」の幟旗をなびかせ、次の檄文を書き上げた。

加波山事件檄文

抑モ建国ノ要ハ衆庶平等ノ理ヲ明ニシ、各自天与ノ福利ヲ均シク享クルニアリ、而シテ政府ヲ置クノ趣旨ハ人民天賦ノ自由ト幸福トヲ扞護スルニアリテ、決シテ苛法ヲ設ケ壓逆ヲ施スヘキモノニアラサルナリ、然リ而シテ今日吾国ノ形勢ヲ観察スルハ、外ハ条約未タ改マラス、内ハ国会未タ開ケス、為メニ奸臣政柄ヲ弄シ、上聖天子ヲ蔑如シ、下人民ニ対シ収斂ノ時ナク餓莩道ニ横ハルモ之ヲ検スルヲ知ラス、其惨状苟クモ志士仁人タル

モノ豈ニ之ヲ黙視スルニ忍ヒンヤ、

夫レ大厦ノ傾ケル一木ノ能ク支フル所ニ非スト雖モ、奈何ソ坐シテ其ノ倒ル丶ヲ見ルニ忍ヒンヤ、故ニ我々茲ニ革命ノ軍ヲ茨城県真壁郡加波山上ニ挙ケ、以テ自由ノ公敵タル専制政府ヲ転覆シ、而シテ完全ナル自由立憲政体ヲ造出セント欲ス、嗚呼三千七百万ノ同胞兄弟ヲ我党ト志ヲ同フシ、倶ニ大義ニ応スルハ豈ニ正ニ志士仁人ノ本分ニ非スヤ、茲ニ檄ヲ飛シテ天下同胞兄弟ニ告クト云爾

明治十七年九月二十三日

茨城県　富松正安
　玉水嘉一
　保多駒吉
福島県　杉浦吉副
　三浦文治《ママ》
　五十川元吉
　山口守太郎
　天野市太郎
　琴田岩松
　草野佐久馬
　原　利八
　河野広體
　横山信六

小針重雄
栃木県　平尾八十吉
愛知県　小林篤太郎(11)

さて檄文の趣旨とは何か。「政府ヲ置クノ趣旨ハ人民天賦ノ自由ト幸福トヲ扞護スル」という天賦人権説に則って、栃木県令三島通庸ら「苛法ヲ設ケ壓逆ヲ施スヘキモノ」に対して、「我々前ニ革命ノ軍ヲ茨城県真壁郡加波山上ニ挙ケ、以テ自由ノ公敵タル専制政府ヲ転覆シ、而シテ完全ナル自由立憲政体ヲ造出セント欲ス」と述べている。横山信六の予審調書においても、「檄文ノ大意ハ」との質問に対して「人民天賦ノ自由権利ヲ保護シ善良ノ政府ヲ起スハ必ス義兵ニ拠ラサルヘカラストノ意也」との答えが記されている(12)。この蜂起が「三千七百万ノ同胞兄弟ヲ我党ト志ヲ同フシ」といった民の代表者としての行為であり、武装蜂起こそが「志士仁人ノ本分」にかなうものであると檄文には表明されている。これは冒頭に触れた「ダイナマイト節」の第四番目の歌詞「四千余万の　同胞のためにや　赤い囚衣も苦にやならぬ」とも重なる部分である。

そもそも檄文はどのように作成されたのだろうか。まず本稿で引用した史料名が「加波山事件」という表題となっていることについて触れなければならない。この事件は当時、「茨城県暴動事件」あるいは「明治十七年富松正安外十五名暴徒事件」などと呼称された。したがって、この表題は後に付せられたものであると思われる。

野島幾太郎によれば、「以上の檄文は、相互に筆を執ってこれを謄写し、山下の民家は無論、この山の社殿参詣の人々に頒布したりし(13)」とあるように、各新聞紙上において檄文が広まったのではなく、事件参加者が自ら檄文を作成して、加波山麓の地元民や参詣人等に直接配布して賛同を求めたことが分る。警察が押収した檄文は、以下の三点がある。①明治一七年九月二五日、茨城県多賀郡の石岡警察署巡査の鈴木信吉が新治郡柿岡分署の弦村戸長へ送付した写[14]。檄文上封裏面に「加波山自由革命本部」とあり、連署名に誤記（保田、作馬）がある。②同年同月二六日、福島県警部長の高橋仲次が東京からの帰路に古河分署で入手したもの[15]。連署名の誤記（保田・作馬・福島県　平尾八十吉・栃木県　小林徳太郎）がある。③同年同月二七日、山県内務卿から三條太政大臣へ宛てたもの[16]。連署名の誤記（保田、作馬）がある。それぞれ大意には差異なく、本稿では事件当事者の「玉水嘉一資料」から引用した[17]。

檄文の起草者については、「琴田・平尾二氏をして筆を執らしむ。おのおの一篇を草す。衆熟議の上、平尾氏の文を採るに決したり。」（野島幾太郎著『加波山事件』）とも、「平尾・琴田二氏の手に成る。」（『東陲民権史』）ともある。横山信六は、「平尾ナリ。」と供述している[18]。『東陲民権史』によれば、「平尾八十吉」は出身を明らかにせず、愛知県出身ともいわれている。平尾は、宇都宮の中山丹次郎に寄寓して弁護事業を助けて三年しても本籍を告げないという[19]。上京後は、築地の有一館に入って、保多駒吉・小林篤太郎・河野広體らと交流した。明治一七年九月二四日夜、加波山下山に際して、天保銭五枚を白布に包み、これを額に当てて鉢巻として居合用の長刀を佩びていた。麓の長岡畷で警官隊と衝突し、戦死した。そのとき、二三歳であったといわれる。平尾の遺留品のなかには、「浅黄唐縮緬　但墨ニテ一死以報国而已ノ七字ヲ記シアリ」ならびに「小風呂敷包上ハ油紙包ミ在中書籍、旧約《マ》聖《マ》書・民約論・政理叢談各壱冊」があった[20]。『政理叢談』は、明治一五年から一六年にかけて中江兆民を主幹として発行された欧米政治思想の紹介誌、啓蒙誌である[21]。後年、陸羯南は、『政理叢談』を「ルソー主義と革命主義とを以て其の真髄と成した」（『近時政論考』明治二四年）と評した。平尾ら檄文起草者の思想基盤がここにあったのかもしれない。

自由党の機関紙であった『自由新聞』紙上では、明治一七年九月二七日「不穏の電報」、同年同月二八日「茨城県民の暴挙を聴て感あり」、同年一〇月一日「茨城事件の確執」、同年同月二日〜三日「自由党ヲ傷ケントスル卑劣手段ヲ笑フ」と連載されている[22]。とりわけ、「茨城県民の暴挙を聴て感あり」という論説では、自由党本部は加波山事件と自由党との関係性がないことを強調して、批判をかわそうとした。「一二三人ノ地方人士ノ挙動」である加波山事件は「軽挙」あるいは「暴動」と言わざるを得なく、我が党はこれを「憎悪」するという。この暴挙がおきたのは、「人民困難ノ聞エノアリシ地方」あるいは「其ノ困難ニ懼レル人民ニ対シテ最モ切ニ同情ノ感ヲ発スベキ地方」だけである。茨城県は、「嚮キニ徳川幕政ノ紀綱漸ク弛ブニ方リテ水戸浪士ノ筑波山ニ立テ篭タルコト」があって「随分人心ノ過激ナ土地」である。かかる武装蜂起は、「軽挙暴挙皆ナ是レ其一部分ヲ以テ全局面ヲ害スルノ失策」とした。

長岡畷の戦いで平尾を失った民権家一五名は、一ヵ月後の明治一七年一〇月二五日に東京・飛鳥山での再会を誓って解散して全国へ逃亡したが、同年九月二六日に天野市太郎と山口守太郎が栃木の喜連川で逮捕された。その後も次々と捕縛されて、明治一八年二月六日に原利八が福井で逮捕されたのが最後となった。加波山での蜂起は、「国事犯」か否かを問う裁判闘争へ展開してゆく。裁判に際して、司法省は万全の準備を整えた。司法卿の山田顕義の内命を受けた司法権大書記官の人見恒が、水戸始審裁判所検事の高沢重道に宛てた指示書では、次のような処置が記されている。

今般暴徒訊問上、彼レカ思想ヲ述ヘ候トキハ国事犯ノ方ヘ引付可申候間、第一彼等之形蹟上ニ顕レタル暴行ヲ取調ヘ一モ思想上ニハ訊及セサル様、呉々モ御注意有之度、彼ヨリ其思想ヲ連テ申立候ハヽ、本案ニ附従物トシテ御聞取相成可然候(23)

つまり、檄文での主張に見られた「国事犯」ではなくて、「常事犯」として処罰したのである。これは、初めての「国事犯」事件である明治一五年の福島・喜多方事件において見られた、河野広中ら六名の国事犯が英雄視される傾向が背景にあった(24)。明治政府は、加波山事件では国事犯の英雄化傾向を脱する為、または分割公判で格好の法廷闘争の場にさせない為、常事犯（強盗殺人罪）と処理することを画策したと考えられる(25)。

河野広體は、栃木軽罪裁判所宇都宮支庁に宛てた「故障趣意書」にて、自らが国事犯であることを正当化しつつ、加波山での蜂起に至った胸中を述懐している。(26) 自らの行動は「政治ヲ改良シ政府ヲ変革スルコト」を目的としている。自分たちは「志士仁人」であることを任じ、「政党員ノ一部ニ置キ」と民権家であることも表明していることである。また、「東京茨城ノ両地方ニ於テ兇器金円ヲ掠奪シ且ツ栃木宇都宮等ヲ蹴破シ蓆旗直チニ京城ヲ指サントセシモ其目的ヲ果セス」と述べていることから、東京蜂起を目的にしていたことが分る。檄文には参加者全員の署名が記されていることも「国事犯」としての自覚の表れといえよう。横山信六は、「〈略〉果タシテ強盗ヲ為スノ目的ナリトセバ其際ニ於テ公然被告外拾五名ノ性名《ママ》ヲ著シタル檄文ヲ世上ニ流布スル等ノコトアルマジク、且ツ警察署ヲ襲撃シテ刀剣ヲ掠奪スルガ如キノ所為ハナスベカラザルナリシ〈略〉」(27) と述べているように、強盗犯ではない、加波山事件への強い志が表れている。加波山事件被告者は、国事犯であることの理由として、①「政事改良」の目的のため「要路ノ顕官ヲ暗殺シ又ハ義兵ヲ挙ゲン」としたこと、②爆裂弾の製造および檄文の配布をしたこと、③中村秀太郎から金員を「借用」した際に「現政府ヲ顛覆スル際ニ借用云々」と記したこと、④「自由之魁」等の旗を作ったこと、⑤町屋分署を襲撃したこと、⑥各被告人の陳述が「吻合」（物事がしっくり合う）していることを挙げていた。それに対して、東京重罪裁判所側は町屋分署で「金員其他ヲ強奪」の一点で、国事犯ではなく常事犯とした普通重罪裁判所での裁判を妥当として、裁判所管轄違いであるという横山らの異議申立を棄却している。(28)

結局、明治一九年四月一〇日に大審院から上告棄却宣言書が下された。同年七月三日、加波山事件被告人への判決が東京・栃木・千葉・山梨の各重罪裁判所から一斉に下された。東京重罪裁判所でいえば、横山・三浦・小針・琴田は死刑、草野・五十川・玉水・原が無期徒刑、門奈茂次郎・鯉沼九八郎らが有期徒刑という極めて厳しいものであった。

第二節　加波山事件と救援・慰霊活動

加波山での武装蜂起が加波山事件の全貌ではない。事件後の様々な動向を含めて再検討する必要があろう。事件は蜂起者一五名の捕縛（平尾八十吉は戦死）で終わったのではなく、栃木・茨城・福島各県の民権家が加波山事件連累の危険者として長期拘留された。茨城県では仙波兵庫ならびに有為館員らが、栃木県では鯉沼九八郎の父兵彌をはじめ田中正造らが逮捕された。茨城・栃木二県で「無慮三百名」の者が嫌疑をかけられて検挙されたという。[29]

福島県でも多くの民権家が検挙された。[30] 苅宿仲衛は、明治一七（一八八四）年九月二〇日、新潟区に開催された自由党東北七州会に出席の帰途、河沼郡代田村で逮捕された。[31] 福島県浪江町の標葉神社にある「志士苅宿仲衛君」碑文（伯爵板垣退助書・江原素六撰）には、「蓋是ノ時、加波山事件起ル、官君ヲ以テ其ノ党ナリトナスナリ、属吏ヲシテ訊問セシムレドモ服セズ、鞭笞数々下ル、君忿然トシテ曰ク「我ガ死生ハ唯ニ汝ガ為スニ任センノミ復言フヲ要セズ」ト終ニ口ヲ開カズ、獄ニアルコト数ヶ月ニシテ赦サル」との逸話が刻まれている。[32] 苅宿は釈放後に、獄中民権家に対する救援活動を行った。

加波山事件の蜂起者は極刑に処せられたが、附帯犯罪者として、栗原足五郎・内藤魯一・山田勇治・谷津鉄之助・神山八弥ら五名、佐久間吉太郎・斎藤孝三郎・加藤淳造・川名七郎・戸倉千代吉・金木周作ら六名が入獄した。[33] 内藤魯一は、明治一七年八月に築地に開設された自由党の壮士養成機関である「有一館」の館長を務めていた。[34] 内藤は、小林篤太郎ら数名の館生を庇護し逃走資金を与えたという容疑で、一九年には禁錮六ヵ月の判決を受けていた。そもそも内藤家は福島藩主板倉氏の世臣、家老職の家柄であり、廃藩置県後は重原藩士族となった。よって、福島県の民権家とも交流があった。明治三八年、内藤は代議士に当選、政友会に属した。明治四二年三月二日、第二十五議会では「憲政創設功労者行賞」議案での説明演説をした。内藤は、加波山事件志士を含む自由党志士こそ憲政史上の功績者であることを力説し、政友会総裁の伊藤博文ら藩閥政府を批判した。内藤は、加波山事件について犠牲を強いられた民権家の復権と自由民権運動の再評価を行うとしたのである。(35)

注目すべきは、真部・小針家ら家族ならびに苅宿仲衛・渡辺龍蔵ら福島の民権家によって、獄中への差し入れ・義捐金募集・埋葬費捻出など、加波山事件受刑者に対しての救援活動が行われていることである。多くの人びとが活動に加わったことは、義捐金名簿ならびの義捐人名簿から分る。三浦文次ら獄中者の見舞いの様子を、文次の実兄である真部喜貞が明治一九年七月から一〇月にかけて『滞京日記』に綴っている。(36)三浦文次は、真部喜貞に宛てた獄中書簡で、三月一六日の予審が終結したが「意外ニモ強盗犯」であったこと、刑法第二九六条により死刑の言渡を不当であると故障を申し立てたこと、棄却された場合でも上告する決意であることなど述べた。(37)その後、文次は、実父の真部喜一に宛てた書簡のなかでも、「宣告ハ死刑ニシテ破廉恥極マル所ロノ強盗罪ヲ以テセラレタリ、嗚呼爰ニ三十年ノ久シキ恩愛ヲ空フシ生ヲ終ヘントハ豈ニ千秋ノ遺憾ナラスヤ」と「強盗犯」とされたことの無念さを述懐した。(38)加波山事件被告者への救援にあたった渡辺龍蔵によって、三浦文次の書翰の写しを三春の民権家同志に送って回覧していることから分るように、文次の遺志は、福島の民権家に受け継がれていったのである。(39)

明治一九年九月三日、在監中に慢性の胃腸カタルにかかって横山信六が死亡した。(40)同年一〇月二日、市ヶ谷監獄で三浦文次・小針重雄・琴田岩松の死刑が、同年同月五日にはそれぞれの監獄にて富松正安・保多駒吉・杉浦吉副の死刑が執行された。(41)東京の三浦・小針・琴田の三名は、二日午前九時に死刑執行後、三日午後三時に出棺し、谷中天王寺の墓地に埋葬された。(42)

加波山事件墓碑の建立に際して、安瀬敬蔵の書翰によれば、三浦文次らの刑期が切迫しているゆえ、「埋葬ノ方法及墓誌ノ建設等」の支出のために、一銭二銭を嫌わず、義捐金を取りまとめて、東京浅草通新福井町新道の真部喜一

加波山事件墓碑（東京都台東区　谷中霊園）

方へ郵送することを要請している。[43] 死刑執行後に出された、真部喜一（三浦文次実父）・小針鎮平（小針重雄実父）・池上新蔵（横山信六実父）・琴田適窓（琴田岩松実兄）からの挨拶状では次のように述べられている。[44] このたびの子弟の行為は「軽挙粗暴」であるれども「現時社会ノ状勢彼等ノ心ヲ誘発セシメタルノ傾向」があった。ゆえに「子弟ノ心事ハ常ニ其身ヲ国家ノ犠牲ニ供シテ社会ノ改良ヲ期シタルモノ、如ク、死ニ至ル迄上告ノ貫徹セスシテ刑名ノ意ニ適セサルヲ恨ミシ」胸中を祭して欲しいというのである。ここには、社会改良を志して国家の犠牲になったのにもかかわらず、国事犯ではなく常事犯として裁かれた遺族の無念さが表れている。加波山事件遺族は、犠牲になった四名の墓碑建設のため、「義金」を東京見光社の加藤平四郎氏までに御送付ありたいと依頼した。見光社とは、星亨が経営していた『自由燈』（のちの『燈新聞』『めざまし新聞』『東京朝日新聞』）の出版元であった。

杉浦吉副は、三浦・小針・琴田ら三名とは違い、ただ一人、栃木の監獄で刑死した人物である。救援活動にあたった渡辺龍蔵の日誌には、八月二九日条「杉浦氏遺骸ヲ谷中天王寺墓地内ニ諸士ト共ニ埋葬セン相談ノ為メ加藤氏ニ面談ス」、一〇月五日条「午前五時一十五分上野発ノ汽車ニテ門奈氏ト共ニ栃木ニ行ク、同十二時同地ニ着ス、此日杉浦氏執行セラレタリ、十二時頃死体ヲ同町萬福寺ニ引取リ埋葬セリ」、一〇月六日条「鯉沼、塩田ノ二氏ヲ訪問委細ノ事ヲ託セシ、来ル十七日杉浦氏追善会ノ事ナリ」とある(45)。この追悼式の状況については、密偵の報告書で分る。栃木の旧自由党員である榊原経武と同行した渡辺龍蔵が遺骸を監獄に引き取りに来ている。榊原経武と加波山事件関係者は懇意にしている。横山信六は鯉沼九八郎の凱旋で栃木警察署の巡査になるもすぐに辞め、弁護士の榊原経武事務所で書生をしながら政治活動に取り組んだ(46)。同報告書には、「〈略〉来ル十七日ヲ以テ追善会ヲ開キ有志一同集会ノ約ニテ遂ニ同十二時遺骸ヲ受取、直ニ旭町万福寺ニ移シ耶蘇教（元監獄看守ニテ耶蘇ヲ信スル篤ク遂ニ其事務ヲ委任シ看守同額ノ給ヲ耶蘇カラ給スト云）一名玄関ニテ弔詞ヲ唱ヘ一同焼香毛髪ヲ剪取（コレハ三春ヘノ持行ナリ）沐浴ヲモサセス葬送会スルモノトテハ別段無之、僧侶読経ノ模様アリシモ探偵ラシキ者一名参リ居リ且警部巡査ノ平服ニテ遠望スルモノアルカ為メ読経ヲ止メ怱々埋瘞セリ、時ニ午後四時ナリ〈略〉」(47)とあり、埋葬の際も警察の監視があったことが分る。また明治二〇年一〇月三日に、下毛有志によって杉浦の墓碑が建立された。

加波山事件は、他の民権家たちに何をもたらしたのか。武蔵国西多摩郡五日市町の深沢権八が、佐倉宗五郎・大塩平八郎・高野長英・吉田松陰・雲井龍雄・赤井景韶らの詩を手帖に書き留めている(48)。その中には、刑死者の遺志を継ぐべく、福島・喜多方事件で獄死した田母野秀顕を哭する詩とともに、「加波山事件宣告　明治一九年七月三日」として、死刑七名・無期徒刑七名・有期徒刑四名・付帯犯五名・獄死一名・加波山戦死一名の名前(49)、ならびに山梨で絞首刑に処せられた保多駒吉の辞世「時ならぬ時に咲きにし桜花散りてぞ花の本意なるらん」も記されていた(50)。深沢にとって、加波山事件に参加した民権家は、佐倉宗五郎ら志士の列伝に入っているのである。

明治二〇年一〇月二日午後四時頃から、会員四五名と星亨らによって、加波山事件刑死一回忌が、谷中墓地の茶店である沢潟屋の二階座敷で開催された(51)。唐紙に「琴田岩松・横山新《ママ》六・三浦文治《ママ》・小針重雄・富松正安・杉浦吉副・

安田《ママ》駒吉・平尾某ノ霊」と記したものを張り、鏡餅・神酒・榊枝三対半と果物などを供えた。荒川高俊は、「〈略〉欧州人ノ政治ニ熱心ナル之ニ反シ亜西亜人ノ不熱心ナル吾々ノ難ンスル所ナリ、而シテ今日弔フ所ノ八氏ノ如キハ熱心以テ社会ノ改良ヲ計リ、終ニ身ヲ犠牲ニ供シ更ニ顧ミサルハ亦活発ト云フヘシ」と祭文を読み上げた。星亭は、「後世志士ト伝ハル、者佐久良《ママ》宗吾《ママ》ノ外其名著キモノアルヲ聞カズ、而シテ本日弔フ処ノ諸氏ノ如キハ社会ノ改良ニ熱心シ身ノ倒ル、モ顧ミサリシハ即チ熱心其極度ニ到リシ結果ナリト云フヘシ」との弁を述べ、続けて「蓋シ諸氏ノ如キモ法律ニ触レ倒レテ止ムノ目的ニハ非サルヘシ、故ニ地下ニ諸氏ノ英魂ヲ慰メント欲セハ宜ク事極端ニ失スルナク、又法ニ触ル、ナク漸次社会ヲ改良セハ諸氏ハ必ス満足セラル、ナラン」と、急激な武力蜂起とは違う「漸次」社会改良を目指すように訴えた。会は粗暴の挙動なく、午後六時ごろから七時にかけて解散となった。参加者でおもだった者は、本会の幹事である井上敬次郎・井上平三郎・荒川高俊のほか、星亭・永〔長〕塩亥太郎・影山政吉・大橋平三郎・鈴木芳五・小針および琴田の寡婦のほか一名である。本会は、「明治二十年の檄文配布未遂事件」との関わりが考えられる[52]。明治一六年の高田事件で捕縛された井上平三郎が、政府の欧化政策や条約改正問題に不満を持つ井上敬次郎・長塩亥太郎らと共謀して、宮内省への上書奉呈をしようとした。上書は総理大臣の宮内大臣兼務禁止や条約改正の秘密主義など九か条にわたって書かれて、政府の無責任追及と諸大臣の更迭が要求されていた。天皇に対して直接奉呈する規則がないという理由で却下された。結局、上書奉呈に躓いた井上らは約三五〇枚の檄文を印刷して東京にて撒き散らそうと計画を企てた。檄文の内容は不明であるが、「政府転覆」の記載をめぐって、井上らは警察に逮捕された。この檄文配布は、加波山事件に連なる政治的行為であり、この加波山事件追悼一回弔への参加とは、決起集会の意味合いを持つのである。ここにも、加波山事件を継承するとする、民権家の意味づけが垣間見られる。

　会津では、耶麻郡米岡村の高橋栄治・大竹勇吾・大石定八・三浦忠庫らによって、「三浦文次横山信六追膳《ママ》広告」[53]が出された。会津五郡有志の義捐金によって示現寺の境内に「三浦文次・横山信六墓碑」が建立された。明治二二年一〇月二日（旧九月八日）に、追善供養式を執行された。また明治二三年には、山田顕義司法大臣への特赦要求がなされた(54)。「曽テ政治社会ニ奔走シ国家改良ヲ以テ自カラ在シタルノ志士」である加波山事件蜂起者たちは、明治二二年二月一一日の大赦令が発布していたにもかかわらず、加波山事件の被刑者には適用されなかった。それは「常事犯」のため勅令外に属していたからであった。「被刑者カ政治上奉スル所ハ自由主義ニアリ、其目的トスル所ハ国権ヲ伸暢シ民福ヲ増進シ而テ皇室ヲ泰山ノ安キニ置キ奉ラントスルニアリ」と述べて、加波山事件関係者が持っていた思想と行動は「国事上ノ犯罪者」であることを主張して、特赦を強く要求していた。明治四三年二月の第二六回帝国議会衆議院で、小久保喜七・森久保作蔵・平島松尾から「加波山事件殉難志士表彰ニ関スル建議案」が提出された(55)。

以上、加波山事件が多くの民権家の支持を得ていたからこそ、事件後における獄中者への救援ならびに刑死者への慰霊が行われたのである。

第三節　加波山事件と河野広體

明治後期から現在に至るまで、加波山事件について多くの研究があるのは、加波山事件出獄者である茨城県の玉水嘉一と福島県の河野広體の顕彰活動が大きいと思われる(56)。加波山事件参加者の遺族が多くの苦悩を味わったことと関連あるのではないだろうか(57)。

河野広體は、慶應元（一八六五）年一月一五日に、三春藩士の河野雪厳（広暢）とシゲ（河野広中の姉）の次男として生まれた(58)。幼くして母が離婚したため、広體は叔父の河野広胖《ひろやす》（広中の兄）に養われた。広體八歳のとき、広胖の死去後、石川区長を務めていた広中が広體の養育を継いだ。広體一五歳のとき、広中の土佐遊歴に従って、二年ほど高知県に滞在して立志学舎で学んだ。明治一五（一八八二）年の福島・喜多方事件では、広體は一六年一月に東京で捕縛され高等法院に送致、同年四月に無罪放免された。明治一七年の加波山事件に参加して、同年同月二七日に栃木県氏家宿で捕縛後、広體は未成年ゆえ無期徒刑となり、空知集治監〔現在、北海道三笠市〕に下獄した。二七年一一月六日に特赦で釈放後、広體は二九年に渡米、星亨らと熊本移民会社を経営した。晩年は、書画・篆刻に没頭したという。雅号は北洲。昭和一六（一九四一）年二月二〇日に、横浜綱島で没した。

河野広體は、他の加波山事件参加者とは違い、昭和一三年一二月「河野広躰《ママ》氏談話」を残している。

まず明治一五年の福島・喜多方事件についてである。

○問　その時は〔明治一五年の福島事件――引用者注〕先生は何か御関係なすつて罰を受けたといふことはなかつたのですか。

○河野　其時は罰を受けませぬ。〈略〉丁度福島の方で事件が起こりました時に、田母野〔国事犯で処罰を受けた人〕と二人で逃げました。会津本部の方は〔赤城平六といふ人の家〕東京から人が来たりなどして沢山泊るからといふので、外の家へ行つて泊まりました所が朝赤城平六の宅をすつかり囲んで、皆引張られて行く所を山の上から見まして、行かなくて宜かつた、行つては駄目だといふので隠れました。さうして隠れ場所から東京へ出て星、大井氏等に面会し弁護の打合せをなした後捕縛になつて、田母野氏と同じく福島の方へ送られた。〈略〉[59]

明治一五年一一月下旬に会津三方道路問題が重大化してくると、広體は田母野秀顕らと会津に乗り込んだ。大検挙から逃れて、そのまま東京に走って自由党本部に急を告げた。福島県石川町の久野家には、その思い出を読み込んだ河野広體「漢詩」ならびに「注釈文」が伝来されているので、ここで全文引用する。

一剣昂然出郷関　何モモタズ単身国ヲ出テ
天外瓢零幾年々　諸国ヲアルクコト四年主モニ土佐ニ居リ大阪ニモ出テ東海道ハ草鞋デアルイタ
入眼風光与時変　見ル景色ハ時ニヨリテ変ワリ
成敗之跡附塵烟　秀吉信長義元等ノ勝敗ノ跡ハ塵ニウヅモレテヨリ分ラナイヨウニナツタ
俗儒不解自由理　自由民権ノ事ニナル当時ノ学者達ハ自由主義ガワカラズ反対シタ
奸邪常破平等権　政府ノモノドモハ民権ヲ圧パクシテヒドイ目ニ合ワセル
幽獄従是多傑士　牢ヤノ中ヘエライモノヲ入レテ
海島風雲総惨然　北海道ノ島アタリ雲ガサビシイ
此境男児莫感慨　此ノ時節ニ自由党タル男児ハ感ガ［イ］タイナイ
看花対月百憂煎　花ヲ見月ヲ見テモタノシクナク
灑来斯満腔熱血　却テ心配ガミチテハラワタガニエカエルヨウダ
欲破他卑屈嬾眠　人民ノ卑屈ノ眠ヲサマソウト思フ
君不見豪気落々張子房　君ハ見ナイカ張良ハ秦ノ始皇帝ノ暴君ヲニクンデ博浪沙デ鉄椎ヲナゲテ打チソコネタガ
漢ノ高祖ヲタスケテ秦ヲ亡ボシタ
一撃挫秦博浪辺　博浪ノ一撃ニテ天下ノ人ガミナ起ツタ
由来国士所要者　ソレデアルカラ国士ノ尊ブトコロハ
不在奏功在檄先　手ガラヲアラワスコトデナク人ニ先ツテ機会ヲ作ルコトダ
堪笑世間軽薄子　世間軽薄ノ人ノスルコト笑フベキデアル
漫擲国事附逝川　ミダリニ国ノ事ヲステ、水ノ流レト同ジニ見ルノハ笑フベキデアル

何識仏績与米勲　フランストアメリカノ自由主義者ヲシラナイカ
総成腥風惨雨裏　血ナマクサイ雨風ノ中カラ出テキテオル
狂生従来有奇癖　自分ガ之マデ人ニカワリシタクセガアル
常談時事誦詩篇　常ニ国ノ事ヲギロンシテ詩ヲ吟ジ或ハ作ル
万感集来悲歌発　胸ノ内ニ色々ノ感ガアツマリ詩ヲ吟ジ出セバ
月晤東方盤梯天　東ノ方ノ盤梯山ハ月ガ暗イ

明治十五年福島事件起ル余時ニ十八、耶麻郡新合村ニアリ急ヲ東京自由党本部ニ告ゲント欲シ潜行（カクレテ）盤梯山下ヲ過グ、月淡クシテ雪白シ乃チ長古一篇ヲ賦シテ感ヲ述ブ、少時ノ作デ意ニ満タザルモノ多シト雖モ、添削ヲ加ヘス之ヲ領シテ久野雅契ニ贈ル時、昭和壬申初夏ニ在リ、東京芝公園寓居北洲(60)

河野広體は、明治一六年一月には東京・愛宕山下で捕縛されて福島に護送された。同年四月の放免後、三島通庸暗殺を計画し、鯉沼九八郎と出会い、そして明治一七年九月の加波山事件へ向かう。右の漢詩における「張良ハ秦ノ始皇帝ノ暴君ヲニクンデ博浪沙デ鉄椎ヲナゲテ打チソコネタガ漢ノ高祖ヲタスケテ秦ヲ亡ボシタ」という一文は、加波山事件について述べているのではないか。自らを「張良」に、「秦ノ始皇帝」を県令三島通庸に喩えて、「博浪沙デ鉄椎ヲナゲテ打チソコネタガ」は政府高官の暗殺計画が失敗したことを指すのではないだろうか。

左に引用するのは、加波山事件に関する談話である。

○問　若し成功しないでも捨石になる覚悟で？

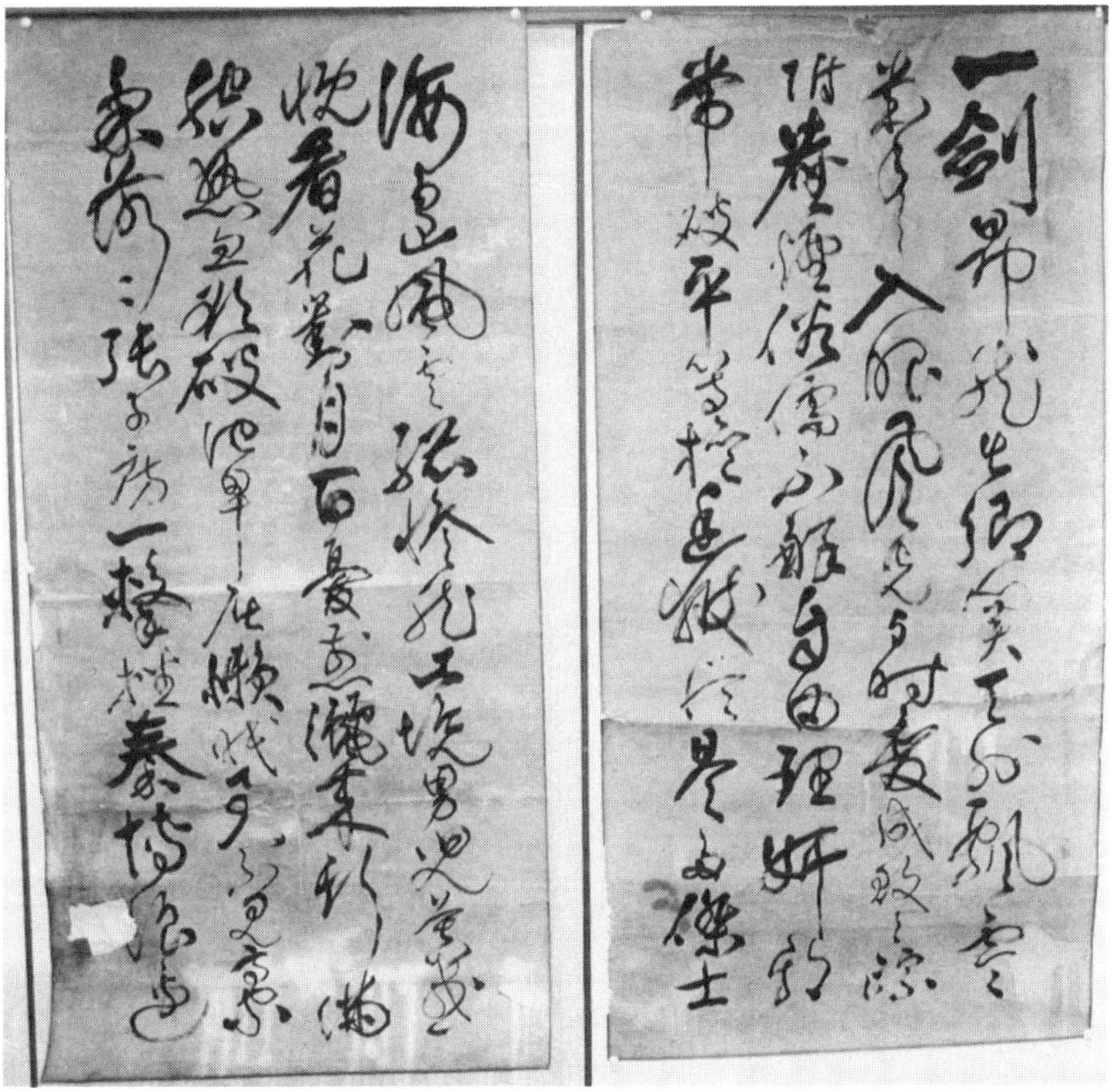

河野広體「漢詩」（福島県石川町　久野家所蔵）

○河野　假令それで命を捨て丶も、それが動機となつて暴動が各所に起れば、壓制政府は倒れる、何しろ皆丁年未満の若い連中のことですから……

○問　僅か五六年後に国会が開かれるといふことが分つて居つたのですから、あれ程やらなくても宜いと考へられますが。

○河野　政府のやり方がひどい。一寸でも政府を非議すると直ちに捕へて刑罰だ。こんな工合《ママ》では国会を開いても、とても駄目だといふことであつた。[61]

以上、広體による後年の回想である。国会開設が近いと分っているが、自らを犠牲にして圧制政府の転覆を目指した心情を読み取れる。

河野広體ら加波山事件受刑者は約一一年間にわたって、空知集治監に在監した。在監中に教誨師であった留岡幸助は、河野のほか門奈茂次郎や鯉沼九八郎など他の受刑者と懇意していたようである。明治二七年一月二七日、門奈を訪ねた留岡が鯉沼とともに稲葉村へ行く途中の会話が記されている。[62]左には日光の南台山（男体山）を眺め、右には筑波山・加波山を眺めて談話しながら移動していた。門奈は「加波山ハ余カ監獄ニ拘禁サラルル河野広體氏等ノ暴挙ヲナシ、巡査警部五、六十名ト戦ヒシ場所ナリ」と述べた。鯉沼は「指シテ加波山ト云ヒシハ殊更過去ノコトヲ思出シ、座シテ感涙ヲ催フシタリ」とある。また、留岡米国遊学中の日記では、明治二七年一二月一〇日条で、「此日早朝日本ヨリ手紙来ル、河野広體・天野市太郎・玉水嘉一ノ三兄特赦ニ逢ヒタリト報アリ。〈略〉大イニ喜ビタリ」と記している。[63]その後、河野は、留岡の紹介によって明治二九年に渡米したという。[64]

平島松尾は、獄中の広體に宛て、励ましの書簡を出している。[65]広體らは「無期」であるけれども「他犯ノ事態」とも異なっているのだから「特典恩赦ノ日」があることは間違いない。続けて、「然シテ足下ハ広中兄ニ続テ他日東北ノ首領タルヘキ技倆ヲ備ヘ未来頗ル多望ノ一大漢」であるから自愛するように、との内容である。明治二四年八月、旧自由党員が空知集治監へ来監して、玉水嘉一・河野広體ら加波山事件受刑者に対して懇切な慰問があった。これまで牛馬視された一同は、翌日から待遇が一変して「国事犯」扱いとなり、称呼も「君」あるいは「様」に変わったという。[66]五十川元吉の獄中書簡には、「却説去ル十四日故旧群馬県代議士高津仲二郎、同県武藤金吉ノ両氏、板垣退助、河野広中之両君代理トシテ当監ニ来ラレ久々ニテ両氏ニ面接ヲ遂ケ欝懐ヲ散シ申候、板垣、河野ノ両君当地ニ来ラレサリシハ遺憾中ノ遺憾至極ニ御座候」と感想を述べている。[67]

明治二七年一一月六日、河野広體・玉水嘉一・草野佐久馬・天野市太郎・五十川元吉・小林篤太郎ら六名（うち福島県人は四名）は、特赦によって出獄した。福島県代議士の平島松尾は自由党を代表して河野広體一行を迎えた。札幌・室蘭・函館にて歓迎会が開かれた。青森から汽車で東京に向う途中、河野の郷里である福島県田村郡三春町なら

びに石川郡石川町での歓迎会の様子が『福島民報』の記事から分る。(68)

明治二七年一一月二〇日、河野広體ら一行は、平島松尾・吉田正雄ら二代議士ら出向かえの人びととともに、福島発一〇時の列車で郡山停車場に向かった。郡山町では有志数十名が迎え、田村郡総代として深澤宮治・大内公政が居た。安積郡総代として國分虎吉・早田信太郎・阿部元次郎ら三氏が三春まで同行した。三春町の町端の八幡町に至ると、数流の旗を押し立てて出迎え、柳屋で休憩の後、会場である龍穏院に向かった。午後四時頃には二〇〇名の来会者が訪れて開会した。佐久間昌熾が発起総代として開会の趣旨を述べて、河野が答辞を述べた。続けて、吉田・平島両代議士が演説を述べた。午後七時頃に散会し、河野らは一一年ぶりに父母兄弟その他、親戚に会った。同新聞記事には、「河野氏か曾て共にして今は空しく他界の人となれる琴田岩松、山口守太郎の二氏及び園部好幸、岡野知荘等諸氏の墳墓に詣て坐ろに今昔の感に堪へさるの有様を見ては同行者も覚へす暗涙を、催ふしたりとなん〈略〉」とある。加波山事件にともに参加して、刑死した琴田岩松ならびに判決前に獄死した山口守太郎は、田村郡三春町出身で河野広體と同郷であった。園部好幸は、福島・喜多方事件の際に、国事犯として三春―若松―東京と護送されて、一六年四月に放免されたけれども、獄中で健康を害して、一七年九月に病死した。(69) 岡野知荘は、福島・喜多方事件では、不敬罪で拘留中ゆえ国事犯には問われなかった。出獄後、北海道の小樽に渡った。明治二四年、空知監獄へ加波山事件受刑者を見舞ったが、明治二七年に死去した。(70)

翌二一日、河野広體一行は三春から須賀川へ、午後四時頃に石川町に到着した。(71) 石川町の有志者数十名が歓迎し、旅館吉見屋に到着するのは「点燈の頃」になった。長泉寺が祝宴会場となり、会員百餘名が集まった。午後九時頃、吉見屋旅館主の久野長蔵の厚意で洋酒鮮肉が用意された。晩年まで河野広中・広體は久野家と懇意にしている。夜、河野氏のところに旧縁ある父老が来訪していることは「河野氏か同郡に於ける人望の如何んを見るに足るべし」と記者は評している。二二日午前一〇時半、刑死した小針重雄の墓参りをした。重雄の父である鎮平は、有志者数十名とともに歓待した。河野一行は、白河では「迎自由之快男子、迎加波山事件特赦諸君」との旗幟で高く掲げられていた。その後、白河停車場で「自由万歳一行万歳」の聲裡に送られ、宇都宮へと向かった。芝公園紅葉館にて、自由党未曾有の大歓迎会が開かれた。

河野広體は、米国の桑港《サンフランシスコ》渡航に際して、「小生、過般来、米国桑港に渡航致度存じ準備の為め帰県致居、今日三春、明二十八日出福、三十日二本松に到り夫れより直に出京、来十日頃発程被致候に付、謹て茲に御別仕候」と、茹宿仲衛に別れの手紙を出している。[72] 広體は、井上敬次郎との関係について、「昔の関係」もあるが、星亨が誘った熊本移民会社の共同経営について述べている。[73]「昔の関係」とは何か。広體と井上との出会いのきっかけは、井上が石川島監獄入獄中、明治一五年の福島・喜多方事件で捕縛された河野広中ら国事犯六名との面談であった。

○井上〈略〉渡される時に河野さんが、かういふことを言つた。俺の甥に広躰《ママ》といふのが居る。これはその時数へ年の十九であつた。これは相当に物の判つたしつかりした者で、俺が死んだら俺の跡継ぎになるだろうと思ふ。これは吾々が失敗したものだから、その跡を継いで再起する考を持つている。君、出たらば一つよく話をして、援け得べくんば援けてやり、さうでないと言へば、吾々の乱暴な計画に引入れてはいかんから、君の考に任す。勝手でよろしい。多分迎ひに来てゐるだろうと思ふやうな話をして居つた。〈略〉[74]

明治一七年三月一七日、井上敬次郎は出獄後、広體らと一緒に福島に向かうとしたら同年同月二六日の晩に逮捕された。井上は加波山事件には参加できず延命したと述懐した。[75] 井上は、河野広中と広體との関係を、藤田東湖とその子小四郎に喩えていた。つまり、加波山事件を天狗党の乱に喩えているのである。次の談話から、広中に倣って、河野広體がなぜ政界に進出しなかったのかという疑問が解る。

○井上〈略〉あの人達〔河野広體ほか加波山事件参加者のこと――引用者注〕は、自分達の目指す革命的仕事といふものも一段落になつたので、同志で絞罪になつた人達の後の始末や、家庭上の世話をしたり、さういふことを主にして居つた。〈略〉全くあの人は惜しい人だと思つて居る。もう七十一か二ですから、是から先は社会に立つて仕事することは出来まい。今迄やれば何か出来た人であつたが、不幸にして何の事業にも携らなかつた。さればといつて政治的にも首謀者となつて働くといふこともなかった。あれは祭するに伯父さんが居つたから、伯父さんのつゝかい棒になつて、伯父さんを助けるのが一生涯の仕事だつた。〈略〉(76)

なお、井上敬次郎については、本書の安在邦夫氏の論稿に詳しい。

明治二三年三月二四日、原利八は北海道の空知監獄で獄死した。辞世の句は「国を思ふ心の丈にくらぶれば浅しとぞおもふ石狩の雪」であった。明治二四年三月一七日、「吾党ノ先進者」である原利八の一周忌に際して、自由党の慰霊会が開催された。奥畑義平は、祭文において「自由ノ大義ヲ唱ヒ精神ノ檄スル所発」である「加波山ノ一挙」は、「世ノ長眠ヲ警醒」することは少なくなく、「今ヤ国会既ニ開ケ人民立憲政治ノ下ニ棲息ス、是レ誰ノ賜ソ、吾党先進者与カリテ力アリ、焉吾等君ノ自由ノ功臣ナルヲ思ヒ且ツ志ヲ齎ラシ恨ヲ含テ監中ニ歿スル憐レミ蕪詞ヲ綴リ、謹テ追遠ノ意ヲ表ス」と述べている。(77) 明治二四年八月二九日、河野広體から札幌の花村三千之助へ宛てた獄中書簡では、日ごろの差し入れのお礼とともに、「殊ニ親友原利八カ鬼籍ニ上リ候際ハ懇篤ナル御配慮ヲ蒙リ、其后追弔ノ祭典ヲモ挙行シ、遺族ノ生計上等ニモ種々御配慮被下候趣、小生等一同深ク感謝仕居リ候」と述べていた。(78)

昭和六（一九三一）年八月、河野広體は空知集治監跡に原利八の慰霊碑建立のために、北海道に滞在している。河野広體は石川町の久野桂三に宛てて「過日北海道へ加波山事件原利八君の碑を立てる為二週間程参り、十五日建碑相終り」と書簡をしたためていた。(79) 発起人の河野広體は、頭山満・井上敬次郎・望月圭介・小久保喜七ら東京有志と、

「自由党志士原利八君碑」を建立した(80)。刻は福島県常葉町の箭原弓馬による。碑の裏面に、次のような河野の讃がある。

加波山事件原利八君明治十七年受刑在空知集治監　〈加波山事件原利八君明治十七年刑を受けて空知集治監に在り〉

二十三年三月二十七日病没葬于此地享年四十歳　〈二十三年三月二十七日この地に病没す、享年四十歳〉

群馬事件宮部襄氏名古屋事件塚原久輪吉氏静岡事件山岡音高氏等四十餘名、亦在集治監備嘗艱苦　〈群馬事件宮部襄氏・名古屋事件塚原久輪吉氏・静岡事件山岡音高氏等四十余名、また集治監に在てつぶさに艱苦を嘗む〉

昭和六年八月同志旧友相謀建之(81)

平成八（一九九六）年一〇月二七日、熱塩加納村の示現寺にて加波山事件判決一一〇周年記念顕彰碑ならびに原利八君之墓碑が建立された(82)。平成一一年四月二五日、三春血縁の会一〇周年・加波山事件一一五周年記念講座が開催されて、三春町紫雲寺の磐州通りにて「加波山事件事件　自由之魁」碑（琴田稔書）が建立された。顕彰碑に刻まれた「自由之魁」とは、琴田岩松の辞世のなかの言葉である。

此身已供自由魁　〈此の身已に供する自由の魁〉
今日臨刑何乞哀　〈今日刑に臨む何ぞ哀れみを乞わん〉
男子所為人若問　〈男子の為す所人若し問はば〉
江南凌雪一枝梅　〈江南雪を凌ぐ一枝の梅〉

河野広體らの加波山事件顕彰活動は、現在もなお三春地方自由民権運動血縁の会や福島自由民権大学の諸活動のなかで継続していることを付記したい[83]。

おわりに

本稿では、「加波山事件」と一般に呼称される一連の激化事件について、加波山での武装蜂起に至る経緯ではなく、事件後の様々な動向について再考を試みた。

明治一七（一八八四）年九月、茨城県真壁郡加波山での武装蜂起は、「自由ノ公敵タル専制政府」を転覆して「完全ナル自由立憲政体」を造出することを目的としたものである。参加者全員の署名がある檄文を配布していることから分るように、彼らは「三千七百万ノ同胞兄弟」の代表者として、自らが「志士仁人ノ本分」を遂げようとした。本事件が内包する、人びとの代表者であるという民権家としての思想と行動こそが、加波山事件を自由民権運動史のなかに位置づけられる所以である。

それに対して、司法省は、加波山事件が、明治一五年の福島・喜多方事件と同様に「国事犯」が英雄化される傾向を回避すべく、当初は国事犯として立件捜査されていたのにかかわらず、常事犯である強盗殺人罪として糾弾した。河野広體ら加波山事件参加者は「故障趣意書」を提出し、常事犯として処罰されることに再三抗議し、国事犯であることを主張した。

確かに、加波山事件は、「小川町事件」ならびに真壁町での兇器金員の強奪・殺傷事件、鯉沼九八郎による爆裂弾暴発事故、武装蜂起計画が二転三転したことなど、事件の評価を低くする要素を含んだ。さりながら、事件は蜂起者一五名の捕縛（平尾は戦死）だけではなく、栃木・茨城・福島各県の民権家が事件連累の危険者として長期拘留されたように、事件後の影響が大きかった。

本稿では、獄中書簡・辞世・談話筆記・漢詩など史料を通じて、加波山事件後の民権家、とりわけ河野広體を中心に辿ってみた。自由民権運動として多様な諸活動が生まれた。福島の民権家である苅宿仲衛・渡辺龍蔵・真部家らによって、獄中への差し入れ・義捐金募集・埋葬費捻出など救援活動、刑死者慰霊活動、出獄民権家祝宴会なども含めて、この事件の意義を考えなければならないだろう。多くの人びとが諸活動に加わったことは、義捐金名簿ならびの義捐人名簿から分る。これらの諸活動は、事件が民権家の支持を得た行動だったからこそ実施されたのである。

加波山事件被告者に対する救援にあたった渡辺龍蔵によって、三浦文次の書翰の写しが三春の民権家同志に送って回覧されているように、刑死者であった文次の遺志は、他の民権家に受け継がれたのである。谷中の加波山事件墓碑ならびに刑死一周忌の会合も、殉難民権家の慰霊はもちろんのこと、事件参加者の遺志を継承するために実施されたのではないか。五日市の深沢権八が保多駒吉の辞世を書き留めていたことからも、遺志の継承はあった。その継承の行動として、新潟の井上平三郎らによる「明治二十年の檄文配布未遂事件」がある。

茨城の玉水嘉一ならびに福島の河野広體のように、出獄した加波山事件参加者が顕彰活動を行っていた。彼らの顕彰活動があってこそ、より多くの人びとの関心を得て、研究・顕彰される所以である。河野広體は、国会開設が近いと分っているが、自らを犠牲にして圧制政府の転覆を目指して加波山で武装蜂起した。広體は出獄後、政界には進出せず「隠棲」した。井上敬次郎の談話にあるように、出獄後の広體は伯父の広中の手伝いに専念したという。生き残った、あるいは死に遅れた民権家たちにとって、刑死あるいは獄死した者たちを慰霊することはどのような意味が付されたのか。広體とは違い、代議士となった、かつての民権家は、明治四二年の内藤魯一「憲政創設功労者行賞ニ関スル建議案」ならびに明治四三年の小久保喜七・森久保作蔵・平島松尾「加波山事件殉難志士表彰ニ関スル建議案」を提出した。これらの顕彰活動は、自らが民権家であったことを再確認して、憲政史の創始ならびに運営者であることを意思表明したのではないか。加波山事件史は、このような顕彰史であることを自覚すべきであろう。

以上のように、加波山事件は、自由民権運動史のなかで大きな意義をもつ事件であることが論証できるのである。

（1）添田知道『添田啞蟬坊・添田知道作集四　演歌の明治大正史』（刀水書房、一九八二年）、安在邦夫「歌にみる自由民権運動」（『歴史地理教育』第六五六号、歴史教育者協議会、二〇〇二年）。

（2）田岡嶺雲「加波山事件と河野広躰氏」（『明治叛臣伝』日高有倫堂、一九〇九年）、板垣退助監修「第八編　反動の悲劇　第二章　加波山の激挙」（『自由党史』五車楼、一九一〇年）、額田要三郎『自由党志士五十川元吉と加波山事件』（松崎書店、一九二九年）、玉水常治『自由か死か　自由党大阪事件加波山事件志士玉水常治自伝』（白揚社、一九三六年）、池田峰雄編『加波山事件研究』（早稲田大学教育学部歴史学研究会内加波山事件研究会、一九五六年）、遠藤鎮雄『加波山事件』（三一書房、一九七一年）、「加波山事件特別研究会」（『栃木史心会報』第三号、一九七一年）、田村幸一郎『加波山事件始末記』（伝統と現代社、一九七八年）、服部之總「加波山」（『黒船前後・志士と経済』岩波書店、一九八一年）、桐山光明『加波山事件と富松正安』（崙書房、一九八四年）、赤城弘「自由民権運動と加波山事件」（『会北史談』第三九号、会北史談会、一九九七年）ほか。

（3）後藤靖「第七章　テロリズム」（『創元歴史選書　自由民権運動』創元社、一九五八年）。

（4）後藤靖「付録一八　加波山事件」（『茨城県史料』近代政治社会編III　加波山事件、茨城県、一九八七年）。以下、本史料集を『茨城県史料』と略す。

（5）江村栄一「自由民権革命と激化事件」（『歴史学研究』第五三五号、一九八四年）。

（6）色川大吉「加波山の挙兵と自由党の解党」『自由民権』（岩波書店、一九八一年）一六六〜一六七頁。

（7）三浦進・塚田昌弘『加波山事件研究』（同時代社、一九八四年）。

（8）高橋哲夫『加波山事件と青年群像』（国書刊行会、一九八四年）、『風雲・ふくしまの民権壮士』（歴史春秋出版、二〇〇二年）。

（9）真壁町歴史民俗資料館編『加波山事件一〇〇年記念資料展〜明治一〇年代の真壁地方と加波山事件〜』（真壁町、一九八四年)、昭和五九年九月二四日　福島県田村郡三春町「加波山事件百周年烈士顕彰と事件を偲ぶ会」(福島県喜多方市・加波山事件百周年記念集会実行委員会編『加波山事件百年』同会、一九八四年)・加波山事件顕彰実行委員会編『加波山事件判決百十周年記念顕彰碑建立報告書』(同会、一九九七年)、『喜多方市史』など。

(10) 研究書では河野「広躰《ひろみ》」と記される場合が多いけれども、書簡の差出を見ると、「広體」と記されている。よって、本稿では「広體」と記すことにした。

(11) 明治一七年九月二三日　茨城県富松正安ほか一五名「加波山事件檄文」(国会図書館憲政資料室『加波山事件関係資料』)。

(12) 明治一七年一一月(横山信六の予審調書)『喜多方市史』六巻(中)近代　資料編V(喜多方市、一九九六年)八五六頁、横山家文書。以下、本史料集を『喜多方市史』と略す。

(13) 野島幾太郎著、林基・遠藤鎮雄編『加波山事件』東洋文庫七九(平凡社、一九六六年)二三五頁。

(14) 明治一七年九月二五日(石岡警察署巡査鈴木信吉檄文入手報告)『茨城県史料』一四三頁、法務省法務図書館所蔵『茨城県暴動事件書類二』。

(15) 明治一七年九月二六日(福島県警部長高橋仲次檄文送付)『茨城県史料』八四頁、法務省法務図書館所蔵『茨城県暴動事件書類一』。

(16) 明治一七年九月二七日「茨城県下自由党暴挙ノ儀ニ付上申」『茨城県史料』四一七頁、国立公文書館『明治十七年公文別録内務省三』。

(17) この点について、稲葉誠太郎は、「一種類しかなかった平尾の檄文が謄写を重ね、人の手を経るにつれて誤字、脱字を生じたばかりか仮名遣いを異にし又補筆、加筆がなされ数種のものとなった。ここに三種類(野島幾太郎著『加波山事件』、関戸覚蔵著『東陲民権史』、国会図書館憲政資料室「玉水家文書」――引用者注)を参考に列記し研究を乞うものであるが、就中、玉水嘉一資料のものが原本に近いものではなかろうか。」(稲葉誠太郎「解説」『加波山事件関係資料集』三一書房、一九七〇年。以下、『加波山資料』と略す)と述べている。

(18) 明治一七年一一月八日「第三回　横山信六の予審調書」『喜多方市史』八五六頁、横山家文書。

(19) 「十八志士の小伝　平尾八十吉」(『東陲民権史』三八七～三八八頁)。

(20)　明治一九年九月二五日　水戸軽罪裁判所下妻支庁「物件差押書」『加波山資料』三七五頁、松崎資料。
(21)　土方和雄「解説　政理叢談」（日本近代文学館編『複刻日本の雑誌』講談社、一九八二年）。なお、第七号以降は、『欧米政理叢談』と改題されている。
(22)　松岡僖一「加波山事件」（『「自由新聞」を読む――自由党にとっての自由民権運動――』ユニテ、一九九二年）二一八～二二二頁。
(23)　明治一七年一〇月一〇日〔指示書〕『加波山資料』四四〇頁、稲葉資料。
(24)　宮城公子「民権志士の政治文化」（『思想』第七九一号、岩波書店、一九九〇年）
(25)　寺崎修「加波山事件の裁判について――その経緯を中心に――」（『近代日本史の新研究』Ⅳ、北樹出版、一九八七年）。
(26)　明治一八年三月一七日　河野広體「故障趣意書」『加波山資料』三三一六～三三七頁、稲葉資料。
(27)　明治一八年三月一九日　横山信六「故障趣意書」『喜多方市史』八六一頁、横山家文書。
(28)　明治一八年一二月二八日　東京重罪裁判所「裁判言渡書」『喜多方市史』八七三～八七四頁、横山家文書。
(29)　「茨城県に於ける有志の拘引」（二七二～二七八頁）、「栃木に於る有志の拘引」（二八〇～二八三頁）、「引致者の放還」（三〇三頁）以上、『東陲民権史』。
(30)　〔福島県下における「引致者」書上〕『茨城県史料』八四～八五頁、法務省法務図書館所蔵『茨城県暴動事件書類一』。
(31)　「第七編第六章　相馬双葉の政界」（半谷真雄編『立憲政友会福島県史』立憲政友会福島県史編纂会、一九二九年）八八九頁。拙稿「苅宿仲衛」（伊藤隆・季武嘉也編『近現代日本人物史料情報辞典』吉川弘文館、二〇〇四年）一三三～一三四頁。
(32)　明治四二年一一月一七日「志士苅宿仲衛君」（小冊子）（福島県歴史資料館『苅宿仲衛関係資料』一〇九）。義捐金募集によって、明治四四年八月、標葉神社境内に「志士苅宿仲衛君」頌徳碑が建立された。
(33)　寺崎修「明治十七年・加波山事件の附帯犯について」（『近代日本史の新研究』Ⅷ、北樹出版、一九九〇年）。
(34)　内藤慶一郎「祖父・内藤魯一の思い出」（『東海近代史研究』第三号、東海近代史研究会、一九八一年）、知立市歴史民俗資料館編『内藤魯一自由民権運動資料集』（知立市教育委員会、二〇〇〇年）。

(35) 日比野元彦「内藤魯一の殉難志士追悼演説」（『東海近代史研究』第三号、一九八一年）。

(36) 『喜多方市史』八一五～八二四頁、真部家文書。

(37) 明治一八年三月　日　真部喜貞宛三浦文次「書簡」『喜多方市史』七五四頁、苅宿家文書。

(38) 明治一九年七月一四日　真部喜一宛三浦文次「書簡」『喜多方市史』七五七～七五八頁、真部家文書。

(39) 明治一九年八月一五日　三輪正治・佐久間昌熾・松本茂ほか宛渡辺龍蔵「書簡」『喜多方市史』七八二頁、深澤家文書。

(40) 明治一九年九月三日　五十嵐武彦宛真部喜一・小針鎮平・渡辺龍蔵「葉書」『喜多方市史』七八七頁、宇田成一関係文書、明治一九年九月三日　東京監獄本署（横山信六病死の通知）『喜多方市史』八八九～八九〇頁、横山家文書。

(41) 大江志乃夫「自由民権家の死刑場――赤井景韶・三浦文治・小針重雄・琴田岩松――」（『歴史学研究』第五三二号、一九八四年）。

(42) 明治一九年一〇月一日　真部喜貞宛真部喜一「書簡」『喜多方市史』七八八頁、真部家文書。

(43) （明治一九年九月）笠間久右衛門ほか宛安瀬敬蔵「書簡」『喜多方市史』七八七頁、斎藤家文書。

(44) 明治一九年一〇月一八日（刑死者遺族の連名挨拶状）『喜多方市史』八九二頁、深澤家文書。

(45) 明治一九年八月（渡辺龍蔵日誌）『喜多方市史』八二五頁、深澤家文書。

(46) 大町雅美『自由民権運動と地方政治　栃木県明治前期政治史』（随想舎、二〇〇二年）一三六頁。

(47) （明治一九年）一〇月六日「栃木県ニテ杉浦吉副死刑執行ノ景況」（国会図書館憲政資料室所蔵『三島通庸関係文書』五三五－一六）。

(48) 色川大吉「Ⅳ　漢詩文学と変革思想　二　歴史意識と詩精神」『明治の文化』（岩波書店、一九七〇年）一四三頁。

(49) 深沢権八「文庫・不動山人手録」（東京経済大学『深沢家文書』Jg六三三－マイクロコマ番号三三四～三三五）。

(50) 深沢権八（歌集）（東京経済大学『深沢家文書』N四四－マイクロコマ番号四四七）。

(51) 明治二〇年「十月二日谷中墓地弔祭ノ概況」（国会図書館憲政資料室所蔵『三島通庸関係文書』五三九－四）。

(52) 横山真一「特論Ⅲ　井上平三郎小論」（『上越市史』通史編五　近代、上越市、二〇〇四年）六八七～六九一頁。

(53)「三浦文次横山信六追膳《ママ》広告」『喜多方市史』八九三〜八九四頁、瓜生家文書。

(54)〔明治二三年〕「哀願書」『喜多方市史』八九四〜八九五頁、深澤家文書。

(55)寺崎修「有罪確定後の加波山事件関係者」（『近代日本史の新研究』Ⅷ、北樹出版、一九八九年）。

(56)玉水嘉一については、志富靭負ほか編『切巖玉水嘉一翁傳』（玉水嘉一翁傳刊行會、一九四〇年）が詳しい。加波山山頂に立つ「旗立石」は、玉水嘉一の書で、背面には檄文が刻まれている。これは昭和二三年九月二三日「加波山事件六五周年祭に建立されたものである。また、平野義太郎「序」『民権運動の発展』（雄鶏社、一九四七年）には、「〈略〉そして、大切な点の穿鑿については、小久保喜七氏、加波山事件の河野広躰氏、東洋自由党の柳内義之進氏の助言と示唆を負うた」とある。河野の存在は、自由民権運動史研究に大きな影響があったのである。

(57)『福島・喜多方事件の今日的意義（喜多方事件一二〇周年記念の集い報告書）』（同編集員委員会、二〇〇二年）。第一分科会報告の松本登「加波山事件概説」によれば、福島事件とは違って、三春地方では加波山事件が強盗・殺人という犯罪であるという理解のみで、事件の真相は押さえつけられていたという。加波山事件遺族は故郷に戻れず、遠くで住まざるを得なかった。松本報告を受けて、原利八の遺族である坂内千賀良氏の談話がある。「……昭和二四年、結婚が決まっていたのにある日、突然に相手の家族から『この結婚は無かった事にしてくれ』と、言われた。私は、訪ねていって『どうしてなのですか？』と聞くと『おめげで、悪いごどして監獄さはいって死んだやづいっぺ（お前のところで、悪い事をして監獄に入って死んだ人がいるんではないんですか?）。そんなうじさ、嫁だすわげにいがね（そんな家には嫁は出せないよ）』と言われて　何も言えずに帰って来た。……」（蛭田亨「自由民権運動福島・喜多方事件一二〇周年記念の集い」に参加して http://homepage2.nifty.com/kumando/mj/mj021118.html # top）。

(58)松本登「河野広躰」（『会報』第一〇号、三春地方自由民権運動血縁の会、一九九三年一〇月一〇日）、河野信三「自由民権家基礎調査　河野広躰」（『会報』第一一号、三春地方自由民権運動血縁の会、一九九三年一二月二〇日）。

(59)昭和一三年一二月二二日「第一回　河野広躰氏談話速記」（広瀬順晧監修『憲政史編纂会旧蔵　政治談話速記録』第三巻、ゆまに書房、一九九八年）三一五〜三一六頁、国会図書館憲政資料室所蔵「憲政史編纂会資料」。以下、「河野談話」と略す。また、昭和一二年一月、河野広體「加波山事件秘録」（『三春町史』一〇巻、三春町、一九八三年）五二二〜五二九頁もある。

(60) 昭和壬申〔昭和七年〕、河野広體〔漢詩 注釈文〕(福島県石川町・久野雅敏家文書)。野島幾太郎著、林基・遠藤鎮雄編『加波山事件』) 一一〇頁にも、相似の漢詩あり。
(61) 昭和一三年一二月二六日、第二回「河野談話」三五九頁。
(62) 留岡幸助日記編集委員会編『留岡幸助日記』第一巻(矯正協会、一九七九年)三四七頁。以下、『留岡日記』と略す。
(63) 『留岡日記』四三五頁。
(64) 第二回「河野談話」三六七頁。
(65) (明治二四年)七月三一日 河野広體宛平島松尾「書簡」『留岡日記』二九八頁。
(66) 『切巖玉水嘉一翁傳』一〇〇頁。
(67) 明治二四年八月一七日 五十川房次郎宛五十川元吉「書簡」『喜多方市史』七六九頁、五十川家文書。
(68) 明治二七年一一月二二日「三春町に於る河野広躰氏等出獄祝宴会」『福島民報』第六七六号。
(69) 『三春町史』第三巻近代Ⅰ(三春町、一九七五年)七四三〜七四六頁。
(70) 同右、七四七〜七五一頁。
(71) 明治二七年一一月二五日「加波山事件出獄諸氏各地懇待の概況」『福島民報』第六七八号。
(72) (明治二九年)九月二七日 苅宿仲衛宛河野広體書簡(福島県歴史資料館『苅宿仲衛関係資料』五八)。苅宿俊風『自由民権家乃記録——祖父苅宿仲衛と同志にさゝぐ』(大盛堂印刷出版部、一九八一年)には、明治二三年との表記があるけれども、誤記と思われる。広體渡米後の足取りは今後の課題である。
(73) 第二回「河野談話」三六八頁。
(74) 昭和一三年一一月三〇日「第二回 井上敬次郎氏談話速記」(広瀬順晧監修『憲政史編纂会旧蔵 政治談話速記録』第二巻(ゆまに書房、一九九八年)五〇頁。以下、「井上談話」と略す。
(75) 第二回「井上談話」五八頁。
(76) 昭和一三年一二月一七日 第五回「井上談話」一四三〜一四五頁。
(77) 明治二四年三月二七日 奥畑義平「祭原君文」『喜多方市史』八九九頁、宇田成一文書。
(78) 明治二四年八月二九日 花村三千之助宛河野広體「書簡」『留岡日記』二九九頁。

(79) 昭和六年八月三一日　久野桂三宛河野広體「書簡」（石川町立歴史民俗資料館『久野家文書』一二一）。昭和一四年一月の渡邊幾治郎・深谷広《ママ》〔博〕治宛河野広體「書翰」に、「〈略〉昭和七年北海道空知集治監ノ元墓地ニ原利八氏ノ碑ヲ建テ祭祀ヲ執行セリ〈略〉」（『河野談話』三八三頁）とある。しかしながら、本史料によって昭和六年の誤りと分る。

(80) 供野外吉『獄窓の自由民権家たち』（みやま書房、一九七二年）。

(81) 赤城弘「第二章　第四節　三　福島・喜多方事件を前史にもつ加波山事件」（『喜多方市史』第三巻　近代・現代　通史編Ⅲ、喜多方市、二〇〇二年）一六八頁。なお、横浜市鶴見区・総持寺には、河野広體撰「自由党大阪事件追念碑」（昭和六年一一月建立）がある。昭和七年五月二九日の除幕式での、河野広體は「祭文」を読んでいる。石川諒一『自由党大阪事件』（玉水常治、一九三三年）、鶴巻孝雄「『自由党大阪事件』の覆刻にあたって」（『覆刻　自由党大阪事件』長陵書林、一九八一年）に詳しい。

(82) 『加波山事件判決百十周年記念顕彰碑建立報告書』（一九九七年）。

(83) 三春地方自由民権運動血縁の会編『血縁の会十年の歩み』（同会、一九九九年）。松本登・本田善人編集『福島自由民権大学開学十周年記念出版　大学通信　集録』（同大学事務局、二〇〇〇年）。安在邦夫「Ⅱ-五　新たな地域の創造をめざして　2　社会・文化諸活動」（安在邦夫・田﨑公司編『街道の日本史12　会津諸街道と奥州道中』吉川弘文館、二〇〇二年）。

［付記］　平成一六年九月二六日、郡山市中央公民館で開催された、「加波山事件一二〇周年福島自由民権大学秋季講座」で報告したものを、質疑応答の問題を含めて、大幅に書き換えたものである。講座に参加して頂いた加波山事件遺族ならびに同大学の諸兄姉に厚く御礼申し上げます。

第6章　激化期「自由党」試論
——群馬・秩父事件における「謡自由黨」と「自由党」——

高島　千代

はじめに

一八八四（明治一七）年四月と七月、立憲改進党系の新聞『郵便報知新聞』と自由党の機関紙である『自由新聞』、『自由燈』に次のような記事・広告が掲載された。

僞自由黨　近頃上州の妙義山下各村人民を誘き減租の請願をなすと稱し山中に籠り不良の擧動を働きしかバ警察署より捕縛の手配に及ひしなどいふ噂ありしが其事ハ實否を知らさりしに過日同地方の某よりの報に頃日長坂八郎照山新藏清水榮三郎栗林慶之助といふが自由黨員と稱し南北甘樂二郡の内を巡廻し即今速かに自由黨へ加入すれバ徴兵ハ免除になり租稅は減せらるゝと說き其加入金ハ身分に應じ一圓又ハ二十五銭位づゝ出金せしむる

に時事を辨せぬ愚蒙の族ハ其甘言に欺かれしも多しといふ」（『郵便報知新聞』一八八四年四月三〇日）

「夙来僞自由黨ガ我群馬縣下多胡郡中ヲ糊口ノタメ所々方々ヲ押歩キ其遊説言語ハ我黨へ加盟スル者ハ負債ヲ返濟シテヤル小學校ハ廢シテヤル租税ハ地價百分ノ一ニシテヤル等ノ惡説ヲ吐露シ人民ヲ欺キ加入ヲ進ム夫レガタメ加盟スル者コレアリ候エ𪜈我黨ハ決シテ如此不正ヲナスモノニアラズ后後何ノ國ヘナリトモ如是阿房ノ御人ガ遊説ナストモ決シテ肯ゼル様爲念此段報告ス　十七年七月　緑野郡自由黨　中島半三郎　小泉信太郎（『自由新聞』一八八四年七月二日、『自由燈』同年七月三日）(1)

これらの記事からは二つのことがうかがわれる。まず、一八八四年四月から七月という松方デフレの真っただ中、その影響も深刻であった群馬県において、「負債」や「小學校」、「徴兵」「租税」等をめぐる負担軽減を自由党の要求として標榜する自由党員と、その勧誘をうけて党与に加盟する者が存在したこと。そして、このような自由党員の主張・行為は、『郵便報知新聞』のような改進党系の立場だけでなく『自由新聞』や『自由燈』など自由党中央に与する立場からも、「惡説」「不正ヲナスモノ」、ひいては「僞」自由党と規定されていたことである。

実はこの時期、群馬県の多胡郡や南北甘楽郡、妙義山麓の村々では、群馬の自由党員が松方デフレ下で負債をかかえた地域の養蚕農民に働きかけを強めており、それはやがて自由党員と養蚕農民による蜂起事件、すなわち五月の群馬事件、一一月の秩父事件へとつながっていったことが知られている。つまり右の記事は、群馬事件や秩父事件の背景に、「租税」から「負債」まで公私にわたる負担軽減を掲げて地域農民を蜂起へと動員していく自由党員、またそれに応じていった者たち（「僞自由黨」）と、そうした行動に不快感を示す自由党員という二つの「自由党」が存在したことを（あくまで後者の視点から）示唆しているのである。

特に、負債をかかえた群馬・秩父地域の農民と自由党員の間に生まれた「僞自由黨」は、その多くが非公認自由党員および彼らと行動を共にしようとする地域農民によって構成されており、従来の群馬事件研究と秩父事件研究（特に後者）は、これを近世的な民衆運動や価値観との関係、また自由民権運動の運動・思想との関係でどのように位置づけるのかという点で、評価を分けてきた。(2) それは、「謡自由黨」が、これまで「困民党」・「自由党」・「自由困民党」など、様々によばれてきたことにも示されている。

「謡自由黨」をいかに位置づけるべきかという点について、筆者は先に、秩父の農民らの幕末以降の行動、社会・政治意識と秩父事件の関わりという側面から論じたことがある。(3) そこで本稿では、むしろ「自由党」・自由民権運動の側から群馬・秩父事件の「謡自由黨」の位置づけを明らかにしておきたい。

自由民権運動を、天賦人権論に立脚した近代的な意味における人民の「自由」と「権利」（特に参政権）ひいては立憲政体樹立を要求していく運動、またそれを通じて人民を「国民」へと形成していく政治的・ブルジョア的な民主主義運動としてとらえる見方は、これまでの群馬・秩父事件研究においても共通している。しかしそれでは、こうした自由民権運動の過程、特にその激化期に、なぜ「謡自由黨」のような運動や主張が生まれたのか、両者の運動と主張、思想はどのように関わるのか――この点については、まだ十分に解明されたとはいえない。「謡自由黨」との関係如何によっては、自由民権運動の理解そのものが問い直されることにもなるだろう。

よって本稿は、「自由民権運動」を自由党員の実際の主張と運動から問い直すという視角にたち、まずはその「運動」について検討していきたい。つまり「租税」から「負債」まで公私にわたる負担軽減を掲げ、地域農民を蜂起へと動員していこうとした自由党員とそれに応じていった者たち、すなわち「謡自由黨」の運動が、激化期の「自由党」中央とどのような関わりをもって生まれてきたのかを群馬・秩父事件について検証すること、またこれを通じて「自由民権」とはどのような「運動」であったのか再検討することが、本稿の課題である。

なお今日では、藤林伸治・清水吉二・岩根承成氏など主に群馬事件研究者らの地道な実証研究により、群馬事件と秩父事件が一連のものであったことが解明されている(4)。そこで本稿ではその成果をふまえ、また岩根氏の用法(5)に従い、両事件を一体のものとみる「群馬・秩父事件」という用語を使うこととする。

第一節　「自由党」結成前後

ここでは、一八八一（明治一四）年一〇月の自由党結成前後の運動に、公私にわたる負担軽減を掲げて地域農民を蜂起へと動員しようとする「譌自由黨」の萌芽をさぐってみよう。

まず蜂起につながる動きとしては、江村栄一氏の研究が、自由党結成前後を通じ、政府の言論弾圧策に対して「腕力」で対抗していく有力な志向が存在したことを明らかにしている(6)。よって、この点については、一八八〇（明治一三）年一一月国会期成同盟第二回大会後の国会開設請願や翌年七月以降の開拓使問題に際して、大臣参議の「暗殺」が語られていた点(7)、また一八八二（明治一五）年六月の集会条例改正に際して自由党内で行なわれた激論の中で、「本年ニモ兵ヲ起シ候方可然」との主張がなされ、それが「是迠ニ度々協議決シタル」方針とされていた点(8)を記すに留める。

他方、この時期には、自由党につながる運動のなかで「租税」「徴兵」など負担軽減を掲げる動きも存在した。こうした動きとしては、専制下の徴兵令・租税問題を掲げた立志社建白、地域における地租改正反対運動が愛国社や国会開設請願運動・自由党と個人が関わる前提となった事例(9)、植木枝盛らによる一八八一年五月以降の酒税減額請願運動など(10)が知られているが、特に国会開設運動の段階で、すでに「租税」「徴兵」問題を掲げて民衆を組織化する「譌自由黨」的な行動がみられるのは興味深い。

例えば一八七九（明治一二）年末の高知で「演說ト國會願望ニ熱心スル」者たちが「只同意ノ多キヲ望ミ、或ハ是ニ同意スル者ハ徴兵ヲ免ガルト説キ、又ハ米ガ安クナルト言フ、其他種々ノ言葉ヲ設ケ、巧ミニ愚民ヲ説キ付ケ、澤山願望同者《ママ》ヲ拵へ」た事例がみられる(11)。

また一八七八（明治一一）年四月、谷干城は佐々木高行宛書簡のなかで、高知の立志社が「次第に手を擴げ…（中略）皆板垣の鼻息を仰ぐ勢に被察候、近來は板印の煽動にて、各社旗奪を催し、不相更腕力論を主張」と報告しており(12)、国会開設運動前の高知では、「不相更」の「腕力論」と、旗奪いなど懇親会・運動会を通じた民衆への働きかけがみられたことがわかる。これは、国会開設運動における徴兵免除などの言説の前段階として、こうした「腕力論」と民衆への働きかけが存在したことをうかがわせる。

もとより国会開設運動については、民衆への働きかけに際して「國會ヲ開設スレハ政府ヲシテ國財ヲ浪費スルヲ許サス又無用之兵隊ヲ召募スルヲ許サス而テ全國之租税従テ減少スヘキハ決テ疑フ容カラサルナリ」との言葉が使われたという密偵報告もある(13)。「國會ヲ開設スレハ政府ヲシテ國財ヲ浪費スルヲ許サス」徴兵や租税の負担を軽減できるという主張と、国会開設に「同意スル者ハ徴兵ヲ免ガル」といった言説の間には距離がある。それは、受け手側の国会認識の差となってあらわれるだろう。しかしここでは、「腕力論」をも背景とした民衆への働きかけのなかで、前者のような主張とともに、徴兵などの負担軽減をかかげる後者のような「僞自由黨」的言説が生まれていることを確認しておきたい。

第二節　集会条例改正後・板垣洋行後の「自由党」

高知で自由党結成前から試みられていた懇親会・運動会などは(14)、集会条例改正をきっかけに自由党員の間に広まっていく。例えば、自由党本部は集会条例改正後の七月に「是迄ノ党員中条例ニ抵触スル人ハ自然党員名簿上ニ記載スル能ハザルヲ以已ヲ得ズ別ニ学術会カ或ハ懇親会ノ如キモノヲ以テ御結合ニ相成候ヘバ法律ノ撿束ヲ受ケザルコトト存候間其辺ハ御勝手タルベシ」とし、改正後の運動形態については、基本的に地域に任せつつも「懇親会」を例示している。[15]その後八月に、「旗奪等ノ自由健康運動」が高知の自由党員から栃木の自由党員へ伝えられており、[16]地域の自由党員が改正後のあり方を模索するなかで、こうした運動形態が広がっていったことがうかがえる。

そして板垣の洋行は、集会条例改正とは別の形で自由党を窮地に陥れることによって、それまでみられた「腕力」主義と民衆への働きかけが、自由党本部の方針へと反映されていく画期となった。

一八八二年九月、各地の「重立タル」自由党員は総理・板垣の洋行問題を協議するために上京し、本題協議後に将来方針を検討する秘密会を開く。密偵報告によれば、この秘密会では「各地ニ遊説員ヲ派シテ党員ヲ募集スル」にあたり、「真底真意ノ志士ヲ募集スルコト」、「結合ヲ業務ニ依テ分チ、即チ商業社会、農業、車夫、学校生徒、兵卒等ニシテ、各業務ニ就テ政府ニ不平ヲ訴フルノ手段、農業人ニハ租税ノ原則ヲ知ラシメ現時ノ租税其当ヲ得ザルモノナリ云々ト、渾テ如ᆞ此方法ヲ以テ人心ヲ誘導セントス」、「右ノ如ク手立ヲ以テ事ヲ挙グルニ付キ、中央集権トシ東京本部ニ勢力アル徒ヲ置キ、本部事ヲ起セバ各地各部一時ニ蜂起スベシ」、「各部ノ結合ニ於テ誓契及ビ企画ヲ為サン為メ、体力運動ニ言ヲ托シ山野ニ遊ビ充分ナル陶冶ヲナスベシ」等の点が確認された。また、そもそも遊説員の派遣に着手したのは、板垣の洋行で「葛藤ノ生ジタル為メ板垣ノ名誉幾分カ毀損シタルヲ以テ、之ヲ恢復スルノ意」もあってのことだとしている。[17]

つまりこの報告書は、この時期の政府による言論弾圧強化と板垣洋行をめぐる党内対立問題を背景として、一八八二年九月の段階で自由党本部が、「遊説員」を派遣して募集した「志士」を中心に、「体力運動」などに事寄せ各地の農民・車夫を含む一般民衆へ働きかけ、多数派を形成する方針を立てた点、それを「中央集権」した「東京本部」のもと「本部事ヲ起セバ各地各部一時ニ蜂起」する計画へと結びつけていた点、さらに「業務ニ依テ」組織化の方法を分けたが、特に当時人口の八割を占める「農業人」については「租税ノ原則ヲ知ラシメ現時ノ租税其当ヲ得ザルモノナリ」と理解させ、その「不平」を動員することを想定していた点を示しているのである。この方針は、これまで地域で積み上げられてきた運動実践を党本部の「蜂起」計画へとねりあげるものだったといえるだろう。

そして、この方針は実行に移された。

安丸良夫氏によれば「懇親会をかねた運動会がしきりに開かれるようになったのは、新聞記事から判断して、十五年十月ごろからのこと」であり[18]、この一八八二年九月方針と、前述した改正集会条例後の各地の運動形態の工夫をうけて、この頃から懇親会・運動会などを通じた自由党員による一般民衆への働きかけが本格化したものと思われる。一〇月以降には奥宮健之や雨森真澄らによって人力車夫の演説会も組織され、演説会では、「人力車夫一同品行ヲ正す主張とともに「腕力論」も演題にのせられている[19]。

また『自由新聞』紙上では、一八八二年九月前後から一八八三（明治一六）年一〇月頃まで、反増税・減税の主張と、それを一つの出発点とする三菱＝改進党批判が展開されていった[20]。

例えば一八八三年一・三月に掲載された「自明治十五年第六十一號至第七十號布告」[21]、「政府ハ何日カ地租ヲ百分ノ一ニ減ズル乎」[22]は、反増税・減税の代表的社説である。前者は紙幣下落で「四海困窮」する中での「増租加税」には反対であること、「増租加税」には「國人」に対する「萬々誠ニ已ムヲ得ザルノ事由」の提示と政府による「勤倹節約」の断行が必要であること、それにもかかわらず予算や地方税を議する府県会の審議権が制約されたのは批判されるべきこと、後者は「地租改正条例」の第六章「物品税追々發行相成歳入相増其収入ノ額貳百萬圓以上ニ至候節ハ…（中略）地租ハ終ニ百分ノ一ニ相成候迄漸時減少可致事」に対して、「物品税」が「貳百萬圓」を「超過高」している現在、地租税率を地価百分の一まで引き下げるべきことを主張。それぞれ政府の「國人」に対する生活擁護・説明・公約遵守の責任を問い[23]、前者はあわせて地方参政権を擁護している。

また一八八二年一二月から翌年五月まで、実に二一回にわたり連載された「三菱会社ノ弊ヲ論ズ」[24]は、「専賣ハ決シテ自由ノ大理ト相兩立スルヿヲ容レザル者」という前提に立ち、「非常過高ノ運賃」により「我ガ金融ノ便ヲ害シ我ガ物産ノ衰フルヿヲ致シ」、運賃を「暴収横取シテ天下ノ公利ヲ害シテ以テ其ノ私富ヲ成シ」「將ニ我全國ノ商業經濟ノ大權ヲ擧ゲテ其隻手中ニ専握シ了ラントスル」三菱を「海上政府」と批判する。その上で、この三菱に対して「自ラ當初其ノ保護ニ過ギタルノ失ヲ引イテ其量ヲ寛大ニシテ以テ之ヲ今日ニ責メザル」政府、「一言半句モ之ヲ議セズ」むしろ「之ガ爲メニ廻護」をする改進党は、「國人」の「膏血ヨリ成リ立チタル所ロノ租税ノ餘恵ヲ濫リニセシメタル」ものだとしており、その主張は、三菱批判を介した政府への反増税・減税の主張と改進党批判のつながりをよく示している。

その後、「志士」を中心に懇親会・運動会や減税運動などを通じて一般民衆へ働きかけ「蜂起」へ動員するという、この一八八二年九月方針は、同年一一月の福島・喜多方事件によってさらに切迫感を増していく。この事件が高等法院の公判報道などを通じて各地の自由党員を憤激させたことはよく知られているが、事件に関わっては、群馬・高知などの自由党員による「挙兵」・「暗殺」計画、各地の「兵」招集や「壮士」の上京なども報告されている[25]。特に「福島事件ニ付入京セシ土佐ノ壮士」が「政府ヲ顛覆スル」ために「内閣ノ大臣参議」「将官縣令ニ至ル迠奸邪ヲ以テ聞エル官吏」の「暗殺」を主張したのに対し、「群馬三劦福島等ノ壮士輩」はそれを「旱劣」とし、「内閣諸官省」や「大臣参議其他貴顕ノ邸宅ヲ襲撃」することで「天下ニ政府ノ罪悪ヲ暴白スベシ苟モ我輩ノ事ヲ挙ルヲ聞カバ天下ノ有志者ハ奮然興起シテ以テ各地ニ蜂起スベシ」と述べたという[26]。ここでは福島・喜多方事件をへて、各地の「蜂起」につながる「大臣参議」や官庁の「襲撃」という方法が論じられたことに留意しておきたい。

そして、おそらくこうした自由党員の動きが、翌一八八三年四月・一一月の自由党定期大会・臨時大会の動向につながると考えられる。

四月の定期大会とその前後に開催された相談会・常議員会では、「本部維持」の方法（常備員の常議員への統合、寄付金など）、「改進黨討撃」方針が決定され、「実行者」「壮士」の養成と「文武館」設立構想が提起された[27]。ここでは減税運動より改進党撲滅方針が前面に出てくるとともに、「壮士」を養成する具体的な施設についても議論がはじまっている。特に「壮士」養成については、大会後に開催された熊本・高知・東京・群馬・岡山・徳島・愛知・岩手・栃木・島根県有志の会合で、「相互ノ最初ノ約束」としての「革命」を達成するために常議員による各地巡回を実質化して「廣ク同志ヲ求メ且ツ実行者ヲ見出」すべきとの発言があったという[28]。「最初ノ約束」「革命」達成のために地域の人々を動員し「実行者」に養成するという方向は、九月方針の「志士」募集の延長上にあると考えられ、先の「大臣参議」・官庁「襲撃」の担い手を念頭においている可能性もある。

しかし六月になると板垣が帰国し、解党をたてに資金募集運動を提唱したため偽党撲滅運動は後退[29]。これに代わる形で減租建白運動が表面化していく。松岡僖一氏によれば、『自由新聞』上で地租軽減運動が目に見える運動となったのは、一八八三年半ば以降から翌年三月の自由党大会までである[30]。実際、密偵報告によれば、一八八三年一一月の自由党臨時大会は「議案ノ表面ハ醵金ヨリ云々ノ叓」だが「内幕ノ議ハ」自由党を維持・拡張して「久遠ノ後其目的トスル所ヲ得ベキカ」「一旦解党シテ一大運動ヲナシ以テ勝ヲ一挙ニ得ヘキカ」と主張する「自由党ノ要路ヲ占メシ腕力破壊主義ノ三百名中」によって発起され[31]、大会後には、植木枝盛の意をうけた片岡健吉が上京した党員に対して翌年春の「減租建白」を提案している。特に、「減租建白」について片岡は、資金募集のこともあるので「民間ニ広ク感動ヲ与フルカ大目的ニシテ」、「此事件タル各郡村ヲ遊説シテ成ルヘク人数ノ多キヲ要ス」「兎ニ角充分ノ活動ヲ為シ死力ヲ以党勢ヲ拡張シタシ」と述べており、ここで「減租建白」は、「民間ニ広ク感動ヲ与」え、「党勢ヲ拡張」する方法として位置づけられたといえる[32]。また翌年二月、各地県令からの報告をうけ内務卿・山県有朋が太政大臣・三条実美に提出した報告書には「客歳以来米価低落農民一般困難ヲ告ケ是ニ依テ地租改正条例第六章ニ拠リ減租ノ事ヲ冀図シ或ハ演説ニ或ハ新聞紙ニ之レヲ論説シ亦ハ其主意ヲ廻檄シ請願書ヲ刷行シ随テ目下納租ノ延期ヲモ請願セントシ亦各地政党員等之レヲ奇貨トシ党勢之拡張ヲ計リ所在人心ヲ煽動スル等殆ント全国一般ノ情勢ニ有之」とあり、(33)この減租請願方針が、一八八三年以降の松方デフレ下の「農民一般困難」を背景として地域で実行に移されたことがうかがわれる。

以上のように、中央集権化した「東京本部」下での「蜂起」を念頭において、地域で組織された「志士」が減税運動などを通じて農民を含む一般民衆を広く動員していくという一八八二年九月の自由党中央方針は、翌一八八三年にかけて、偽党撲滅・三菱批判から松方デフレ期の減租請願を通じた党勢拡大運動として、またこうした民衆への働きかけの担い手、「蜂起」に先立つ「大臣参議」・官庁「襲撃」の担い手の養成という形で、履行されていった。ここでは、板垣洋行後、翌年までの自由党中央の方針に実力蜂起への志向を減税という負担軽減運動に結びつけて民衆に働きかける「譌自由黨」的な方向性がみられた点、また松方デフレのもと、地域の自由党員たちがこの運動方針を実践していった点に注目しておきたい。

第三節　群馬・秩父地域の「自由党」

それでは、こうした自由党中央の動向に対して、群馬・秩父事件に関わる自由党員は、どのような運動を展開したのだろうか。以下、一八八二年後半から一八八三年における群馬県・秩父郡の自由党の動きを追ってみよう。

清水吉二・岩根承成両氏によれば、(34)群馬県では国会開設請願運動とともに民権結社が設立され、自由党結成に対応して、宮部襄ら高崎地方の士族民権家を中心とした上毛自由党が結成される。その後、一八八二年六月に集会条例が改正されると上毛自由党は表向き解散し、個々の党員が東京本部に直接入党。宮部らも東京本部役員に就任することによって在地との結びつきを弱めていく。しかし彼らは、前述のように一一月には、応援部隊として福島・喜多方事件を経験するなかで急進化し、事件後は南北甘楽郡など地域の農民とも連携する傾向を強めていくのである。

このように一八八二年末から一八八三年にかけて、上毛自由党員は地域と向き合い、地域の組織化に着手していくが、こうした転換の中で生まれたのが群馬と埼玉の県境に位置する秩父郡の自由党員だったと考えられる。実際、秩父郡では一八八二年一一月までに下日野沢村の中庭蘭渓ら二名、翌年六月までに計一二名が自由党に名をつらねたが[35]、そのうち一名を除き、いずれも上毛自由党の幹部・新井愧三郎との姻戚・血縁、宗教的なつながりを通じて入党していることが確認される[36]。特に一八八三年四月に公認自由党員となった村上泰治が、上毛自由党の幹部である宮部襄に「黨中ノ麒麟兒」とよばれ、のちに密偵の疑いをかけられた照山峻三の殺害を依頼されるほど宮部ら上毛自由党員と強い結びつきをもっていたことは知られている[37]。

そして村上が一八八三年三月以降、「全国中自由党員ヲ募リ大勢ヲ以テ地租減租セラレンヿヲ政府ニ強願スルノ見込ナリ」と述べていたという証言[38]は、逆に、福島・喜多方事件以降の上毛自由党が、減税要求を通じて地域の農民へ働きかけ、蜂起へ動員するという前年九月の党中央方針に対応して路線を転換しはじめたこと、またこうした地域の動向が一一月臨時党大会での減租建白の提起に先行していたことをうかがわせる。一八八三年以降、松方デフレ下で進行した農村窮乏化が、こうした上毛自由党の方針に現実味を与えたことはいうまでもない。

それでは一八八二年末から翌年にかけてなされた路線転換のもと、上毛自由党員は実際に地域でどのような運動を展開していったのだろうか。

まず偽党撲滅運動である。『自由新聞』上で確認できる上毛自由党員による偽党撲滅関係の懇親会・演説会は、一八八三年四・五月は高崎などで四件、六月に沼田・桐生で三件、九月は館林に一件ある[39]。

例えば一八八三年五月一九日、高崎駅大信寺では上毛自由大懇親会が開催され、前橋や高崎以外に南北甘楽・西群馬・新田・碓氷・緑野郡などからも有志「百余名」が参加。さらに本部からは宮部襄が来会している。宮部から同月一三日に東京久松座で行われた偽党撲滅演説会の盛況ぶりが伝えられると、有志らは「吾々も近頃彼の小人僞黨が社會を蠢惑するハ帝政黨よりも甚しきを知り業に已に去月廿七日以來僞黨攻撃の大演說會を開きたる茲に二回なりし今氏が東京より來會せらるゝハ誠に豫期外の歡に堪ざる所なり」として、翌日、新紺屋町藤守座で演説会を開催することとする。演説会には主催者発表で「無慮九百人」以上が集まった。演説の内容は専ら改進党・三菱攻撃で、「昨年來商法の萎靡せしより中等已《(マヽ)》上の商家ハ殆んど其原因を解するに苦み手を束ねて自滅を待つの有様なりしに忽ち特別保護と專賣免許の實況を詳かにするを得て吾々人民が粒々辛苦の租税即ち八百五万余圓を濫りにして暴富を得たる一個人なれハ數年の後にハ日本の商權ハ全たく海上政府の一手に落つべかりしを」などと説くと、聴衆は「どよめき渡」った。演説者の中には伊賀我那人・深井卓爾、新井愧三郎の名もみえ、最後に宮部が改進党・三菱、さらにこれに対抗する農商務省系の共同運輸会社批判を展開して閉会したが、これらの演説が改進党攻撃にさしかかると「滿場拍手喝采の聲は海を飜へし山を崩」すかのごとき状況だったという。(40)

また同二七日には、西群馬郡室田村有志が同村長年寺で、宮部襄・深井卓爾・伊賀我那人らを招き、懇親会を開催している。ここでは「近郷近村各地より來會するもの堂内に充滿」する中、ロシア・ナロードニキのヴェラ・ザスーリチ伝、改進党攻撃などを含む演説が行なわれ、特に懇親会第二部では偽党攻撃色が強められた。(41)

そして上毛自由党は、おそらくこの前後から減租請願運動に本腰をいれたと考えられる。

「八月中群馬栃木兩縣下」の情勢として、「長阪八朗伊賀我何人外照山俊三」など「群馬縣士族ニシテ疲弊ノ輩自己ノ私利ヲ謀ラン為メ栃木足利地方ニ徘徊シ蠢愚野民ヲ教唆シ口ニ民權ヲ籍リ曰ク地方税ノ過多ナリト言ヒ地租ノ減税ヲ政府ニ請願セント云フ」との密偵報告がある。(42) また一〇月下旬に愛媛松山で開催された四国大懇親会の席上では、地租改正条例第六章にもとづき地租百分の一への減租を請願することが提案・支持されるが、その際、宮部襄は「關東の人民ハ最も此の請願案に熱心なり」と述べたという。[43] 遅くともこの時期には、宮部の本拠地・群馬を含む関東において減租請願運動が展開していたことがわかる。さらに一二月には、自由党本部から星亨・植木枝盛・杉田定一らが埼玉・群馬県下に遊説。館林の演説会では「八百人蝟聚蟻群満場更に立錐の餘地なかりし」聴衆を前に、再登壇した星が「國家其役を履ざるに生ずるの危害」という題で演説を行なった。彼は、既に物品税が二千万円近くにまで増加したのだから政府は地租条例第六章の約を守り地租減額するはずである、特に「米價低落金融壅塞各地方到る處として困迫難澁の嘆聲を聞かざるなきの現時に於てをや」と論じ、警官から中止を申し渡されている。なお、植木も減租に関する演題を届け出ていたが「元來群馬縣にてハ減租の事に關する演説を一層嚴密に取締まらるゝの都合なるか」当日になって認可取り消しになったという。[44]

以上の事例より、一八八二年末から一八八三年の上毛自由党員は、党本部の一八八二年九月方針と連動して南北甘楽郡などの地域へ働きかけ、その中で秩父郡の組織化も進展したが、その後、遅くとも一八八三年の前半に偽党撲滅運動を、後半には中央の方針を先取りして減租請願運動を担っていたことを確認しうる。また、聴衆をひきつけた偽党撲滅や地租軽減の演説では、松方デフレ下の「人民が粒々辛苦の租税」問題から、ヴェラ・ザスーリチ伝などに暗示される実力行使、「米價低落金融壅塞」に対する「困迫難澁の嘆聲」などの一般的な困窮問題までが語られたこと、[45] 加えて減租運動に対する警察側の警戒も高まっていたこと等がうかがわれる。

第四節　群馬・秩父地域の「譌自由黨」と中央「自由党」

このように一八八三年の上毛自由党員は、実力蜂起への志向を減税という負担軽減運動に結びつける党本部の方針と連動しながら（またある時は先行しながら）、群馬県・秩父郡の農民へ働きかけていったのであり、またそれを通じて、実力行使への志向を維持しながら、「人民」の税負担に対する問題意識を一般的な困窮問題にまで広げていたと考えられる。

こうした傾向は、翌年になるとさらに顕著になっていく。一八八四年に入ると、上毛自由党員は松方デフレのもと困窮する一般民衆への働きかけを強めていくが、そのきっかけとなったのが、前年の負債農民騒擾である。

群馬県では、一八八三年三・一一・一二月に北甘楽・多胡・西群馬・南勢多・碓氷・東群馬郡で負債延納や地租引き下げ・延納などを求めた農民騒擾が起こり、三月の北甘楽・多胡郡一二か村連合騒擾事件の惣代からは、翌年の群馬・秩父事件に関わる者も出てくる。他方、秩父郡でも、同時期の一二月に高岸善吉・坂本宗作・落合寅市が秩父郡役所に高利貸説諭の請願を行なっており、かれらは秩父事件の中心的担い手となっていく。つまり一八八三年には、群馬・秩父両地域で負債農民層騒擾が活発化し、群馬・秩父事件の担い手となる者も出てくるのだが、ここで注目されるのは、年末に群馬で起こった負債農民騒擾で負債の問題とともに減租要求がみられたことである。一八八三年末には、負債農民たちの目が租税を課した政府に向けられはじめていたことがわかる。[46]

そして、すでに減租請願運動に着手していた上毛自由党員は、この兆しを見逃さなかった。一八八四年一月以降、宮部襄・深井卓爾・伊賀我何人らが清水栄三郎宅を拠点に「党勢拡張手段トシテ、恒産ヲ失スル不良ノ民ヲ糾合シ、郡内到ル処ニ学校廃止、減租請願等ノ煽動演説ヲ為シ」、そのため「郡内ノ民情頓ニ一変シ、容易ナラザル状況ヲ呈シ」ていく。[47] さらに二・三月から六・七月には、緑野・多胡・北甘楽郡で小柏常次郎・新井太六郎らが、減租請願だけでなく負債の利子勘弁の運動を展開していき、一八八三年末から一八八四年前半、この地域の入党者は急増する。

他方、秩父でも、のちに秩父困民党総理となる田代栄助が、「下日埜澤村浅見與市方へ客ニ招カレ飲酒ノ末(ママ)同村村上泰次(ママ)ハ自由党員ニシテ当地方ニテ同員ニ加盟シタルモノ、氏名其他ノ事ヲ東京本部へ取次致ス趣傳兼致シ居ル故自分モ同党ニ加盟セント」、この年「一月下旬又ハ二月上旬」に村上を通じて自由党に入党している。「秩父郡中高利貸ノ為メ身代限リヲ為ス耳ナラス目下活路ヲ失シ一家離散ノ場合ニ立至リ其惨状見ルニ忍ヒサル」として、このあと秩父困民党に参加していく田代がこの時期に入党したのは、やはり秩父の自由党員が上毛自由党員同様、減租要求から一歩ふみだした負担軽減運動を展開していたからだろう(48)。村上泰治が「尚ホ他人ヲ誘導センカ為メ先ツ自家ノ小作人及ヒ負債者ヲ招集シテ政党ノ主義ヲ説明シ或ハ小作金ヲ軽減シ或ハ金利ヲ減シ或ハ期限ヲ緩メタルヨリ皆其恩誼ニ感シテ入党セシ而已ナラス遠近来リ加ハル者アルニ至レリ(49)」というのも、この時期だと考えられる。つまり、秩父でも群馬と同時期に、村上ら自由党員が問題意識を広げて負債農民に接近したと考えられ、実際、一八八四年前半の秩父郡における入党者は前年の二倍以上に増加。この時期の入党者には、田代だけでなく前年末の請願メンバーも含まれている(50)。

このように、一八八四年の上毛自由党員は、「減租請願」という点から地域に働きかけるなかで地域農民の政府に対する視線を感じ取り、「学校廃止」や負債といった農民の一般的な負担問題にまで視野を広げることで彼らに対してさらに接近していったのであり、秩父の自由党員もまたそれに連動していったといえる。群馬・秩父の自由党員による地域農民の入党拡大は、その結果もたらされたものである。

そして一八八四年三月の自由党大会では、自由党本部に先行して減租請願に「熱心」に取り組んだ「関東の人民」が多数を占め、減租から負債問題にまで視野を広げていた群馬・秩父からは、伊賀・深井、村上・高岸らが参加している(51)。

彼らはここで何を決定したのだろうか。

この大会は、資金募集の停滞を理由に解党・党首辞任をふりかざす総理・板垣に権限を集中することで解党を回避した大会として知られている。しかし他方で三月二四日付の「自由党本部報道書」は、この大会の七つの決定事項のうち「総理ニ特権ヲ与ヘ党事ヲ専断決行セシムル事」、「文武館（館名未定）ヲ設ケ活発有為ノ士ヲ養成スル事」「各地へ巡回員ヲ派遣スル事」について「凡ソ此数頃ハ未タ十分ニ其意ヲ尽サヽル所アリトスルモ亦露骨明言シ難キコトナキニシモ非サレハ諸君カ静思熟考シテ自得スル所アランコトヲ望ム」と記している。[52] 総理への特権付与、「活発有為の士」の養成、巡回員の派遣については公言できないことがあるとしている点に注目すると、この大会でも一八八二年九月秘密会での党中央方針が維持されており、この方針で課題とされていた「東京本部」への中央集権化が総理への特権付与という形で実現、さらに前年定期大会で協議された「文武館」の設立と各地への党員派遣については再度確認が行われたとも考えられる。

実際、「文武館」は八月に党本部の練武場・有一館として実現。以後急進派の拠点となったのであり、党員派遣も直接には資金募集計画との関わりであろうが実行されている。

また落合寅市は後に、この時のことを「高岸善吉東京自由党会議ニテ大井憲太郎外有志自由党員地方団結シテ専制政府顛覆改革運動約シテ帰国仕タリ」と記している。[53] さらに六月の密偵報告は、「大井憲太郎、宮部襄等」が「数名ノ実行委員ヲ派シテ各地方ヲ巡回セシメ、各地方ノ実行委員ト手配ヲ定メ」、「彼ノ納税期限ニ至リ、各戸長役場ニ収集セシ納税金ヲ奪取ルコト…（中略）此一事ニ就テ、平生ノ目的ヲ達スベキヤ否ヲ察シ、若シ十分ト見認メナバ、直ニ其準備ヲ為スベシ」と指示したとして、この「各戸長役場ニ収集セシ納税金ヲ奪取ル」計画については「去ル三月中各地方ノ決死派ヲ東京ニ集合シ、各此計画ヲ約シテ帰散シタリ。今又人ヲ派スルハ其手配等ヲ報道シ、且ツ其約ヲ堅クセンガ為メ」のものだと伝えている。[54] 秩父の自由党員と宮部の関係を考えれば、二つの史料は同じグループの動きに関するものと考えてよいだろう。だとすれば、これらの証言は、三月大会で上京した各地方「決死派」の間で「専制政府顛覆改革運動」、またその一環として各戸長役場管理下にある「納税金ヲ奪取ル」計画が協議され、その帰趨を見定めるために大井・宮部らが「実行委員」を派遣しようとしたことを示しているのであり、「自由党本部報道書」の「露骨明言シ難キコト」とは、大会決定の背後に存在した「決死派」の「蜂起」計画を指している可能性が高い。

さらに、ここで言及されている「実行委員」と、党中央の一八八二年九月方針の「志士」、前年四月大会後の有志会合で提案された「実行者」とが類似していること、より重要な点として、この時の「決死派」には少なくとも秩父の自由党員が減税という負担問題を負債にまで広げて組織した地域農民が含まれていること等を考慮するならば、三月大会はまさに、九月方針の延長上に位置づけられるものといえる。

いいかえれば、この大会以降、秩父ひいては群馬の農民たちが、一八八二年九月以来存在した自由党中央の「蜂起」計画の担い手になったということであり、実際、その後の群馬・秩父における動きは、この点を裏書している。

群馬では大会後の三月二二日、北甘楽郡一ノ宮の光明院で開催された演説会以降、いくつかの演説会が開かれる。これらの演説会には、本部から宮部のほか杉田定一、地元からは深井・伊賀・清水に加えて群馬事件の中心となる日比遜・三浦桃之助・湯浅理平らの参加もみられるようになり、それとともに会の急進的傾向も強まる。特に碓氷郡八城村で開かれた演説会では、農民が竹槍・蓆旗をかかげ、列を成して行進したという。また北甘楽郡内匠村戸長の湯浅理平が、三月二六日に地租納付金六〇余円をもって運動に参加しているのは、大会前後に大井・宮部らが協議したという戸長役場の「納税金」奪取計画と符合する。さらに落合によれば、秩父でも、高岸の帰郷後「地方団結ハ高利貸絶シ貧民救護ノ名ニ団体ヲ造ル可シト約シ…（中略）坂本宗作ニ告ゲ東京ト地方ト相呼応シテ事ヲ挙ゲントシ、政府専制ヲ転覆シ、生命財産ヲ抛ゲウチ国家ノ為ニ尽クス可シト密約書ヲ作」ったという。(55) 四月以降、秩父の村上をはじめ、群馬の宮部・深井・長坂らは、照山俊三殺害事件の下手人・関係者として追われ活動を封じられるが、群馬では日比・三浦・湯浅・小柏ら、秩父ではこの小柏と落合・高岸・坂本らが、その後も「諸税減額及ビ借金利足下ゲ」(56)、「債主ニ迫リ十ヶ年据置キ四十ヶ年賦ニ延期ヲ乞フ⼀」「學校費ヲ省ク為三ヶ年間休校ヲ縣廳へ迫ル事」「雑収税ノ減少ヲ内務省へ迫ル⼀」「村費ノ減少ヲ村吏へ迫ル事」(57)などを掲げて地域農民を組織し、最終的には群馬・秩父事件の武装蜂起に至るのである。

つまり本稿冒頭に掲げた「譌自由黨」の記事は、まさにこれら自由党員の動向を伝えるものであり、またこの「譌自由黨」は、「決死派」により、公私にわたる負担軽減要求のもと組織された地域の農民たちが、一八八二年九月の中央方針の延長上にある一八八四年三月党大会において「決死派」の「蜂起」計画の担い手として位置づけられることによって、生まれたといえるのである。それは、この大会後、板垣が減租運動に対してみせた態度にも示されている。

実は、大会直後の三月一五日に減租運動の法律上の根拠であった地租条例第六章は削除される。しかしその二日後に開かれた各地総代の相談会で、千葉県の総代・君塚省三が、「如何様ニ改正スルモ決シテ此儘ニテハ止マス飽クマテ行ル考ヘナルガ差向キ如何シテ宜シキカ」と板垣に尋ねたのに対し、板垣は「元来減租ノコトハ其地方有志ノ特ニ尽力スル所ニテ敢テ自由党ガ為スト云フニアラズ故ニ此席ニ於テ論談スルハ不可ナラン」と述べるとともに、有志で運動を継続しようと主張する片岡健吉に対して「訴訟」「請願」などの方法で行うことを勧めている(58)。ここで減租運動続行の意思を示した君塚省三は、密偵報告で「決死派」と目されており(59)、以上の経緯は、この時点の自由党中央に、減租運動の続行を主張する「決死派」と、政府同様、減租運動に対して警戒心を示しはじめた板垣らとのズレが生じていることを示している。一八八三年末の臨時党大会直後に翌春を期した減租建白運動が提起され、それが各地の自由党員によって実践されたことは前述の通りであり、君塚らはそれをうけて運動を進めようとしたにすぎない。それを板垣が「自由党ガ為スト云フニアラズ」と断じて合法的な運動へ誘導しようとしたこと自体に、「蜂起」計画を実行に移そうとする「決死派」党員が減租から負債の問題を通じて地域農民を「蜂起」に組織していく「譌自由黨」と、彼らの存在を減租運動の背後に感じて警戒心を顕にする板垣らの「自由党(60)」という、二つの「自由党」の姿がみえるのである。

おわりに

以上のように本稿では、「満自由黨」を松方デフレ期の群馬・秩父にみられ、「租税」から「負債」まで公私にわたる負担軽減を掲げて地域農民を蜂起へと動員していった自由党員、もしくはそれに応じて加盟していった者たちとし、その上で、負担軽減を掲げて地域農民を動員していこうとする言説は自由党結成以前から存在した点、一八八二年九月から八四年三月にいたる激化期の自由党中央は、少なくとも一つの方向として、減税などの公的な負担軽減をかかげて農民を含む一般民衆へ広く働きかけることで彼らを「蜂起」へ動員する方針を維持していた点、またこの方針と連動しつつ松方デフレ期の群馬・秩父の自由党員は地域への働きかけを行い、地域農民の要求に直面するなかでその問題意識を負債など私的な負担の問題にまで拡大していった点、他方、負債農民騒擾の経験を経て政府に目を向けはじめていた地域農民もまた自由党に入党、さらには自由党中央の「蜂起」計画へと加わっていった点を論じてきた。

つまり群馬・秩父事件の「満自由黨」は、一八八二年九月以降、自由党中央に存在し続けた、公的な負担軽減を「蜂起」と結びつける方針に起源をもち、「決死派」自由党員が、地域農民と関わりあうなかで負債などの私的な負担にも目を向けることによって成立したのである。この意味において「満自由黨」を中心とした運動は、自由党中央の方針から逸脱したのではなく、自由党中央が常に問題としていた「人民」の公的な負担問題の延長上に生じたものであり、逆に自由党中央の運動は、地域農民との関わりの中で「満自由黨」というもう一つの「自由党」を誕生させていったといえる。

いいかえれば、多様な社会層が異なる目的・要求、運動戦略をもちつつも接点を探して共闘し、そのなかで相互に影響しあい、全体の運動としても別の形へと変容していくという政治運動の当然の道筋を、「自由党」の運動、ひいては「自由民権運動」もまた通ったということである。
だとすれば「自由民権運動」とは何だったのかという問いは、様々な勢力の相互作用の中で変容の可能性を常にはらみつつ進展していく、そうした運動の実相を前提として、発せられるべきではないだろうか。本稿の課題、すなわち群馬・秩父事件で実際にみられた自由党員の運動から「自由党」の運動を検証することで「自由民権運動」像を再検討していくことの意味は、こうした疑問を提起することにあったといってもよい。

とはいえ本稿が、この課題を十分に果し得たとはいえない。主に密偵史料をはじめとする官側の史料を使用しているため、彼らの「筋書き」（そのようなものがあるとすれば）をなぞることになっている可能性や、板垣・片岡、植木・星らと「決死派」自由党員さらに「譌自由黨」員の運動戦略・思想上の関係など、いまだ検証すべき点は多い。[61]
特に後者の点に関わり重要なのは、「譌自由黨」内にみられた、最終的な運動目的における、また要求・行動を支えるモラル・価値観におけるズレと接点をどのように考えるかという点だろう。そもそも「譌自由黨」の位置づけは、最終的には、「譌自由黨」における「決死派」的志向と負債農民の問題意識との思想的なズレをどう理解するかにかかってくるからだ。[62]よって今後の課題は、「譌自由黨」の運動を支えた「政治意識」・「思想」の「構造」を検討することにあるが、この点は、稿を改めて論じたい。

（1）佐藤誠郎ほか編『自由黨員名簿』（明治史料研究連絡會、一九五五年）によれば、中島半三郎は藤岡町寄留の栃木県人で明治一六年六月二四日の入党、小泉信太郎は上栗須村を住所とし、入党期日は不明である。
（2）いずれの見解も「自由党」、ひいては「自由民権運動」の思想・運動と「譌自由黨」との接点を一定認めるが、その上で、「自由党」、「自由民権運動」による「譌自由黨」への思想的な影響を強調するものと、両者が基本的には異質であることを強調する主張がみられる。前者の研究には、清水吉二『群馬自由民権運動の研究』（あさを社、一九八四

年）、岩根承成『群馬事件の構造』（上毛新聞社、二〇〇四年）、井上幸治『完本　秩父事件』（藤原書店、一九九四年）、中澤市朗、『歴史紀行　秩父事件』（新日本出版社、一九九一年）、同『改訂版自由民権の民衆像』（新日本出版社、一九九六年）、後者の研究としては、稲田雅洋『日本近代社会成立期の民衆運動』（筑摩書房、一九九〇年）、同『民衆運動と〈近代〉』（困民党研究会編『民衆運動の〈近代〉』現代企画室、一九九四年）などがある。

（3）「秩父事件の紛争段階に関する考察（一）～（三）」（名古屋大学法学部『法政論集』一六三・一六四・一六五号、一九九六年一月・三月・七月）。

（4）藤林伸治「火の谷」（『秩父困民党に生きた人びと』徳間書店、一九七七年）・「群馬事件から秩父事件へ」（『ドキュメント群馬事件』徳間書店、一九七九年）、前掲の清水『群馬自由民権運動の研究』・「上毛自由党と秩父」（秩父事件研究顕彰協議会『秩父事件研究顕彰』九号・一九九七年）、前掲の岩根『群馬事件の構造』など。

（5）岩根承成「負債農民騒擾から群馬・秩父事件へ」（自由民権百年全国集会実行委員会編『自由民権運動と現代』三省堂、一九八五年）、岩根『群馬事件の構造』一八五～二〇〇頁。

（6）以下、明治政府による言論弾圧政策と自由党内の「激烈党派」形成の関係については、江村栄一「自由民権革命と激化事件」（『歴史学研究』五三五号、一九八四年一一月）を参照。

（7）家永三郎「自由民権に関する新史料」（『史学雑誌』七一編一一号、一九六二年）七二～七八頁、「開拓使需分ノ事ヲ今一層衆員ニ演説シテ傍テ國會ノ事ヲ主張スト而テ是ヲ妨クル者ハ大臣参議何レノ人ヲ問ハズ暗殺ニ出ルト云フ」者がみられたという（国会図書館憲政資料室所蔵「樺山資紀文書」書類二四）。

（8）国会図書館憲政資料室所蔵「三島通庸文書」四九六‐六㋺。

（9）事例の数は少いが、例えば有元正雄『地租改正と農民闘争』（新生社、一九六八年）六七九～六八八頁、後藤靖「自由民権運動と農民一揆」（坂根義久ほか編『論集日本歴史10　自由民権』有精堂、一九七三年）、大槻弘『越前自由民権運動の研究』（法律文化社、一九八〇年）一・二・四章、江村栄一『自由民権革命の研究』（法政大学出版局、一九八四年）一六～三五頁など。

（10）家永三郎『植木枝盛研究』（岩波書店、一九六〇年）二三一～二五九頁。

（11）東京大学史料編纂所編『保古飛呂比　佐々木高行日記』第九巻（東京大学出版会、一九七七年）六八頁。その他、愛

媛県の長浜立志舎・高松立志社がそれぞれ「立志舎員ト為レバ十分ノ権利自由ヲ得テ徴兵モ其ノ役ヲ免カル可ク営業雑税戸数割モ之ヲ出ダスヲ須ヒス世間ノ有様ヲシテ封建政治ノ時ト一般ニ至ラシム可シ」（『朝野新聞』一八八〇年五月一六日）、「我々立志舎ノ為メニ奔走スル所以ノモノハ人民ヲシテ税金ヲ免カレシムルニ在リ、看ヨ将来我政府ノ下ニ立ツ人民ハ追々多額ノ税金ヲ出サヾル可カラサルニ至ラン、然レトモ我舎ニ加入スルモノハ此義務ヲ免カル可シ、且一人ニ付株金五円ツヽヲ出金シ置カハ将来役員ノ増加スルニ至ラハ君等ヲ以テ役員ニ充テ一ヶ月六円乃至十円ノ俸給ヲ取ラセン」（「政党沿革誌」、愛媛県史編さん委員会『愛媛県史　資料編近代2』愛媛県、一九八四年、五七四頁）などとして多数を集めた事例、また岡山県後月郡種村では「立志社へ加入すれば諸税徴兵等を免かれると言ひ出すものありければ村民の内には段々と其説を信じついに二十一名申合せ橋本健造といふ男を總代に選び高知とか高松とかへ赴かせ社員の鑑札と提灯とを貰ひうけて歸りし」などの例（『山陽新報』一八八〇年六月八日）がある。

(12) 東京大学史料編纂所編『保古飛呂比　佐々木高行日記』第八巻（東京大学出版会、一九七六年）五一～五二頁。

(13) 明治十三年八月國會願望之事件探偵書概略」（早稲田大学所蔵「大隈文書」A六四〇）。

(14) 高知の懇親会などについては、松岡僖一『土佐自由民権を読む』（青木書店、一九九七年）一〇一～一二一頁、同「メディアと自由民権――高知県の場合」（新井勝紘編『日本の時代史22　自由民権と近代社会』吉川弘文館、二〇〇四年）二二二～二二九頁。

(15) 「自由党本部報道書」一八八二年七月一三日（神奈川県県民部県史編集室『神奈川県史　各論編1政治・行政』神奈川県、一九八三年所収の江村栄一「自由党史研究のために」二一三頁）。

(16) 一八八二年八月「自由党員馬場辰猪佐伯剛平ノ宇都宮ニ来会スルノ主意ハ自由党地方部設クヘカラサルヲ以テ更ニ地方自由懇親会ヲ開キ且ツ下等社会ノ人物即チ車夫消火夫等苟モ気魄アル者ヲ團結セシメ高知縣等ニ流行スル旗奪等ノ自由健康運動ヲ為サシムヘシトノ内約ヲ爲セリ」という密偵報告がある（「樺山資典文書」書類一三）。

(17) 安丸良夫ほか編『日本近代思想体系21　民衆運動』（岩波書店、一九八九年）二七四～二七五頁。

(18) 安丸良夫「民衆運動における『近代』」（前掲『民衆運動』）四七四頁。

(19) 『民衆運動』二六八～二七〇頁、二七五頁。

(20) 『自由新聞』の減税・反増税の主張は、基本的に「読明治十五年度歳入出予算書」（一八八二年八月一九・二〇・二九

日、九月一五～一七・二一～二四・二九日）から「増税ノ実如何」（一八八三年一〇月二七・二八日）まで、改進党＝三菱批判は「自由党ト改進党トノ関係ヲ明カニス」（一八八二年一〇月二四日）から「報知新聞ノ弁護ヲ駁ス」（一八八三年七月二〇・二一・三一日、八月二・八～一〇・一二～一五・一七～二一・二五・二六・二九日、九月一・七・八・一二・一三日）まで、断続的にみられる。なお『自由新聞』の論調については、松岡僖一『「自由新聞」を読む』（ユニテ、一九九二年）を参照。同書は、反政府運動を内包する反独占運動として偽党撲滅運動を位置づけた「一部民権家にとって、偽党撲滅運動は反増税姿勢の延長にある自由民権運動」だったとしており（一二二頁）、従来政党問の泥仕合の側面のみとりあげて否定的に評価されてきた偽党撲滅運動の位置づけに、新しい視点を提供している。

(21)『自由新聞』一八八三年一月五～一〇日。

(22)『自由新聞』一八八三年三月二〇～二四日。

(23)「読明治十五年度歳入出予算書」（『自由新聞』一八八二年九月二二日）も、「財政ノ此ノ如ク困難ヲ極メタルハ實ニ我政府ノ自ラ爲セル所ナレバ」「焉ゾ財政失敗ノ爲メニ困難ヲ蒙ムル所ノ人民ニ向ヒテ更ニ租税ヲ課シテ困難ナラシムルヲ得ンヤ」として、財政困難による紙幣増発・紙幣下落などの責任が政府にあることを明確に述べている。

(24)『自由新聞』一八八二年一二月一七・二二～二六日、一八八三年一月一九～二六・二八日、二月八・一六・一八～二三・二五日、四月一・二七・二八日、五月一二・一三日。

(25)「三島通庸文書」四九六-九・一二・一三・一五・二四・二五、井出孫六ほか編『自由民権機密探偵史料集』（三一書房、一九八一年）三八三～二八六頁。

(26)「三島通庸文書」四九六-二五。

(27)「三島通庸文書」四九六-二二、『自由党史』中巻（岩波書店、一九五八年）二三五～二三六頁。なお一八八三年四月自由党定期大会については、寺崎修『明治自由党の研究』上巻（慶應通信、一九八七年）一八四～一九三頁を参照。

(28)「三島通庸文書」四九六-二二。

(29)前掲の松岡『「自由新聞」を読む』一四二～一四四頁。

(30)同前一七〇～一八七頁。

(31)「三島通庸文書」五一〇-一一。

(32) 前掲『自由民権機密探偵史料集』三一六〜三一七頁。これ以降の自由党の減租請願運動について整理したものには、大日方純夫「政党の創立」(江村栄一編『自由民権と明治憲法』吉川弘文館、一九九五年)一五八〜一八四がある。

(33) 『自由民権機密探偵史料集』三二八〜三三八頁。この時期には改進党も地租軽減を主張していたが(前掲の大日方「政党の創立」一六二〜一六四頁)、この報告書に付されている高知・千葉・福井県の事例は自由党員およびその近親者に関わるものである。

(34) 以下、群馬事件前の上毛自由党や自由党本部・負債農民騒擾の動き、群馬事件と秩父事件との関わりについては、清水『群馬自由民権運動の研究』・同「上毛自由党と秩父」、岩根『群馬事件の構造』を参照。特に一八八三年末・一八八四年初頭の上毛自由党による減租請願運動と自由党中央の関係についての両氏の指摘には大きな示唆をうけた。

(35) 前掲『自由黨員名簿』所載の一八八二・一八八三年入党者一〇人に、秩父事件の訊問調書でそれぞれ一八八二年九月、一八八三年三月に入党したと証言している下日野沢村の新井蒔蔵と加藤団蔵(『秩父事件史料集成』——以下、『集成』——第二巻、二玄社、一九八四年、六〇一・六四一頁)を加えた。

(36) 新井武信ほか『日野沢村誌　第一輯』(日野沢村教育委員会、一九五五年)一六一〜一六四頁、中澤市朗「秩父自由党の諸問題(一)」(『秩父郷土史報』二-一、一九五四年)、若狭蔵之助『昭和四五年度東京都教員研究生研究報告書　明治前期における政治史料の研究』七〜一三頁。

(37) 『自由党史』下巻(岩波書店、一九五八年)四〇頁。一八八四年四月の照山俊三殺害事件については、『埼玉自由民権運動史料』(埼玉新聞社、一九八四年)四〇九〜四三九頁。

(38) 「加藤団蔵訊問調書」(『集成』第二巻)六四一頁。

(39) 『自由新聞』一八八三年五月二四日、六月二・二二日、九月二七日の雑報。

(40) 『自由新聞』一八八三年五月二四日雑報。

(41) 『自由新聞』一八八三年六月二日雑報。

(42) 「三島通庸文書」五一〇-五。

(43) 高知市立自由民権記念館所蔵『土陽新聞』一八八三年一一月八日、『自由新聞』一八八三年一一月一五日。

(44) 『自由新聞』一八八三年一二月二六日雑報。

(45)　一八八三年中に関東・その周辺の運動会・懇親会のうち実力行使が暗示される例は当時の新聞記事などに数多くみられる。特に六月、栃木県で行なわれた運動会には「四百餘名」の「自由壮士」が集まり、「窮民隊と稱して敗笠殘蓑を被ふり或ハ砲兵隊を結んで紙製の鐵砲を携へ」る者が登場、「國會太郎權理次郎自由三郎抔思ひ〳〵稱呼して四方より來集」し、最後には「大さ二間餘もあらんずる大熊」や「竹細工にて造り郵便報知新聞にて貼りたる長さ二間餘の瀛船」を中央に引き出してきて「其罪狀を詰責」したのちに「大熊」を斬り「瀛船」を焼くというパフォーマンスが展開された(『自由新聞』一八八三年六月一五日)。「敗笠殘蓑」をかぶるなど百姓一揆、世直し一揆をも連想させる「窮民隊」が「大熊」とともに登場している点には、偽党批判ひいては減税運動が、農民の、より一般的な困窮問題あるいは「世直し」へと拡大されていく兆しを読み取ることができる。

(46)　清水『群馬自由民権運動の研究』一三〇頁、岩根『群馬事件の構造』三六頁。

(47)　「富岡警察署沿革史」(群馬県史編纂さん委員会『群馬県史　資料編20』群馬県、一九八〇年)三三九頁。

(48)　以上は「田代栄助訊問調書」(『集成』第一巻、三玄社、一九八四年)三七、四四〜四五頁。

(49)　『集成』第六巻(三玄社、一九八九年)所収の鎌田沖太「秩父暴動実記」九頁。

(50)　一八八四年三・五月に『自由新聞』上に発表された新入党者は高岸善吉らを含む一九人だが、田代栄助のほか、遅くともこの年前半には自由党に入党したことが確認できる非公認自由党員(引間元吉・門平惣平、『集成』第二巻、三八〇頁)を加えると、秩父郡の自由党員は前年の一二人から三四人へと増加している。

(51)　寺﨑修氏の「自由党大会参加者名簿」(前掲『明治自由党の研究』上巻、二四一〜二五三頁)によれば、この大会の参加者六一名中、東京本部を除く関東(茨城・千葉・栃木・群馬・埼玉・神奈川・山梨)の党員が三八名を占めている。

(52)　江村栄一「自由党史研究のために」二三〇〜二三一頁。ここでは「此数項」を、説明を省いている第二〜四項と考えた。なお、この点や落合寅市の手記理解については、江村栄一『自由民権革命の研究』二五二〜二五三頁、二浦進氏の『加波山事件』(同時代社、一九八四年)七二〜七四・二六〇〜二六二頁に教えられることが多かった。

(53)　落合寅市「綸旨大赦義挙寅市経歴」(『秩父事件史料』第二巻、埼玉新聞社、一九七二年)六一一頁。

(54)　『民衆運動』二八三〜二八四頁。

(55)　落合寅市「秩父大阪事件記録」(石川猶興『千葉・茨城自由民権　風雪の譜　利根川民権紀行』崙書房、一九七二年)

二二六頁。
(56)「予審終結決定原本」(『群馬県史　資料編20』)二八二～三一二頁。
(57)「田代栄助訊問調書」三四頁。
(58)『自由民権機密探偵史料集』三二二～三二四頁。君塚省三ら千葉県の自由党員による減租請願運動については、佐久間耕治『房総の自由民権』(崙書房、一九九二年)九五～一〇七・一七三～一七六・一九〇～一九三頁。
(59)一八八四年六月の密偵報告には「過般来、仙波兵庫ノ千葉県行ハ種々ノ風説アリシガ、全ク決死派ノ石井代二、君塚省三、川名七郎、佐久間亮茂等ニ打合セノ事アリテナリ」とある(『民衆運動』二八三頁)。
(60)一八八四年三月二〇日付『自由新聞』の社説「地租條例」は、六章の削除も「已ムヲ得ザルノ事」「妥當ノ改正」としている。
(61)江村栄一氏は、氏のいう「広域蜂起派」について、「植木を中心にして一八八三年末より実行される減税建白運動も、この派との関連からとらえ直してみる必要があろう」としている(前掲「自由民権革命と激化事件」一〇頁)。
(62)秩父事件の思想面に関わる研究整理の詳細は、拙稿「秩父事件研究における現状と課題(二)」(名古屋大学法学部『法政論集』一五六号、一九九四年七月)二五五～二六一頁。

第Ⅲ部　自由民権の〈経験〉

第7章　大同団結運動をめぐる政党論

――『関西日報』時代の末広鉄腸を中心に――

真辺　美佐

はじめに

大同団結運動に関しては、これまで多くの研究の蓄積がなされている。この時期に関するこれまでの研究では、一方で自由民権運動との、そして他方では初期議会期との、連続性もしくは断絶性を明らかにするという問題関心が強かったように思える。[1] そうした問題関心は、歴史的な流れの上にこの時期の運動・人物・思想を位置づける上で非常に大切な視点であるが、その一方で、まだ残された課題も多いと考える。[2] 第一に、これまでの研究は政治史的な分析が主流であり、この時期のそれぞれの運動主体が、どのような理念を描いていたかが閑却されていることであり、[3] そして第二に、自由党と立憲改進党〔以下改進党と略す〕との対立構図ばかりが注目されているために、[4] 大同団結運動内部での対立、すなわち後に分派する大同倶楽部と大同協和会、愛国公党の対立関係についてはまだ検討が深い部分にまで進んでおらず、ましてやそれぞれの内部での意見対立などには全く注目が払われてこなかったことなどが問題としてあげられよう。この二つの問題点は相互にからまっており、大同団結運動の内部対立構造を分析するためには、各派の紙面にあらわれた政治的意見、すなわち理念的側面の分析が不可欠であろう。

本稿では、こうした研究史に対する反省をふまえ、大同団結運動を具体的な運動として最初に提起し、(5)その後も精力的に運動を推進しつづけた末広鉄腸（一八四九〜一八九六）を題材として、その政党論と大同団結運動との関係を、末広が『関西日報』に筆をとっていた明治二二（一八八九）年七月から翌二三年四月までを対象に検討したい。『関西日報』は、後述するように大同倶楽部の機関紙であり、末広が社長兼主筆として全権を握っていた。この時期は周知のように、それまで大同団結運動の先導者としての役割を果たしてきた後藤象二郎が入閣したことにより運動のあり方をめぐって意見の対立がおこり、大同団結派が大同倶楽部と大同協和会に二分する時期である。さらに二二年一二月には板垣退助が旧友懇親会を開催し、愛国公党を結成することを発表し、運動が事実上三派にまで分立する時期である。この時期の『関西日報』紙上における末広の論説を中心的な検討材料に設定することによって、大同団結運動全体の中で、さらには大同倶楽部内部で、末広がどのような位置づけにあったのかを、特にその「大同団結」論・「政党」論を軸に、同じ大同倶楽部に所属していた『東雲新聞』(6)などとの論争を追うなどの形で、明らかにしていきたい。その際、末広の「大同団結」論・「政党」論は、常に政治史的状況を意識して発言されているため、政治史的状況との呼応関係を特に意識して分析していくこととしたい。以上の分析によって、大同団結運動後期の各派の関係、およびその中での末広の政党論の位置を明らかにすることができると考える。そのことは、単に末広研究としてのみでなく、大同団結運動そのものを考える上においても、重要なものであろう。さらに、民権運動家のその後を考えることは、逆に、後の時期から「民権」期を逆照射することにもつながるのであり、そのことによって「民権」像の再構築を行うことにもつながると思われるし、またこの時期の政治勢力の政治思想の複層性を明らかにすることは、

「国民国家」の内部における政治構想の複雑さを明らかにすることにもつながると思われる。そうした意味で本書の目指すところと、問題意識において共通するものだろうと考える。

なお『関西日報』は、大阪府立中央図書館にしか所蔵されていないこともあって、これまで言及されることがほとんどなかった。本稿は『関西日報』を初めて分析の対象にすえたという意味で、前述したような大同団結運動の全体像を明らかにする上において重要であるだけでなく、『関西日報』それ自体の個別研究としての意味も持つものであることも付記しておく。

第一節　『関西日報』創刊前後の大同団結運動と末広鉄腸との関係

明治二二年二月一一日、末広鉄腸は米欧の外遊から約一〇ヶ月ぶりに帰国する。末広の渡欧は、大同団結運動が、保安条例や改進党の元党首・大隈重信の入閣などにより行き詰まったために、国内での運動の継続を一旦中止し、米欧を視察して国内における新たな運動方針を模索するために行われたものであった(7)。帰国後、末広が長年在籍していた『朝野新聞』は、末広の不在中に自由党系から改進党系へと旗幟を変更してしまっていた。そのため、末広は朝野新聞社を退社し、『東京公論』(8)に入社した。

三月二日、末広は帰朝後初の演説(9)において、立憲政体を確立し政党政治を行うためにも、また欧州諸国と対峙するためにも、「大同団結」を実現し全国団結の力で内政外交の改良を実現することが必要であると述べた。自らの大同団結運動再開の宣言であった。末広は言う、「大同団結」が実現せず政党が四分五裂の状況となった場合、国内での政権争いが先行して、政治の方針が定まらず国内の政治状況は乱れたままとなり、内政外交の改良は実現しえない。末広は洋行中に目撃した体験を交えながら、ドイツを除くヨーロッパの立憲制諸国家では、大同団結が実際に行われていると述べ、それを論拠に、政党政治の前提として大同団結が必要であるということは普遍的な原則であると論じた。なお、この演説中、「大同団結」とは「大体の目的」のもとに各派が連合して「一大政党」を作り上げるものであると末広は述べている。つまり必ずしも細かい政治的意見においてまでの一致を意味するものではなかった。その後、末広は、大同団結東京大会の議決に基づき、中国地方——広島・忠海・三原——の遊説を行うこととなるが[10]、それらの遊説でも、政党政治を行うためには「大同団結」によらなければならないことを強調した[11]。その折、大同団結が目的とするものとして末広は、第一に善良な立憲政治の確立、第二に政費節減、第三に条約改正という三つの目的を挙げた。これらはのちに、大同倶楽部の綱領の「目的」として制定されることになるが、これが先に述べた「大体の目的」に相当するものであった。

この時期すでに改進党は大同団結運動からは離れており、末広の目的とする、改進党をも含めた形での大同団結はきわめて難しい状況にあった。それに加えて、旧自由党系の大同団結派も、分裂の危機を迎えることとなる。すなわち、それまで大同団結運動の首領として運動を推進してきた後藤象二郎が、三月二二日に逓信大臣として入閣してしまい、この入閣の是非をめぐって派内で意見の対立が生じていた。折しも、二月一一日の憲法発布に際して大赦が施行され、河野広中と大井憲太郎の二人の大物運動家が出獄していたが、後藤が入閣すると、この二人が後藤にかわる運動の中心人物として急浮上することになる。しかしこの二人の間で、その後の組織方針などをめぐって新たな対立が生じる。その対立点のひとつが、大同団結運動を全国的な政社組織に改めて、ひとつの政党（すなわち先に末広が述べた「一大政党」）として活動していくのか、それとも非政社としての運動を継続して諸派のゆるやかな連合形態として存続していくのかという方針の違いであった。非政社の方針を主張した大井憲太郎らは五月一〇日、親睦団体として大同協和会を組織し、政社組織を主張した河野広中らは五月一三日、政社として大同倶楽部を組織した。大同協和会が会の綱領を発表しなかったのに対し、大同倶楽部は、綱領として五箇条の目的を発表した。この五箇条の目的とは、「第一　我国独立ノ大権ヲ鞏固ニスル事」「第二　責任内閣ノ実行ヲ期スル事」「第三　財政ヲ整理シ民力ノ休養ヲ謀ル事」「第四　地方自治ノ制度ヲ完全ニスル事」「第五　議論集会結社等ノ自由ヲ期スル事」である。末広は、先に見たように「大体の目的」のもとに「一大政党」を樹立することを主張していたので、河野とともに大同倶楽部を設立する側に回った。そしてその綱領として定められたこの五箇条の目的は、末広のいう「大体の目的」に相当するものであったと考えられる。

五月一五日、末広は大同倶楽部の常議員及び事務主任に選ばれ[12]、倶楽部の幹部として、責任ある指導的立場にたつ。その結果末広は、言論活動の場としていた中立主義の『東京公論』を、自身の大同主義と一致しないことから退社することとなった[13]。すなわち、末広はタイムリーに執筆する場を完全に失う。しかし、六月はじめころから、大阪の大同倶楽部系の月曜会が『関西日報』の創刊を企図し[14]、その主筆記者として末広を招聘しようと運動しはじめた[15]。末広は、一年間かぎりという条件で『関西日報』の社長兼主筆という任務を引き受けることとなった。

当時大阪では、政党が四分五裂しており、大同倶楽部と大同協和会との分裂の余波も及び、各派の対立は混迷の度を加えていた[16]。『関西日報』の発行母体となった月曜会は、もと独立党と称していたが[17]、大同倶楽部の傘下に入り月曜会と改称していた。これとは別に大阪にはもうひとつ、大阪苦楽府という大同倶楽部に属する団体が存在していた。この大阪苦楽府は、前年の二一年一月一五日に創刊されていた『東雲新聞』を機関紙としていた。大阪苦楽府と月曜会とは、ともに大同倶楽部の傘下に属しながら激しい対立関係にあり[18]、その機関新聞紙上でも激しい論争が行われたのである。両者が激しく対立した原因としては、後述するように『関西日報』の月曜会よりも『東雲新聞』の大阪苦楽府の方が、旧自由党の土佐人を多く含み、「自由主義」の趣旨のもとで急進的な運動を展開しようとしたからであると思われる。そうした意味では、『東雲新聞』とその母体である大阪苦楽府は、具体的な政治的見解のレベルではむしろ大同協和会に近い思想を有していたといえる。

こうした政党の混乱を統一し、大同倶楽部の勢力を拡張するという使命感を帯びて、末広は六月二四日、大阪に赴いた。七月一三日、『関西日報』は大阪における大同倶楽部系新聞として創刊される。[19] そして末広は、その創刊初日から、社務に専念し、[20] 精力的に紙上で大同倶楽部員として論陣を張ることになる。ただし、『関西日報』在任中、末広は大同倶楽部の常議委員としての党務にも追われており、特に同年一二月頃より翌二三年四月の退社まで、社を留守にすることが多くなる。[21] もちろんこの間も、末広にとって『関西日報』は、この時期彼が筆を執ることができる唯一の新聞であり、彼の主張をリアルタイムに発露しつづけた重要な場であったことには変わりがなかった。末広が、『関西日報』のためにいかに精力的に尽力したかということは、『関西日報』がわずか創刊一ヶ月未満で、当時大阪に存在していた六紙[22]のなかで発行部数第三位[23]の成績を収めたことでもうかがえる。また、百号を記念して述べたところの、「関西に於て大同団結の其の基礎を定むるに非ざれば余は決して大阪を去らざるなり我日報の天下を風靡し今日に十倍するの勢力増加するに非ざれば余は決して此社を出でざるなり[24]」という意気込みにもうかがえる。

以下、末広の『関西日報』在任期間における彼の言論活動を、特に政治情勢との関係を視野にいれて、分析していくこととする。なお、明治二二年七月から一一月までの期間に関しては、末広が精力的に社務に従事していたことから、無署名の論説も末広が責任を負うものと判断して、行論していきたい。

第二節　条約改正反対運動をめぐる「大同団結」論の展開

1　大隈条約改正案反対論

大同倶楽部がその結成に際して制定した五箇条の目的の第一に掲げられていたのが、「我国独立ノ大権ヲ鞏固ニスル事」であった。そして大同団結運動がかつて井上馨外相による条約改正に反対して大きく盛り上がったように、条約改正問題がこの「独立ノ大権」に関わる最大の問題として位置づけられていた。井上外相の辞職後、大隈重信がその後をつぎ、水面下で条約改正の運動を進めていたのだが、『関西日報』が発刊を迎える直前、五月三一日から六月二日にかけて、新聞『日本』が大隈外相の条約改正案に関する『ロンドンタイムス』の論評記事を訳載したことにより、その条約改正案の内容が明らかになり、以後条約改正に対する反対運動が巻き起こることとなった。『関西日報』においても、七月の発刊当初から大隈案中止にいたる一〇月まで、条約改正反対論が最大の問題として紙上で繰り返し議論されることになるのである。

創刊三日後、社説「条約改正」[25]を嚆矢として、「新条約の利害」[26]「条約改正中の一要件」[27]が連載され、大隈外相の条約改正案に対する反対意見が展開された。これらの論説において末広が反対の最大の根拠としたのは、外国人裁判官の設置が日本のみに義務づけられるという片務的なものであるということであった。たとえば明治五年に期限の切れた現行条約すら二〇年近く経過しても改正にいたらない事実からも明白であるように、このような片務的な項目は一度決定されてしまうとそれを覆すのは極めて困難であると論じている。つまり末広は完全な対等条約でなければ、国権の回復にはつながらないとして、片務的条項を含む大隈案を攻撃したのであった。このような論拠のもと末広は、完全に対等な条約改正でなければ内地を解放すべきではないと主張した。当時の世論では、大隈の条約改正案における「大審院に外国人の裁判官を置く」とする項目が憲法違反[28]であるとして反対の論拠とするのが一般的であり、末広のこの議論は、改進党の意見、すなわち、漸進的にでも条約を改正していくべきであるという意見を意識したものであったといえよう。その後、世論による大隈案反対の意見の高まりを見た末広は、国民の「輿論」を背景に、天皇が条約の批准を拒むことは何ら問題ではないとして、たとえ大隈外相と他国との間に条約が調印されても、国際法においては、国家の権益に反し国民の意見に反する条約の批准を拒むことは認められていると主張した[29]。

大審院への外国人判事の登用が憲法違反であるとの世論の攻撃に直面した政府は、急遽帰化法の制定を企図する。これに対して、八月七日、批判の社説を掲げ、帰化法制定の意図が、帰化そのものの整備ではなく、条約履行のために設ける本末転倒なものであるとみなし、このような政府の態度を、一国のことを考えずに「国民の愛国心を消費」させる行為であるとして批判した。(30) また帰化法が施行された場合、外国人は、日本の臣民となるわけであるから当然日本人と同じく「文官登用試験規則」「裁判官制」「給俸の規則」も適応されなければならない。しかし、事実上それが不可能だからといって、帰化外国人に限っては適応しないという特別処置を施すとすれば、それは外国人を日本の国民よりも優遇するということを意味する。またそれが不可能だからといって諸規則そのものを廃止することになれば、その弊害は名状すべからざるものがあり、それも不可能である。つまり、帰化法を施行すれば、外国人と日本人は対等ではなくなり、外国人が日本人の上に立つことになるのであると、主張した。(31) 一方、英国公使が政府の制定しようとする帰化法に対して、それを拒否しているという風説が流れると、末広はその事実も政府批判の材料とした。(32) 条約改正反対運動が全国的な盛り上がりをみせ、それに対して政府側の取り締まりが厳しくなってくると末広は、そのような取締りの強化は、「輿論」が納得しない上に、かえって反対党の気焔を増加することにつながるのであり、政府にとっても誤った政略であると批判した。(33) このような議論は、紙上のみならず、精力的に演説会・懇親会においても展開された。(34)

このように展開された末広の条約改正反対論そのものは、他の反対意見と比べてそれほど特異であるわけではない。(35) しかし、末広に特徴的であったのは、次に検討するように、条約改正反対の論説の合間に、「大同団結」論を展開したことである。

2　条約改正反対論と末広の「大同団結」論

末広は、次のように大同団結の必要性を主張する。

国会の準備を整へんとすれば大同団結をなさゞるべからず政事上の改良を成就せんとすれば大同団結をなさゞるべからず大同団結によつて政党内閣の成立を実地に視るを得べく大同団結の力によつて始めて不完全なる条約を排除するを望むべし(36)

「国会の準備」「政党内閣の成立」とならんで、「不完全なる条約」の排除が、大同団結によって目指すべき目的として挙げられている。大同団結によって条約改正反対の一大勢力を作り出し、条約案廃案に追い込むというのが、この時期の末広の主張であった。すなわち、この条約改正問題は、大同倶楽部が大同団結運動として取り組む初めての問題であり、もし大同団結運動による政府の条約改正案に対する反対運動が成功すれば、「大同団結」の有効力を証明する第一の機会になると考えていた。すなわち、「大同団結」は「財政なり内閣の組織なり」といった、将来政局の運営において必要となってくるものであると考えており、それだけに一層、当面の目的である条約改正問題に力を集中させることとなったのであった。それゆえ、末広は、条約改正反対の意見とともに、大同団結の必要性を繰り返し説くことになるのである。

さらに、末広の議論に特徴的なのは、この「大同団結」を、政党にまで発展させようとしたことである。「政党と云ふものは時事問題によつて分れねばならぬものである（中略）今日我邦の政党は政党内閣を造り出すとか政費を節減するとか外国に向て国権を拡張するとか云ふ位な大目的によつて一致するが相当かと思ひ升(37)」というような政党の樹立を目論んだのである。すでに大同倶楽部と大同協和会の分裂、および改進党の大同団結運動からの離脱によって、大同団結運動は終焉したと捉えるものもいた。しかし末広にとって、この条約改正反対運動の高まりは、大同団結を成し遂げる機運の高まりとして映っており、この条約改正問題を契機に、大同団結運動を継続し、それを一つの政党にまでまとめあげようとしたのであった。

ただ、八月二五日に、東京において非条約改正の五団体（大同倶楽部・大同協和会・保守党中正派・『日本』『日本人』社友・熊本紫溟会ならびに筑前玄洋社）による全国有志聯合大演説会が開催され、各派が足並みを揃えて反対運動が展開された頃から、末広の中で、次第に大同倶楽部の位置づけが変化しつつあることに注目される（なお末広は、この日、京都・洛東有楽館での大同派の大懇親会に出席し、この大演説会には出席していない）。

大同倶楽部は固より率先して大同団結を主張せし人々の結合体に相違なけれども（中略）目下我邦に必要とする大同団結は決して此の如きに止まらざるなり今や条約改正の疑問に因り気象意見の互に異同あるものを打破して一団と為し同一の運動を為すに至らしめたり(38)

そもそも末広は、大同倶楽部が定めた五箇条の目的によってこそ、政社としての「大同団結」がなされると考えていた。そこでは、大同倶楽部こそが、「大同団結」によってなされる「一大政党」そのものであったのである。しかし右の末広の演説では、大同倶楽部は他派と共同して大同団結をなしとげる一分派にすぎない存在となっている。したがって、大同倶楽部が結成時に定めた五箇条の目的に関しても、「大同倶楽部の規則（五箇条の目的）は所謂る非政社派を除くの外全国大同派が将来に執るべき一般の方向を指定したるものなれども大同団結の未来は固より此規則に拘泥するものにあらず(39)」と、かならずしもそれに拘泥する必要はないと述べるようになっていった。このような変化の背景には、条約改正問題を契機に、条約改正案反対という一つの目的のもと、平素の主義に関係なく、各諸党派が連合を組むにいたっていたという前述のような状況があったのである。したがって末広は、この機を捉えて、大同倶楽部一派の立場に拘泥することなくこれらの連合を「大同団結」して「政党」として発展させることを考えたのであった。

3　批判への応答──末広における「大同団結」と「政党」──

条約改正によってなしとげられた「大同団結」を、政党にまで発展させようとする末広の議論に対しては、同じ大同倶楽部に属する『東雲新聞』から批判の声があがった。つまり、「真成の大同団結」とは、政治上の実際問題が起こった際に、「一大共同の目的」のためにやむにやまれず集まった「聯合」体のことを指すのであって、決して政治主義を同じくする「政党」とはなりえないというのである。[40]『東雲新聞』は、大同倶楽部の第一の目的「我国独立ノ大権ヲ鞏固ニスル事」を例に挙げて、次のように述べる。「此条に於ては日本人民は皆な尽く同一の目的なれば特に之を掲げて標目とするに足らず」、つまり日本の人民であるならば、この程度の目的には誰でも同意するところである。しかし、改進党が、その綱領に「王室の尊栄を保ち人民の幸福を全うする事」「外国に対し勉めて政略上の交渉を薄くし通商の関係を厚くする事」などと掲げているにも関わらず、大隈の条約改正案に関して賛成の言動を取っていることから考えても、大同倶楽部の掲げる目的は、誰もが賛成するような曖昧な目的に過ぎない。このような曖昧な目的を掲げる「政党」などというものはありえないという批判を行なった。以上より、『東雲新聞』が「政社派」として大同倶楽部に所属しながらも、その「政社」として想定していた範囲がかなり狭いということがわかる。『東雲新聞』が政社・政党として団結する範囲として想定していたのは、旧自由党系の人々に限られるのであり、それ以上の範囲に関しては、大同団結による連合はありえても、「政党」として合同することはありえないと考えていたのであった。[41]

しかし末広は、前述したような見解を捨てることなく、条約改正反対と大同団結の必要性を訴えかけるべく、紙上で議論を展開するのみならず、遊説や演説活動も展開した。九月一一日から改進党勢力が比較的強かった郷里愛媛県の東部地方を遊説、[42]「条約改正」と「大同団結」の二題が中心であった。九月末から一〇月にかけて、批判対象も焦点が絞られ、政府全般から大隈個人への批判へと集中していった。[43] これは、政府部内でも反対の声が多くあがってきたことの反映でもあった。一〇月五日には、広島での非条約派の大会に出席し、一〇日には、桃山産湯楼にて月曜会及び大阪苦楽府による全国有志大懇親会に参加した。この大会で末広は条約改正反対論及び条約改正反対を契機とする「大同団結」の必要性を唱えた。[44] そして、従来月曜会と対立してきた大阪苦楽府との協同関係までが成立するという状況は「輿論」から支持を受けているからだと、今まで展開してきた主張の正当性を述べた。[45] 翌一一日には、西区土佐堀の青年会館での非条約改正政談演説会に参加して、大隈の帰化法制定の目論見を批判し、あわせてそのような大隈を擁護している改進党も批判した。[46]

一方、政府内においても、条約改正中止論の勢力が強力になりつつあり、伊藤博文枢密院議長も条約改正に反対して辞表を提出し、ついには御前会議が開かれることが決定するなど、条約改正中止の兆が見えていた。[47] そのような中でも、あくまで大隈擁護を弁論し続ける改進党に対して、末広は愚かというよりも憐れであるという批判を行った。ただしここで注意されなければならないのは、末広の批判対象が、「改進党」という政党の存在自体ではなく、あくまで大隈の条約改正案、ひいては大隈外相を支持する「今日の改進党」であったということである。[48] すなわち政党内閣が行われているイギリスにおいてでさえ、現在の改進党のように「人に党する傾向」すなわち「英雄崇拝」はよく見られると説明する。そのことは「迷信」であり党派の弊害であることに相違はないのだが、「人に党する傾向」は「匡正するに其道あり」と考えられるため、「我邦前途の有様に就いて之を考ふるに之が為めに太だしき政事上の困難を引起すべしとは思はれざるなり」と論じていた。このことは、「今日の改進党」が方針を変更しさえすれば、改進党とも「大同団結」できるということを末広が考慮に入れていたことがうかがえるのである。さきに、末広の条約改正批判が、大隈個人への批判へと収斂していったことを指摘したが、末広の改進党批判は、改進党そのものへの批判というよりは、改進党が大隈を支持していることに対しての批判が主となっていた。このような批判の仕方は、末広が長期的な視野において、改進党をも「大同団結」の範囲に含めていたことから来ているものと推察されるのである。末広はしたがって、同月一八日、外務人臣大隈が襲撃されることにより条約改正反対運動が一応の結末を遂げると、末広は改進党が決して敵党ではないということを明言し[49]、翌明治二三年八月から本格的に開始される政党の「合同」運動に至るまで、改進党を含めた「大同団結」を主張していくことになるのである。

条約改正案中止という「大目的」が一応の解決を見せると、末広にとっての課題は、この条約改正反対運動によってなしとげられた「大同団結」を、いかにしてこの後も継続し、「政党」結成にまで結び付けていくのかという問題であった。そしてそのために、『関西日報』紙上においても、条約改正に対する反対の論説にかわって[50]、大同団結論や政党論が載せられることが多くなる。条約改正反対運動のもとでは、大同倶楽部と大同協和会の関係、また「大同団結」が政党であるか否か、またそれに「主義」を定めるか否かなどの議論がありながらも、とりあえずはそうした問題は不問にされたまま、条約改正反対の一点において、連合が成立していた。しかし条約改正が中止され、連合の大目的が失われた今、末広は再び、何を目的に大同団結すべきか、そしてその大同団結によって結成されるべき政党とはいかなるものなのか、という問題にかえらざるをえなくなったのである。

末広は、政党がいかなる性質によって成立するものであるかということについて、次のように述べる[51]。つまり、政党とは国や歴史によりさまざまな形でなりたっているという。たとえば、末広によれば、イギリスの政党は「進歩」「保守」の主義によっては分かれておらず、「外交政略」によって分かれており、フランスの政党は「共和党」「王政党」という分かれ方をしており、イタリアの政党はイギリス同様「外交政略」によって結びついており、アメリカの政党は「集権」と「分権」の主義の違いにより二つの政党に分かれているという。このような例をもとに末広は、「政党と云ふものは社会の必要に従ひ国家の事情に応じて種々の形体を為すものなることを知るべきなり」と述べ、現在の日本の場合、条約改正という外交問題が最も重要な課題だと考えられるので、外交問題によって政党をつくっていくべきであると主張した。末広が政党のあり方の多様性を主張したのは、政治上の「主義」にこだわる政党論への批判であり、条約改正というような外交問題を中心にして政党が成立することもあるのだと主張するためであった。その後末広は、大同倶楽部が定めていた五箇条の目的こそ、政党結成の基準とすべきであるとして、五箇条の目的に沿った「大同団結」による政党の結成を主張していくのである(52)。

第三節　愛国公党結成から庚寅倶楽部設立にいたる「政党」論の展開

1　合同運動の開始と停滞

条約改正案反対運動最中の九月初旬頃から、大同倶楽部と大同協和会とを合併させようとする運動が始動していた(53)。しかし、大同倶楽部は「大同倶楽部を存して非政社に改める」という条件を出し、また大同協和会の方は「大同協和会を存して政社に改める」という条件を出すというかたちで双方の言い分がかみ合わなかった。一〇月一九日には、大同協和会側が、「大同団結を政社となす以上は名は自由党となすべし然らざれば全く非政社となし大同の名義を改めて別に名義を付することとなし其名称は板垣伯に依頼すべし(54)」という主張を行った。これに対して末広をはじめとする大同倶楽部側は、「大同」の文字を外すという主張には応じられないと述べた。ここで大同倶楽部が「大同」の文字にこだわったのは、当時一般に「大同派」と呼べば大同倶楽部のことを指しており、合同後の団体に「大同」の字を残すことによって、少しでも自派の側が主導権を握ろうとしたものであると考えられる。もちろん、末広個人にとっては、それとともに、かねてから主張してきた五箇条の目的にそった「大同団結」による「一大政党」の成立を目標として掲げたいという思いもあった。しかし、当時の大勢は、旧自由党系の大同倶楽部・大同協和会の合同のみが目下の課題として映っていたのであり、こうした末広の意見は受け入れられなかった。

このように、大同倶楽部と大同協和会の合併運動は、凍結状態に陥っていたが、一一月二七日『関西日報』記事において、元自由党総理板垣退助がこの凍結状態を打破するため、翌一二月一七日に桃山産湯楼にて旧友懇親会の開催を計画していることが発表された。このことについて、末広は、板垣が仲裁に介入することにより大同倶楽部に属する旧自由党の者たちと大同協和会に属する旧自由党の者たちとは合併するかもしれないが、旧自由党に属さない他の者たちが別の運動を起すことは目に見えており、板垣が介入することはかえって完全な合併をありえなくすると批判した(55)。特に末広が危惧していたのは、両派の合併運動が、「自由党の再興」という形に終わってしまうことであった。つまり、「政党は政事社会の形勢に応じて変化するを以て当然とす一たび契約したるもの、何時までも其の結合を維持せんとするが如きは最も危険なる私党の性質を帯び決して文明の社会に発生すべき政党と謂ふべからざるなり」と述べるように、「政党」は、一人の人に従属したり、政治情勢が変化しているのにいつまでも旧来の政党を維持しつづけようとしたりするような「私党」であってはならないということを末広は考えるからであった。このような考えから、末広は、旧自由党系の人々だけでなく、大同団結運動の過程で運動に参加してきた人々をも含む、幅広い合同でなくてはならないと主張したのであった。これは前述したような、末広の「大同団結」論の延長線上にある主張であった。そして、こうした合同運動の進展に対して、大同倶楽部は従前のとおり五箇条の目的によって大同団結運動を行うこと、大同協和会が大同倶楽部の運動方針に賛成するならば大同倶楽部に受け入れること、自由党の名前は掲げないということを明確に述べた[56]。

しかしながら、板垣の旧友懇親会開催の動きに呼応するかたちで、『関西日報』の編輯局員としてそれまで社務の中堅を担ってきた浅野乾、蒲生敏郎が一二月一日付けで退社した[57]。つまり、大同倶楽部内部の旧自由党の者たちが、板垣の計画に呼応して「自由党の再興」を目指し、大同倶楽部から旧自由党の者たちが分離し始めるという動きが出始めたのである。そこで、『関西日報』紙上において、板垣の計画に対する批判及び大同倶楽部の方針の主張が連日行われた[58]。すなわち、大同倶楽部の五箇条の目的は、「大同団結」し確乎たる「一の政党」として成立可能な政事上の問題であることを主張した。その上で、板垣が結成しようとしている再興自由党は、具体的な政治目標を伴っていない哲学的な「自由主義」を標榜するのみで、単に旧自由党であるという理由のみで結成された「私党」でしかなく、到底立憲政体の下での「政党」とは呼べないと批判したのであった。

2 『東雲新聞』との合同論争

(1) 旧自由党再興論批判と政党論

しかし以上のような末広の板垣批判は、必ずしも大同倶楽部全体の意見を代表するものではなかった。特に、政党というものが、「実事問題」すなわち具体的な政策によって離合すべきか、それとも「自由主義」「改進主義」といった「主義」によって離合すべきかという問題は、従来から大同倶楽部内部においても意見の分かれていた問題であった。同じ大同倶楽部に属する『東雲新聞』は、「政党」は「主義」に則るべきであるという立場をとり、「実事問題」に則るべきだとする末広の『関西日報』と激しい論争を繰り広げることになる。そして、板垣の旧友懇親会の事務局が東雲新聞社に置かれると、『東雲新聞』は、板垣の行動をたたえ[59]、旧来から自由党が掲げてきた「自由主義」の尊さを強調し、『関西日報』の板垣批判に応戦した[60]。そもそも「大同団結」も藩閥政府に対抗するために各党派を「聯合」させたものにすぎず、決して「政党」の性質を持つものではないと、かねてからの末広の持論に対する批判も行った。[61]さらに、『関西日報』の述べるような「実事問題」に則った「政党」ならば、「実事問題」の変転に応じて離合集散しなければならなくなり、そのようなものは決して「政党」とはいえないし、運動を一致させて大事業に臨むこともできないと批判した。そして「政党には始終を一貫するの主義ありて始めて能く其の結合を持続し其の運動を一致し以て偉大の事業を達するを得るなり」と政党は「主義」によって結束するからこそ、結合を持続し大事業に臨むことができるのだと主張した。[62]

それに対し『関西日報』の方では、政党は「実事問題」すなわち政治上の実際問題に即して興るべきものであり、板垣らが「主義」にこだわりその理論を基準にして運動することは、時勢が刻々と変遷する政治情勢に対応しきれないと主張した。[63]さらにそれだけではなく、「自由主義」に基づく団結が、旧自由党以外の人間を排除することにつながると述べ、かねてからの「大同団結」の持論を繰り返した。すなわち「大同団結」が、五箇条の目的という政治上の実際問題に即した政治目的を掲げ、それによって団結する以上、純然たる「政党」として組織されるべきであり、そのような「大同団結」は「輿論」に支持されており、「政党」としての「大同団結」が将来必ず勢力を持つに違いないと述べた。[64]このような末広の「政党」論に対し、『東雲新聞』側は、「主義」のない「政党」はありえないという冷笑を浴びせた。[65]

つまり、ここで確認できるのは、板垣に賛同する者が、「政党」というものを「主義」によって団結するものと考え、合同政党を「自由主義」の旗印のもとに事実上旧自由党の再興に持って行こうとしたのに対し、末広が「政党」はあくまで政治上の実際問題に即した政治綱領を掲げなくてはならないとし、大同倶楽部の定めた五箇条の目的をその綱領として想定し、かつての自由党の枠にとらわれない、より幅広い「大同団結」を目指していたという事実である。運動の方針の相違は、単にそれ自体の相違であったのではなく、「政党」観の相違と分かちがたく結びついていたのである。

末広が「大同団結」は政党だとの持論を述べていたとはいえ、ここでいう「大同団結」がほぼ大同倶楽部に限定されていたということには注意されなくてはならない。

大同倶楽部に於て自由党再興などとは無想だもせざる所なれば只管五箇の目的を貫徹することを以て我が大同団結の目的と為し発しては条約改正事件の反対となり又責任内閣の議論となれり（中略）大同団結は今日に於て純然政党の性格を具ふるものなり故に若し茲に自由党の再興を見るならば是れ自ら一箇の別政党なるを以て彼の五団体聯合の如く或る一問題に付き大同団結と自由党とは偶然一時相聯合することなきにあらざるべしと雖も平生は別箇の政党として互に相競争するに至るべし決して自由党は大同団結中の一大分子として包容せらるべきものにあらざるなり(66)

かつて末広は、条約改正反対運動に際して、五団体連合を、政党の形にまでもっていくことを主張していた。しかしここでは、「大同団結」が大同倶楽部と同義に用いられ、その上で「大同団結」は「政党」であると主張しているのである。条約改正反対運動の終焉によって五団体連合の意味も失われ、各派がばらばらになり、そして旧自由党の再興運動が起ころうとする状勢のなかで、大同倶楽部から離脱するものまで出はじめていた。このような状況の中では、もはやかつての「大同団結」を主張するものは大同倶楽部以外にはなくなっており、その大同倶楽部の中にすら異論が存在するという状況の中、末広は「大同団結」の主張を継続するために「大同倶楽部」という政党の枠組みを堅持せねばならなくなったのである。その上で末広は、たとえ自由党が再興されようとも、それは大同倶楽部とは別政党であるということを強調したのであった。

(2)「主義」のあり方をめぐって

当初、板垣の運動の背後に大井憲太郎らの動きがあった。すなわち、大井ら大同協和会系の人々は、板垣を担ぎ出すことによって、大同協和会系の主導のもと、旧自由党の再興を実現しようと目論んだのであった。しかし、板垣は必ずしも大井らの見解と一致していたわけではなく、むしろ純粋に大同倶楽部と大同協和会の調和を考えていたため、末広ら大同倶楽部の一部が、「自由党再興」に対して異議を唱えたのを見ると、大井らと距離を置いた(67)。その後板垣が愛国公党を結成することを発表すると、事実上三派分裂状態へとつながっていく。とはいえ、このように、板垣と大井らとの見解の相違が明らかになったのちも、板垣に呼応して大同倶楽部内から旧自由党員らの分離する動きは続いた。

そのような中、末広の主張に微妙な変化が生じる。すなわち、「政党」は「主義」によって成立するものではないという先の主張から、「主義」そのものを排するのではない、という主張への変化である。

> 政党の主義と実事問題とは常に密接の関係を有し（中略）大同団結豈無主義の混合党ならんや孰れも時勢に適切なる五箇の目的あり之れを以て主義と為し皆此主義目的を標準として小異を捨て大同に就きて運動を為す筈なり即ち我輩は断言せんとす大同団結の五箇の目的は決して政党の主義たることに恥ぢざるものなりと(68)

すなわち、末広は「五箇の目的」こそが、政治上の実際問題と結びついた大同倶楽部の「主義」なのであると強調し、「主義」とはこのような実際問題と結びついたものでこそあるべきであると主張した。今までは漠然とした哲学上の「自由主義」を批判していたのであって、したがって、政治上の実際問題と密接な関連をもつ政治的な主義であれば、別に反対するものではないという主張をはじめたのである。そのような『関西日報』の末広の主張に対し『東雲新聞』はすぐに反応し批判を投げかけた。

大同団結は五綱領の方法を以て充分なりと云ひ居たりしも自由主義団体組織の世論一たび即今に発してより俄かに狼狽を為し周章乎不識乎主義と方法とを誤解し五綱領を以て漫然大同団結の主義と云ひ或は自由主義なりと称ふるも如何せん[69]

『東雲新聞』は、『関西日報』がかつて排斥した「主義」を、今になって唱えだしているのは、自由主義団体組織の世論の盛りあがりにあわてたからにほかならないと批判した。この批判は、確かに当たっている側面があった。実際、前述したように、『関西日報』社内から板垣の計画に賛同して離脱者が出はじめており、そういう情勢下において「主義」を論点に論争を続けることが得策ではないと判断した側面もあったからである。このことは後に末広が情勢に応じてさらに意見を変化させていくことからも明らかである。

さらに、『東雲新聞』は、「大同団結」は単なる連合体であり、「主義」のない雑駁党であるなどと攻撃を加えた。[70]こうした攻撃に対して、『関西日報』は、政党とは政治上の実際問題と関連した主義を掲げるべきであり、哲学的な漠然たる「五六年前の如き幼稚なる社会に行はれたる単純の理論」を以て結成するべきではなく、時勢の変転に応じた活動ができるよう弾力性を持たなくてはならないと、自らの政党論を解説して反論した。[71]この弾力性とは、すなわち、大体の方向を示すに止まった大同倶楽部の五箇条の目的を意味した。

(3) 愛国公党結成発表後の論争

一二月一九日、多くの波紋を巻き起こした板垣主催の旧友懇親会が開かれた。[72]そしてこの懇親会で、板垣は、立憲政体樹立を目指すため、「自由主義」の精神に立つ模範的「政党」として愛国公党を結成し、大同倶楽部と大同協和会の「調和」を図ることを目指すと発表した。(73) そして『東雲新聞』の大阪苦楽府は、翌二〇日、大同倶楽部を脱退した。(74) 同日、大同倶楽部は中之島洗心館で臨時総会を開く。そしてこの臨時総会で大同倶楽部はついにその規則に「自由主義」の言葉を入れることを決定した。末広は、大同倶楽部が「自由主義」を規則に入れるに至った理由について、「今や外部の刺衝に因り遂に之を規則上に掲載するの必要を感ずるに至れり」(75)と、板垣に呼応するものが続出するという状況のなかで、やむをえず「自由主義」の言葉を付け加えざるをえなくなったと説明した。しかし、大同倶楽部の「自由主義」とは、欧州諸国における政党が用いているような時事問題に即した意味での「自由主義」なのであると述べ、それが哲学的議論ではないということを強調した。(76) 当初末広は「主義」自体を漠然とした哲学的議論であるとして退けていたのであり、この説明はそうした末広の当初の主張から考えるとかなり苦しい説明である。しかしながらこれらの説明は、大同倶楽部からの離脱者をこれ以上増やさないために、規則に「自由主義」を掲げなければならなくなった状況のなか、末広が、いかにして、従来の政党に関する持論を貫徹させるか、苦心した結果であった。

この後も、関西における大同倶楽部の離脱者は後を絶たなかった。(77) そして大同倶楽部を脱した『東雲新聞』との論争はますます激化した。『東雲新聞』は、大同倶楽部が今にいたって「自由主義」を標榜するようになった矛盾について批判した。(78) それに対し『関西日報』側は、大同倶楽部の「自由主義」は、大同倶楽部が政治上の実際問題に即して規約として定めた五箇条の目的を指しているのであって、大同倶楽部が「自由主義」を掲げたのは、決してそれまでの方針に背馳するものではないと反論したのであった。(79) しかし、「自由主義」が指す具体的なものが、大同倶楽部の五箇条の目的であるとするなら、ことさらに「自由主義」を掲げる必要はないのであって、これは苦しい説明と言わざるをえない。こうした苦しい状況に『関西日報』は、『東雲新聞』が、旧友懇親会開催が発表される以前には板垣を売国私党呼ばわりしていたのに、今や板垣を弁護しているという状況こそ自家撞着であると批判し、論争の論点を板垣および愛国公党の問題にそらそうとした。そして、板垣の愛国公党について、①大同倶楽部と大同協和会の両者を仲裁しようという彼の目的は実現不可能であること、②政治上の実際問題に即していない、③関西の「地方党」の育成に過ぎないなどと批判した(80)。こうした批判に対して『東雲新聞』は、①板垣の愛国公党は単に大同倶楽部・大同協和会の調和を図るのではなく、広く自由主義者の一致共同を目指している(81)、②「政党は憲法の原理、若くは天下の大道を以て、其の主義となす、然れども空理として、之れ談ぜず、空論として、之れを講ぜず、乃ち之れを実地の政務に施行せんと欲する者なり(82)」と、愛国公党の「自由主義」は実際問題と関係のあるものである、③一定の主義に基づく地方団体は何ら否定されるべきものではないと反論した。

さらに、『関西日報』は「自由主義」を掲げた実際上の理由として、今日まだ政治的な実務に習熟していないものが多く、「主義」という単一明確なスローガンを掲げることが政治的アピールにおいて有効であるとの説明を行った(83)。『東雲新聞』による攻撃のあまりのしつこさに、これは「戦術」であるのだという言い方で、反論を試みたのであろう。しかしこのような『関西日報』の主張は、『東雲新聞』よって理解されなかったばかりか、「其〔『関西日報』〕の主筆記者たる末広重恭氏」と末広個人が名指しされ、「一変一更其の議論を常にせざるが如き人士」というように変節漢として批判されることになった(84)。

しかし、このような『東雲新聞』の行き過ぎた攻撃に対しては、かねてから「調和」を主張してきた板垣からクレームがつくことになる。板垣は一月二九日、東雲新聞社に対して書翰を送付し、愛国公党はあくまで同主義者の「一致合同」を「穏当」に図ることを目的としていること、それゆえ『東雲新聞』が激しく『関西日報』と論争を展開することは、自分の意図と反すると注意を促したのである(85)。この板垣の制止により、ようやく『関西日報』と『東雲新聞』との激烈な論争に終止符が打たれることになる。そして書翰を送られた『東雲新聞』だけでなく、『関西日報』

もこの書翰以後、態度を緩和させた。つまり、板垣が、政治上の実際問題に即した意味での「自由主義」を排斥してはおらず、また大同団結を敵視するものではない以上、「自由党」（旧大同協和会）も愛国公党も政敵であるとは考えないと述べるに至ったのである。(86) しかしながら、あくまで大同倶楽部は「政事問題」に基づいた「政党」として進んでいきたい旨を付け加えた。

3　大同倶楽部の党勢拡張運動と末広

明治二三年一月一四日、末広は、大同倶楽部の常議員会にて常置員及び調査員の両役員に選出された。同時に東京における大同倶楽部機関紙『政論』の評議員にも就任した。すなわち、これまで繰り返し述べられてきた政治上の実際問題に即した政党として、大同倶楽部はこれら役員を設置して、本格的に政務調査に乗り出すこととしたのである。またこれまで『政論』と大同倶楽部本部の意向が食い違うことがあったとして、(87) 以降そのようなことがないように貫徹させることとし、政論社の組織も全く改編し、地方の党員に購読を義務づけ、政務調査の内容を掲載して紙面も充実させることにした。つまりこのことは、従来末広が主張してきた意見が大同倶楽部全体の方針として採用されたことを意味する。

だが、このような末広をはじめとする大同倶楽部の意見は必ずしも多くの支持を集められず、逆に板垣退助率いる愛国公党が多くの支持を集めたために、末広は自らの大同団結の主張を地方に広める必要性を感じ、郷里をはじめ全国各地を二月初頭より精力的に遊説し始める。(88) 演説内容は残されていないが、おそらくは二月二〇日より五回にわたり連載された演説筆記「何をか政党と云ふ」(89) とほぼ同様の内容であったと思われる。その内容はすでに見てきたような末広の「政党」論にもとづく「大同団結」論が中心となっている。まず、日本における政党が、リベラルという言葉を一方は「自由」と名づけ一方は「改進」と名づけ互いに対立し、同じような主張であるにかかわらず争いが激しいことを批判した。そして、マコーレーの英国史を引用しながら、欧州諸国のような立憲政体における「政党」が成立するためには、現在の日本のような、現実の政治問題に基づかない空理空論からなる「政党」ではなく、現実の政治問題の「大目的」を定めそれにもとづいて形成された「政党」すなわち「大同団結」が不可欠であることを主張した。すなわち、この「大同団結」でなければ、日本が抱えている重要な国家問題や政事問題は到底解決することができない。その重要な国家問題や政事問題とは、すなわち大同倶楽部が規約として定めた五箇条の目的であると述べた。現在、諸政党が争っている原因は、国会開設前ゆえに、各政党が実際の政治問題に向き合えていないからであるとした。したがって、「愛国公党」については、調和のために新たな党を結成する必要性はないと思うのみで「我が政敵に非ざる」と述べ、「改進党」についても先方が今日のように攻撃しない限り「正面の政党とは為さず」という意見を示した。また「国民党」(谷干城及び新聞『日本』一派)についても実際の政治問題において「倶に運動を為す希望」があるとし、「自由党」についても過激でなければ「貴重な我が政友なり」と述べ、前掲いずれの「政党」も「敵党」ではないと述べた。その上で大同倶楽部が「敵党」とするものは、「藩閥を永久に固守する者」「専制政治を維持する者」「華族の権利を保護せんとする者」「政費の増加を顧みざる者」「封建政治の精神を以て制度法律の改良に反対する者」であるとした。以上の論説から、旧自由党の合同の動きに対しては、「自由」の概念について批判しながらも、自由党のみならず改進党さらには新聞『日本』などの国民主義者をも視野に入れて、それらが政治上の実際問題に関する大体の方針を研究すれば、大同団結が可能であると考えていたことが確かめられる。さきに『東雲新聞』から変節漢として攻撃された末広であったが、実際の政治状況の変転によって表面的には主張が変化したように見えても、上記のような「大同団結」の範囲、「政党」のあり方に関しては、一貫して自らの見解を保持しつづけていたのであった。

しかし、このような末広による積極的な遊説活動による呼びかけにも関わらず、郷里宇和島においては、板垣が招かれ、愛国公党を支持するものが増大していた。[90]こうした状勢に危機感を感じた末広は、四月一日から同月末まで、伊予地方を巡回し、連日演説を行った。[91]これらの演説内容については、わずかに『海南新聞』で七回連載された寄稿「末広重恭氏の演説を駁す」などから推測される。[92]それによれば、板垣や板垣に賛同して離脱していった者たちへの批判と、自党の主張の正当性が強調されたようである。この演説での「政党」論・「大同団結」論は、先掲の「何をか政党と云ふ」の趣旨とほぼ同じものであったと思われる。すなわち、板垣の行動がかえって分裂を引起す結果に終ってしまったことへの批判、「真成の政党」は「思想の最も幼稚な」英雄崇拝によってではなく、実際問題に即した主義から成り立たなくてはならないという主張、また大同倶楽部は「自由主義」を掲げたとはいえ、かねてからの組織と政治的見解を堅持していることの強調などである。さらに「自由」の解釈問題については個人の自由主義と国家のそれとは相反するかのようにいわれているが、それらはむしろ「調和」すべきものであり、故に「大同倶楽部」は政治上の実際問題により「自由」と「保守」の区別はするが、「国家自由主義」と「個人自由主義」の区別は行わないという主張も行ったようである。しかしながら、「何をか政党と云ふ」演説では、政敵を愛国公党ではなくむしろ藩閥政府による専制政治であると主張されていたのに対し、この宇和島での演説では、自党擁護・板垣批判に演説の力点が置かれた。すなわち末広は、長期的な視野での「大同団結」を必要としながらも、政党はあくまで政治上の実際問題に即して離合集散するべきだという見解から、旧自由党系の合同の動きに対しては批判的にならざるをえなかった。こうした「大同団結」の必要性を認めながら、旧自由党系の「合同」を批判するという末広の姿勢は、大同倶楽部・自由党（旧大同協和会）・愛国公党三派の合同が成立した五月一五日以降も継続されていく。[93]末広はこの愛媛遊説ののちの四月二九日、一家をあげて東京に戻った。ここに末広の『関西日報』時代は幕を閉じるのである。

おわりに

本稿では、大同倶楽部に所属した末広の政党論を『関西日報』を中心として、政治状況の変転に即して考察してきた。この時期、末広は、旧来の自由党の枠組みに縛られない幅広い範囲での「大同団結」による「一大政党」の樹立を主張し、その「政党」は、大同倶楽部の定めた五箇条の目的のごとき、政治上の実際問題に即しかつあまり細かくない大体の方向性を示す理念によってまとまるべきものであるという、一貫した主張を行っていた。しかしながら、政治的状況に応じて、表面的な主張の力点がかなりの変化を見せていたのは本稿で検討してきたとおりである。だが、そのような表面的な変化をもって、末広が「変節」したとすることはできない。末広の言論の変化はあくまで政治的な状況のなかでいかにして自分の根本的な政治的理念を貫徹させるかという苦心の産物であったのであって、末広がその根本的な理念まで変化させたのではなかったからである。それらの理念は、「民権」期の「政党」の失敗を二度と繰り返すまいと決意し、議会開設前に、「輿論」を反映させた「政党」を是が非でも成立させようとして、新しい運動のあり方を模索した結果生み出されたものであった。それがこの時期の末広の大同団結運動であった。したがって、大同倶楽部・大同協和会・愛国公党などの各派ないし派内での運動の方針の相違は、単にそれ自体の相違であったのではなく、「政党」観の相違と分かちがたく結びついていたのである。そして末広の「大同団結」論・「政党」論と現実の政治状況とをいかにして結びつけるかという問題は、旧自由党系の合同の問題がさらに進展し、議会の開設がいよいよ目前に迫るなかで、さらなる展開を見せていく。

近年の歴史学では、この時期を「国民国家」の形成期と位置づけ、あらゆる議論がそこに収斂していった時期として論じられることが多い。確かにそうした捉え方は誤りではないけれども、その「国民国家」の内部、すなわち、国民と権力との関係がいかにあるべきか、国民の政治参加かがいかにあるべきかという問題については、さまざまな議論が闘わされていたのであり、単に「国民国家」の一言で、明治政府や各政党のあり方を同一視してしまうことは、そうした議論の複雑性を単純化させてしまう危険性があるだろう。こうしたこの時期ならびにその後の政党論の複雑なあり方については、今後さらに明らかにしていく必要があるといえよう。そうした議論の絡まりあいの中で、初期議会の政治的変転を捉えなおしていくことは、今後の筆者の課題である。

（1）　安在邦夫「明治憲法体制形成期の自由民権運動」（『歴史学研究』第五八六号、一八九八年一〇月）、鳥海靖「帝国議会開設に至る『民党』の形成」（『東京大学教養学部人文科学科紀要』第二八号、一九六三年三月）、鳥海「雑誌『政論』における政党組織の構想」（『東京大学教養学部人文科学科紀要』第三六輯、一九六五年一〇月）、阿部恒久『近代日本地方政党史論』（芙蓉書房、一九九六年七月）など。

（2）　村瀬信一「明治二〇〜三〇年代政治史研究の現状と課題」（近代日本研究会編『年報・近代日本研究10　近代日本研究の検討と課題』（山川出版社、一九八八年）所収）が、現在においても通ずる多くの問題点を指摘している。

（3）　前掲註（1）、鳥海「帝国議会開設に至る『民党』の形成」、升味準之輔『日本政党史論』第二巻（東京大学出版会、一九六六年）、兼近輝雄「明治十九年から二三年にいたる政党の連合運動について」（『社会科学討究』一九巻二号・二〇巻二・三合併号、一九七四年三月・一九七五年三月）。

（4）　稲生典太郎『条約改正論の歴史的展開』（小峯書店、一九七六年）、兼近輝雄「大隈の条約改正における立憲改進党の主張と行動」（『早稲田政治経済学雑誌』第一八一号、一九六三年）。

（5）　福井淳「大同団結運動について――立憲改進党とのかかわりを中心として――」（『自由は土佐の山間より』三省堂、一九八九年）一五八頁。

（6）　当該期『東雲新聞』に執筆していた中江兆民は政治的には中立的立場を保持していたが、政党論に関しては、『東雲新聞』に携わる他の者たちと同意見であった。

（7）重恭〔無題〕（『朝野新聞』社説、明治二一年四月一三日）。渡欧前の大同団結運動をめぐる末広の政党論については、拙稿「末広鉄腸の政党論と「大同団結」の論理——自由党結成から大同団結運動開始まで——」（『自由民権』一八、二〇〇五年三月）参照。

（8）村山龍平が『大阪公論』の姉妹紙として明治二二年一月に創刊。

（9）『読売新聞』（雑報、明治二二年二月二七日・三月三日）、「新富座政談大演説会」（『日本』雑報、明治二二年三月六日）。演説内容は『我国之内政外交』（博文堂、明治二二年六月）。

（10）「東京大会の議決」（『東雲新聞』雑報、明治二二年四月二日）、「末広重恭氏」（『東雲新聞』雑報、明治二二年四月一七日）、「広島に於ける政況」（『日本』雑報、明治二二年四月二五日）。

（11）以下末広重恭演説・天野確郎筆記『国民急務大同団結之理由』（串本康三、明治二二年五月一五日）。

（12）大同倶楽部の組織と活動については『大同倶楽部事務報告』（庄司吉之助『日本政社政党発達史』〈御茶の水書房、一九五九年〉、五七九～六〇〇頁所収）参照。

（13）「末広重恭氏東京公論を辞す」（『日本』雑報、明治二二年五月一九日）、『読売新聞』（雑報、明治二二年五月二二日）。退社の理由については末広自らが、『関西日報』論説内や、『国会』に連載した「記憶のまゝ」（のち村松柳江校『新聞経歴談』）など随所に語っているが、退社の時期については、確定することができなかった。また、末広が『東京公論』に従事した期間（明治二二年三～五月）については、『東京公論』が現存しないため、紙上における言論活動と東京公論社の趣旨との関係も確認できない。

（14）「独立派の機関新聞」（『大阪朝日新聞』雑報、明治二二年五月一二日）。

（15）「関西日報」創刊」（『時事新報』雑報、明治二二年六月六日）。

（16）「大阪現在の政治倶楽部は応さに四分五裂すべし」（『東雲新聞』社説、明治二二年四月五・六日）。

（17）独立党は、大阪最大の政党組織・北浜倶楽部（自由・改進系両者を含んでいた）から分離したもの。菊池侃二（大阪）・前田下学（熊本）・多田作兵衛（福岡）が中心であった。

（18）大阪苦楽府と月曜会の対立の経緯は、後藤孝夫「東雲新聞略史」（部落解放研究所編『復刻　東雲新聞　別巻』部落解放研究所、一九七七年、所収）六九～七四頁参照。

(19) 菊池侃二、豊田文三郎、横田虎彦などの月曜会員や秋月清十郎など大阪の実業者により発起。明治二四年一一月二五日以降は『大阪自由新聞』として後を引継がれた。
(20) 『関西日報』（広告、明治二二年八月一三日）。
(21) 一二月以降、大同倶楽部の任務に追われ、翌二三年正月には幹部としての任務遂行のために東京の自邸に戻らなければならなくなる。結局東京の大同倶楽部系新聞『政論』に所属していた西河通徹を自分の補助役として一月に『関西日報』へ入社させた（西河通徹『鬼城自叙伝一題愚痴漫筆』研文社、昭和六年）。
(22) 『大阪朝日新聞』『大阪毎日新聞』『東雲新聞』『鶏鳴新報』『大阪公論』『新世界』の六紙。『新世界』は、明治二二年一一月一三日から日刊紙となる。
(23) 首位は『大阪朝日新聞』、二位は『東雲新聞』。『読売新聞八十年史』（読売新聞社、一九五五年）七三八～七四〇頁による。
(24) 末広重恭「紙幅改良に就いて一言す」（『関西日報』社説、明治二二年一一月九日）。
(25) 「条約改正」（『関西日報』社説、明治二二年七月一六日）。
(26) 「新条約の利害」（『関西日報』社説、明治二二年七月一七日）。
(27) 「条約改正中の一要件」（『関西日報』社説、明治二二年七月一八日）。
(28) 大日本帝国憲法第一九条「日本臣民ハ法律命令ノ定ムル所ノ資格ニ応シ均ク文武官ニ任セラレ及其ノ他ノ公務ニ就クコトヲ得」という条項に則して、「日本臣民」でない外国人が裁判官になることは憲法違反であるという解釈が一般的であった。
(29) 「君主は如何なる時に条約書の批准を拒むを得るか」（『関西日報』社説、明治二二年七月二五日）。
(30) 「条約改正は中止とならざるを得ず」（『関西日報』社説、明治二二年八月七日）。
(31) 「第二の防禦線は最も薄弱なり」（『関西日報』社説、明治二二年八月二一日）。
(32) 「英国公使の要求」（『関西日報』社説、明治二二年八月二五日）、「大隈伯ハ如何んして英国公使の要求を拒絶せられんとするか」（『関西日報』社説、明治二二年八月二七日）。
(33) 「政略を誤まるなきを得んや」（『関西日報』社説、明治二二年八月　五日）。

(34) 七月二六日の大阪府西区土佐堀青年会堂での演説会、八月六日、兵庫県西宮での政談演説会、八月二五日、京都府洛東有楽館での大懇親会、九月二日、月曜会員による条約改正反対演説会など。
(35) 稲生典太郎「明治二十二年の条約改正論の昂揚」(前掲註(4)『条約改正論の歴史的展開』所収)。
(36) 「大同団結の必要を知れ」(『関西日報』社説、明治二二年七月一九日)。
(37) 末広重恭演説「大阪幷に関西の諸君に告ぐ」(五回連載)(『関西日報』社説、明治二二年七月三一日・八月一日~四日)。
(38) 「真成の大同団結」(『関西日報』社説、明治二二年八月二〇日)。
(39) 「大同団結今日の境遇」(『関西日報』社説、明治二二年九月一八日)。
(40) 「真成の大同団結」(『東雲新聞』社説、明治二二年九月一〇日)。
(41) この時期『東雲新聞』上、政治的中立の立場をとった中江兆民も、「政治上の道義は将に壊敗せんとす」(二回連載)(『東雲新聞』社説、明治二二年一〇月四・五日)で「大同団結」は「聯合」であって「政党」ではないという批判を行った。
(42) 〔無題〕(『関西日報』雑報、明治二二年九月一七日)、〔無題〕(『関西日報』雑報、明治二二年九月二三日)、鉄腸居士「東予巡回の記」(四回連載)(『関西日報』雑報、明治二二年九月一七・一八・二一・二二日)、「末広重恭氏の演説」(『海南新聞』雑報、明治二二年九月一七日)、「末広重恭氏一行の模様」(『海南新聞』雑報、明治二二年九月二一日)。
(43) 「何ぞ其の変化の多きや」(『関西日報』社説、明治二二年一〇月九日)、「非条約関西の大会」(『関西日報』社説、明治二二年一〇月四日)。
(44) 「非条約改正派聯合懇親会」(『東雲新聞』雑報、明治二二年一〇月一〇日)、「全国有志聯合大懇親会の景況」(『関西日報』雑報、明治二二年一〇月一一日)、「全国有志聯合大懇親会」(『関西日報』社説、明治二二年一〇月一二日)、「一昨日の大懇親会」(『東雲新聞』雑報、明治二二年一〇月一二日)。
(45) 「青年会堂の大演説」(『関西日報』社説、明治二二年一〇月一三日)。
(46) 「非条約改正全国有志大演説会景況」(『東雲新聞』雑報、明治二二年一〇月一三日)。
(47) 小宮一夫『条約改正と国内政治』(吉川弘文館、二〇〇一年)五四~五七頁。

(48) 以下「党派の種類」(二回連載)(『関西日報』社説、明治二二年八月二三・二四日)。
(49) 「第二霹靂の結果」(『関西日報』論説、明治二二年一〇月二二日)。
(50) 『関西日報』における条約改正問題について社説で議論されるのは「早く目的を一定せよ」(『関西日報』社説、明治二二年一一月二九日)が最後である。
(51) 以下「前途の政党」(『関西日報』社説、明治二二年一一月一五日)。
(52) 末広重恭演説「政事社会の現象」(『関西日報』社説、明治二二年一一月二二日)。この論説は、二一・二三・二六日と合せて四回連載された。
(53) 「大同倶楽部と大同協和会」(『政論』雑報、明治二二年一一月六日)。
(54) 「大同倶楽部と大同協和会」(『関西日報』雑報、明治二二年一一月八日)。
(55) 「旧友懇親会に就き世人の想像」(『関西日報』社説、明治二二年一一月二七日)。
(56) 「旧友懇親会に就き大同派諸氏の決心」(『関西日報』社説、明治二二年一一月三〇日)。
(57) 「関西日報社員」(『東雲新聞』雑報、明治二二年一二月四日)。
(58) 「大同団結の性質」(『関西日報』社説、明治二二年一二月六日)。
(59) 杉本生「時なる哉時なる哉」(『東雲新聞』寄書、明治二二年一二月四日)。
(60) 尾村生「主義的団結を望む」(『東雲新聞』寄書、明治二二年一二月七日)。
(61) 「大同団結に就て二個の所見」(『東雲新聞』社説、明治二二年一二月八日)。この論説は一二月一〇・一一日と合せて三回連載された。
(62) 「大同団結に就て二個の所見(承前)」(『東雲新聞』社説、明治二二年一二月一一日)。
(63) 「如何なる政党が将来に勢力を博すべきや」(『関西日報』社説、明治二二年一二月一〇日)。
(64) 前掲註(63)。
(65) 冷笑生寄稿「大同団結」(『東雲新聞』寄書、明治二二年一二月一一日)。
(66) 「大同団結と自由党再興」(『関西日報』社説、明治二二年一二月一一日)。
(67) 「板垣伯は自由再興論にあらざるべし」(『関西日報』社説、明治二二年一二月一一日)。

(68)「政党の主義とは何んぞや」(『関西日報』社説、明治二二年一二月一三日)。
(69)「関西日報の狼狽」(『東雲新聞』雑報、明治二二年一二月一七日)。
(70)「大同団結の主義とは」(『東雲新聞』雑報、明治二二年一二月一九日)、「大同団結は連合体に相違なし」(『東雲新聞』社説、明治二二年一二月一八日)、「政党は時勢に応して変遷せざる可からざる乎」(『東雲新聞』社説、明治二二年一二月一九日)。
(71)「盍んぞ改良進歩の道を謀らざるや」(『関西日報』社説、明治二二年一一月一八日)。
(72)旧友懇親会は一七日の予定だったが、板垣が病気だったために一九日に延期された(「旧友懇親会」、『関西日報』社説、明治二二年一二月一九日)。
(73)「板垣伯の意見書」(『関西日報』附録雑報、明治二二年一二月二〇日)は他の各紙でも報じられている。
(74)「大阪苦楽府大同派を脱す」(『東雲新聞』雑報、明治二二年一二月二一日)。
(75)以下「大同倶楽部臨時総会」(『関西日報』社説、明治二二年一二月二二日)。
(76)「大阪会議の結果」(『関西日報』社説、明治二二年一二月二四日)。
(77)「兵庫県は挙て大同倶楽部を脱す」(『東雲新聞』雑報、明治二二年一二月二四日)。
(78)「啓蒙危言」(『東雲新聞』社説、明治二二年一二月二七日)。
(79)「寧ろ頭上の蠅を追へ」(『関西日報』雑報、明治二二年一二月二九日)。
(80)以下「板垣伯の愛国公党論を読む」(『関西日報』社説、明治二三年一月九日)。
(81)「関西日報を読む」(四回連載)(『東雲新聞』社説、明治二三年一月一五~一八日)。
(82)「政党は空理を談ぜず」(『東雲新聞』社説、明治二三年一月二一日)。
(83)「大同団結の進路」(『関西日報』社説、明治二三年一月二五日)。
(84)「大同派は再び自殺したり」(『東雲新聞』社説、明治二三年一月三〇日)。この論説は、一月二九日・二月二日と合わせて三回連載された。
(85)『東雲新聞』(欄外、明治二三年一月三〇日)。
(86)「大同団結は決して自殺せざるなり」(『関西日報』社説、明治二三年二月四日)。この論説は、二月四日から七日まで四回連載された。
(87)　『政論』新聞（明治二一年七月一〇日より雑誌から日刊新聞となる。）は、同年一二月迄、『東雲新聞』にも執筆していた中江兆民を主筆としていた。『政論』新聞は、断片的にしか現存しておらず、それにより紙面の主張をうかがうことは困難である。
(88)　二月九日、河内国八尾北町西願寺での政談演説（「八尾の政談演説会」、『関西日報』雑報、明治二三年二月六日）、三月二三日、静岡県掛川及び浜松での演説会（「末広重恭氏の出発」、『関西日報』雑報、明治二三年三月二三日）など。郷里での日程については「末広重恭氏」（『海南新聞』電報、明治二三年二月二七日）、「末広重恭氏の一行」（『関西日報』雑報、明治二三年三月四日）、「伊予倶楽部総会」「末広重恭氏」（以上『海南新聞』雑報、明治二三年三月四日）。
(89)　『関西日報』社説、明治二一年二月二〇〜二三・二五日。この演説は堺市千歳座での講演が最初だとされるが、その日時はわからない。三月二八日には単行本『何をか政党と云ふ』（青木嵩山堂、明治二三年）として出版された。
(90)　「板垣伯に輸を通ずる者多し」（『海南新聞』雑報、明治二三年三月二九日）。
(91)　「末広重恭氏」（『関西日報』雑報、明治二三年四月三日）、「末広重恭氏」（『関西日報』雑報、明治二三年四月九日）、「末広重恭氏」（『関西日報』雑報、明治二三年四月一三日）、「末広重恭氏等」（『海南新聞』雑報、明治二三年四月一六日）、「末広氏招待の演説及び懇親会」（『関西日報』雑報、明治二三年四月一八日）、「宇和島演説会及び懇親会」（『関西日報』雑報、明治二三年四月二三日）、「政談演説会」（『海南新聞』雑報、明治二三年四月二四日）、「宇和四郡の遊歴」「候補者を選定す」（以上『関西日報』雑報、明治二三年四月二九日）。
(92)　「末広重恭氏の演説を駁す」（『海南新聞』寄稿、明治二三年四月八〜一三・一六日）。「大同団結は決して自殺せざるなり」（『関西日報』社説、明治二三年二月六・七日）、「何をか政党と云ふ」（『関西日報』社説、明治二三年二月二一日）、「大阪会議の結果」（『関西日報』社説、明治二三年一二月二四日）。
(93)　指原安三編『明治政史　下篇』（『明治文化全集　第十巻　正史篇（下巻）』日本評論社、一九二九年所収）、一六六頁。

［付記］　本稿は、発表の時期が当初の予定と前後してしまったために、一部内容が『末広鉄腸研究』（梓出版社、二〇〇六年）と重なっているが、本論集に収録するにあたっては、本論集の趣旨を踏まえる形で、内容に一部改変を加えた。

第8章　自由民権運動における壮士の位相――井上敬次郎の動向に見る――

安在邦夫

はじめに

自由民権運動史の中で、いわゆる壮士の果たした役割とその動向は無視できない。では、壮士の意識や行動は、運動の中でどのように位置づけられるのか。近年、壮士へ関心も寄せられるようになり、研究書の公刊や論稿の発表も見られるようになってきた。しかし、全体として研究の蓄積はきわめて希薄である。(1)

本稿は、このような研究状況に鑑み、壮士について検討・分析することを目的としている。しかし壮士一般について、あるいは近代全体を通して検討するものではない。自由民権運動との関連で、その位相を考えるという限定されたものである。言い換えれば、それは自由民権壮士について考察するものであり、さらに記せば運動収斂期（一八八五年から初期議会期）(2)における壮士の動向について、井上敬次郎の動きを例に若干検討するものである。

第一節　壮士の活動と壮士論の輩出

1　壮士活動の顕著化

一般にわれわれのもっている壮士に関するイメージはあまりよくない。まず三多摩壮士が想起され、また政治ゴロ的存在が思い浮かび、時に右翼の顔・像が導かれる。(3) 壮士とは一体いかなる存在なのか。われわれにとって課題となるのは、記すまでもなく歴史的存在としての壮士の動向である。時代の推移とともに、その実態や壮士をめぐる周囲の認識・解釈はどのように変貌したのか、あるいは壮士の自己認識はどのように変わったのか。近代を通観しても、その想貌は変容していおり、一様ではない。そのような中で、壮士の果たした歴史的役割として、その言動が特に注目されるのが、自由民権期のかれらの意識と行動であろう。(4) なかでも、一八八七（明治二〇）年のいわゆる「三大事件建白運動」期、(5) 具体的に記せば、同年八月頃よりその動向が目立つようになりその行動に関し頻繁に新聞の社説で取り上げられ、また雑報欄で報じられるようになる。次にその主な例を『朝野新聞』『絵入朝野新聞』『絵入自由新聞』から拾ってみよう（『朝野新聞』＝〈朝〉、『絵入朝野新聞』＝〈絵朝〉、『絵入自由新聞』＝〈絵自〉で示す）。

9・8　壮士懇親会（発起人・井上敬次郎——注筆者）〈朝〉
9・10　「壮士の勢力及び其責任」（社説）〈朝〉
9・13　壮士建白書を府庁に提出す〈朝〉
9・14　「政海の近況を叙して語を世の壮士に寄す」（社説）〈絵朝〉

9・17　壮士内務大臣に面会の模様〈絵朝〉
9・20　壮士総理大臣に面会を申入る〈絵朝〉
9・23　「壮士」（社説・続き、同24・25）〈絵朝〉
9・27　「壮士の世の中」（社説・続き同28）〈絵朝〉
10・4　壮士伊藤伯を官邸に訪ふ〈絵朝〉
10・8　「文明社会の壮士は腕力を廃せざるべからず」（社説）〈絵白〉
10・11　壮士総理大臣に面会を求む〈絵朝〉
　壮士の会合〈絵朝〉
10・12　壮士総理大臣の邸に伺候す〈絵自〉
10・13　壮士総理大臣を訪ふ〈絵朝〉
　「老政治家は常に壮士の意見を耳にせざる可からず」（社説・続き同14）〈絵自〉
　壮士検事分局に送られる〈絵自〉
10・18　壮士大運動会〈絵朝〉
10・19　壮士の公判〈絵朝〉
10・22　壮士一三名の宣告〈絵自〉
10・25　壮士の控訴〈絵自〉
10・27　関西壮士大運動会〈朝〉
　壮士煽動者此村内に入るべからず〈絵自〉
10・28　壮士大懇親会〈朝〉

11・3　関西壮士大運動会（自由平権懇親会と合併して執行。――注筆者）〈朝〉
11・25　京都の壮士大運動会（自由大運動会。壮士発議、壮士の運動会に外国人初参加。――注筆者）〈朝〉
12・2　壮士控訴して無罪となる〈絵自〉
12・7　壮士貴顕の門に入る〈絵自〉
12・9　全国壮士大懇親会〈絵自〉
12・13　壮士県会議員を驚かす〈絵自〉

「壮士」の語が見出しに見えるものを少し拾い記しただけでも、以上のごとくである。これに壮士の動向と思われる記事」を加えれば、一八八七（明治二〇）年後半はまさに壮士の横行・活動の時期、ということができる。見出しからでは不明であるが壮士の行動に触れた記事を含め前掲「見出し」に見える興味ある記事を、『絵入自由新聞』を例に次に掲げよう。

○M20・9・1（「総理大臣の行衛相ひ分らず」雑報・一面）……伊藤総理大臣に謁して井上伯の事につき付き勧告すべしとてさる廿九日桜庭、齋藤、工藤、山川、山田なんと云へる五名の壮士袂を列ねて永田町なる総理大臣の官邸を訪へるに守衛の巡査最と厳重に住所姓名など取調べたる後漸く玄関に通せしかば大臣は在邸かと尋ねたるに取次の人不在なる由を答へたり依て当時も尚ほ夏島の別荘に御滞留にやと問へるに何れに御出張か相ひ分らずと答へしかば留守居たる者が堂々たる総理大臣の行衛を知らざる筈なしと再三押返へして尋ねたれど何所までも知らぬ分らぬと答へしゆへ然らば我等にて其所在を確め御訪問致すべしとて微笑しつゝ引き取足りたる由近頃面白き応対と云ふべし（昨日発行朝野新聞）（桜庭らは、東北七州の有志者三五〇名の総代――注筆者）

○M20・9・4（「総理大臣の行衛知れたり」雑報・一面）……去る一日十四五名の壮士再び伊藤大臣の官邸に伺候したる時は前と事変り警察官取次人などの応対振り至極丁寧にて夏島より御帰京相ひ成り日々内閣へも出頭せらるれど官邸は普請中ゆへ大臣始め御家族まで高輪の私邸に御住居なる旨を答へし由総代諸氏は高輪の私邸を訪ひたる様子なれど未だ其模様を聞かず云々（昨日の朝野新聞に見ゆ）

○M20・9・11（「有志総代四たび伊藤伯を訪ふ」雑報・一面）……東北の壮士は……一昨日八日総代人五六名又も永田町の官邸に至れるに此日も折悪しく不在との事ゆえ秘書官伊東氏に面会し先日申込れたる儀は……伯には高輪の私邸の方に多く居らるゝや将た官邸の方に多く居らるゝやと尋ねたるに伊東秘書官のソレは統計表でも取て見なければ分からぬと答ふるや否や二三名の壮士は無礼な言を云ふ奴だと云ひさまバタ〳〵と立ち上りてアワや鉄拳を伊東氏の頭上に下さんとせしが他の人々之を制止して無事に引取りたる由

○M20・10・13（「壮士検事分局に送らる」雑報・一面）浅草の欧遊館にて催したる政談演説会の際第五席目たる渡辺小太郎氏が明治元年の聖詔を読むといふ題にて演説中治安妨害に渡る語のありし由にて中止解散を申渡されたるを遺憾に思ひしものか臨監の警官に灰吹きマッチ等を投げ付け或ひは腕力を試みたる十四名の壮士は官吏が職務を行ふに対し暴行を加へし者と認められ昨日悉く警視庁第二局より検事分局へ送付されたりと

○M20・10・25（「壮士の控訴」雑報・一面）井生村楼にて政談演説会を催したる際警官の職務を行ふに対し暴行を加へし處為なりとて東京軽罪製判所にて重禁固に處せられし十三名の壮士中佐久間光次及び上野公園地に於て運動会の際屋外演説を為したる科に照され集会条例第十三條に依りて處分されし斎藤新一郎、小林千太郎、西村嘉七の三名は各々右の裁判に服せず代言人角田新平氏を以て東京控訴院へ控訴すると云

引用史料より判明するのは、第一に、九月頃までの行動は合法的なものであるが、官憲の弾圧・理不尽な対応により一〇月頃より過激な行動が見られるようになること、第二に、新聞の論調も含め、世論は壮士のこのような行動に

は批判的であること、第三に、壮士の運動が裁判闘争に至っている例も見られ、その結果「無罪」となっている場合も多々あること、第四に、運動会の名のデモンストレーションが盛んに行われるようになり、そこには外国人の参加も見られるようになったこと、などである。

2 壮士論の輩出

この時期、なにゆえに壮士の動きが顕著になるのか。その理由・背景として考えられるのが、官憲の自由民権運動への対応と、自由民権運動が抱えていた課題である。

まず前者に関して記せば、福島・喜多方事件以後、自由民権運動に対する官憲の対応は大きく(1)懐柔策、(2)離間策、(3)弾圧策、の三つに分けられる。(1)は板垣・後藤らの洋行、(2)は自由党と立憲改進党の確執、(3)は治安法の強化であり、いわゆる「激化諸事件」による「首謀者」への徹底した弾圧・捕縛・処刑は、この例を示すものである。かくして運動の指導層が運動から後退し、あるいは活動が不可能になったり抹殺された時、活動を担うあらたな層として壮士が浮上する。以上のことを踏まえた上で、此処で壮士の変化について記せば、次のようなことがいえるであろう。

それまでの運動・活動の中にも壮士と呼ばれる人々は存在した。たとえば加波山事件などに参加した面々がそれである。しかし、いわゆる激化事件期までの壮士は、概してその抗する相手・対象を藩閥専制政府に向け、ラジカルな行動を採っている。自由党の中央が有一館を創設したのは、多分にこのような壮士の言動を抑制するためであった。激化事件期・自由党解党頃までを自由民権運動第一期の活動期と位置づけるならば、一八八七（明治二〇）前後の活動は第二期である。この時期は、述べるまでもなく自由民権運動の抱えた諸課題のうち、条約改正問題が国民の最も大きな関心事となった時である。したがって、国権確立問題がこの時期の大きな争点であり、多分に「ナショナル」な思考を持つ壮士にとっては恰好の活動の場・時を迎えたといえる。

しかし、留意しておきたいことは、一八八七（明治二〇）年段階では、壮士のイメージとしてわれわれが一般に想起される「奇妙な風体」の記述がメディアでは見られないことである。このことは、一八八八（明治二一）年以降に新聞を賑わす壮士との相違を感じさせる。実際、明治二〇年代に入って顕著になるさまざまな壮士論に触れる時、等しく壮士と呼ばれても、そこにはまた一つの変化が生じていることを知ることができる。いわば第三期の壮士の活動で、選挙問題が彼等に活動の場を提供する。

いずれにしても、一八八六（明治一九）年頃より顕著になったこのような壮士の動向を反映して、壮士に関するさまざまな著書が明治二〇年代に刊行されている。管見の限り、壮士に関する主な図書を年次順に記すと、次のようである（「明治」を「M」と表示）。

清水亮三編『壮士運動　社会の花』翰香堂　M20・12
石川概世編『壮士退去顚末録（国家保安）』正文堂・春陽堂　M21・1
南雲源之助著『現今壮士　政治家之狼狽』伊藤誠之堂　M21・2
山崎勇之助著『壮士之夢』東京書林　M21・2
内村義城著『明治社会壮士の運動』翔雲堂　M21・4
梅田又二郎著『壮士之本文』博文堂　M22・11
斎藤新一郎著『壮士論』蝸牛堂　M22・12
　※右同人の著書にこの他『経国策』（大倉書店M24・10）がある
本吉欠伸『探偵小説　壮士の犯罪』中村鍾美堂　M28・8
桃川実口演・加藤由太郎速記『壮士の恋慕（大岡政談）』文事堂　M33・6

一八八七（明治二〇）年から八九（明治二二）年にかけての刊行が多いことが、右記により判明する。また、この時期目につくのが先にも触れたように新聞の社説である。前述の『朝野新聞』『絵入朝野新聞』『絵入自由新聞』の他、たとえば『東雲新聞』『読売新聞』『毎日新聞』でも次のように取りあげられ論じられている。(6)

『東雲新聞』

○M21・1・23　「壮士論」(続き、M21・1・29、2・2、2・8、2・11、2・28)

○M21・8・14　「壮士諸君に望む」

『読売新聞』

○M22・4・5　「壮士の名を改むべし」

○M23・9・22　「壮士を奈何せんとするか」

○M23・9・24　「壮士をして政党を掣肘せしめ政党をして議員を検束せしむる勿れ」

○M23・11・11　「壮士政治」

『毎日新聞』

○M21・1・24　「壮士論」(続き、M21・1・25)

○M21・10・16　「老年の政治家、壮年の志士」(続き、M21・10・17、10・19)

第二節　井上敬次郎の政治的活動

1　自由民権運動までの道程

井上敬次郎は自由民権運動の収斂期に、関係史料に頻繁に名を留める人物である。その活動の位置は、遠山氏の指摘のごとく[7]、実業家と政治家の未分離状況の中その間隙を過渡的に埋める、いわば壮士の典型と呼ぶにふさわしい。同人について、伊藤痴遊は次のように述べている。

井上君との交際は、明治十九年頃からであるが、同二十年の政変には、倶に星亭の門下として、相当に飛躍して、伊藤内閣の倒壊に努め、終に捕はれて獄に入り、井上君は、朝憲紊乱の罪に依りて、一年の刑を受け、僕は、星先生と連坐して、法に問はれたが、未定年の故を以て、罰金刑に処せられた。爾来、井上君との交友は、茲に五十年、井上君は、星先生を亡ふて、実業界の人となり、僕は、講談会に入りて、政界と疎遠になりたれど、不即不離の関係を保って、政治運動には、時に加はる事もあった。其後、議員生活に入って、今日に到った。井上君は、全く方向転換して、政治には直接の関係をなさず、今は実業家として晩年を送つて居る[8]。

伊藤痴遊は井上の活動の軌跡について、星亨の門下生としての意識・自覚を有して活動していたこと、伊藤内閣倒閣運動に奔走したこと、そのために朝憲紊乱罪に問われ入獄したこと、星亨没後政治の世界から身を引き、以後は晩年まで実業界で活動したことなどを指摘している。井上の活動は、伊藤の指摘するごとく確かに壮士として政治的活動をした青年期までと、実業界に生きたそれ以後の二期に分けることができるように思われる。では、青年期までの井上の活動の様態は如何なるものであったのか。

井上の活動の軌跡を検証する基本的史料として、われわれは幸い「井上敬次郎関係文書」「井上敬次郎氏談話速記」などをもっている[9]。このような史料をもとに、井上が新聞紙条例違反で最初に下獄するまでの軌跡を整理してみると以下のようになる。

一八六一（文久一）年、熊本生まれ。父井上孫三郎。小姓役。母は神官娘。
○四・五歳～七歳　唐詩選の素読。
○七歳の時父病死（四七歳）。
○長女に養子。敬次郎は養兄の養子に。しかし養父は「感心しない人物」で一家離散。
○貧困のため教育を受けられず。
○一三～一四歳の時県庁の給仕。夜間、横田塾で漢学の勉強。
※横田棄＝当時陸軍大尉、熊本出身の英才偉傑・憂国の士。陽明学に造詣。西郷下野とともに帰郷し青年を指導。
一八七六（明治九）年
○神風連に参加した青年の精神・気概に感動し国家の為に死ぬことを誓う。
一八七七（明治一〇）
○西郷軍に加担・捕縛される。終戦とともに釈放。
一八七八（明治一一）
○上京。岡千仞の漢学塾に入る。
一八七九（明治一二）
○近時評論社（社長林正明は熊本県人）に平事務員として勤務（一カ月五～六円）。のち編輯人。
一八八〇（明治一三）
○新聞紙条例違反で捕縛・下獄（当初は鍛治橋監獄、以後石川島監獄へ。朝憲紊乱＝禁獄二年・罰金五百円。罰金滞納のため三年半在檻）。監獄内の人権無視の状況に発奮。河野広中・赤井景韶らと邂逅。

以上の経緯を、井上自身の回想のよって辿って見ると次の通りである。
まず「近時評論社」に入るまでである。

○私が多少にても、有志家的素養が形造されたのは、実に先生の賜で、子供ながらも其思想が、甚だ堅実に成つて来たのである、其頃私かに思ふた、人間は須く国家社会の為に、応分の力を尽さねばならぬ、自分一人の為めに、社会に生存して居るといふ事は、甚だ潔くない事である、堅実な考を持て居る人々が、何物か国家に貢献するので無ければ、国家は到底、充分の発展を見る事が出来ないと云ふ様な思想がおぼろげながらも抱く様に成つた、是全く横田先生の薫陶の御蔭である(10)

○神風連の議論は、甚だ、頑迷、固陋なるもので、到底取るに足らぬが、其議論の是非は別として、未だ年若かき、青年等が、身を捨てゝ、国家の為めに尽した、其精神、気概は、私に大なる印象、感動を与へた(11)

○上京後、芝、愛宕町に、仙台の人、岡千仭先生の漢学塾が在た、其塾に這入て、約一年許り、専ら漢学の研究に身を委ねた、然し、何時迄、世話に成つて居る訳にも行かない、何とかして自活の道を講じなければならぬと思ふて居る折柄、幸ひにも、熊本県人林正明氏の経営して居る近事評論社に、入る事が出来た、元来学問の素養が充分で無い、平事務員と云ふ事で、帯封書の様の雑務に服して、一ケ月五六円位の報酬をうける事になつた(12)

次に「新聞紙条例違反」事件をめぐっては、以下のような興味ある記述がある。

○学問こそ無たが、既に志士的気概と識見は、相当に持て居る、且社会の状態なども知悉して居たから、議論の点では、決して人後に落ちなかつた、勿論編輯人として、事務を処理する上に於て、何等支障は無たのである、……近事評論に、外債に関する論説が掲載された、其は外債募集を非とする議論で、大に政府を攻撃したのである、果然、其記事が、新聞紙条例に触れたので、結局、編輯人として私が、処罰せらるゝ事になつた[13]
○時の参事古荘嘉門が、搏鎖の罰をうけて、苦悶している惨状を見て、監獄と云ふ処は……酷ひ処であると思ふた、……入監して見ると、看手の囚人に対する、取扱は実に乱暴を極めて居る、踏だり、蹴つたり、殴つたり、其暴戻、惨虐見るに堪へない、人を見る事、牛馬の如しで、彼等の脳裡には人権の尊重といふが如き観念は、毫末もない、殊に私は志士の権威を蹂躙せられたので、甚だ憤慨に堪へなかつた、斯くては日本文明の進化、発展も甚た覚束ない、是非とも、斯の誤た制度を改革せねばならぬと、熟々心に思ふたのである[14]

引用史料から分かるように、井上の思想形成に大きな影響を与えたのは、①横田塾での学習、②神風連の乱、であった。西郷軍への加担は、その結果といえる。この井上にとって、さらなる政治的覚醒を見導くことになったのが、近時評論社入社後筆禍事件に遭い、朝憲紊乱罪で禁獄二年・罰金五百円の刑を受け、石川島監獄に入獄したことであった。同監獄での体験が、井上にとっては大きな意味を有することになったのである（国事犯は禁獄、常時犯は懲役）。すなわち、自由民権意識の受容・国権意識の相対化という政治意識の変化が見られたのである。ことについて次に見てみよう。

2　政治的覚醒と事件連座

井上敬次郎は、前述のように一八八〇（明治一三）年、新聞紙条例違反の罪に問われ入獄を余儀なくされた。ここで井上はさまざまなことを体験、学ぶことになる。

その第一は、石川島監獄の状況での「学習」である。

房内には畳が敷かれてある、食事道具、行灯等もある、衣服も、別段獄衣があるでなく、各自着用の物を用ゐて差支がない、布団、書籍、金銭等の差入れも、自由で在たから、房内に居乍ら、欲しい物を買ふ事も出来る、……且つ他房との交通も自由で在たと云ふ訳で、其寛大なる、驚く斗りで在た、先きに鍛治橋監獄では、非常に苛酷な取扱を受けて、頗る憤慨したが、此処は、其に比較すると、全く正反対で、地獄、極楽の相違である。禁獄であるから、仕事と云ふては、一日二時間の運動と、室内の掃除位であるが、此掃除も、交替でするのであるから、殆ど遊で居る様なものである、恰度、大きな学塾に這入つて居る様なもので在た[15]

石川島監獄には、国事犯および華士族の犯罪者で、「禁獄」に当るものが収監されていた。彼の刑期は「二年」であったが、「罰金を完納する事が出来なた（ママ）為め、換算されて、都合三年半在監[16]」した。しかしそれは彼にとっては幸いなことであり、「其の間の進歩は甚だ著しいもの[17]」となった。

では、井上は獄中でどのような人に会ったのか。これが第二の重要な体験である。彼が獄中で出会ったのは、富永有隣（長州騎兵隊大楽源太郎等とことをあげた国学・漢学者）、陸義猶（大久保利通暗殺連累者・斬奸状執筆者）、河野広中（福島・喜多方事件首謀者）、赤井影韶（高田事件有罪者）らであった。その中でも、獄舎で彼の政治への関心をさらに高めたのが河野広中、赤井影韶ら自由民権家との出会いである。そのことについて、井上は次のように述べている。

其後、福島事件で、河野広中の連中六名斗り、這入つて来る、又た高田事件で、赤井影照（ママ）等か、やつて来た、既に、私は横田先生から、志士的教養を受け、早々より、自由民権の思想を抱いて居たので、時事に対しても、相当な意見を持つて居る、為めに河野、赤井氏等とも頗る共鳴する点が多かった、時々、相寄つて時事を談じて居たので、私自身の思想も、頗る健実に成つて来たのである、要するに、国家は、立憲政体にするに非らされば、到底、救済する事が出来ぬと云ふ様な考を、深く抱く様に成つたのである(18)

志士的教養に自由民権思想が加えられることによって、井上は「自由民権派壮士」として成長したといえる。かくして井上は、一八八四(明治一七)年満期出獄した(三月)。しかし、その直後、高田事件で入牢中の赤井が脱走、同人を庇護したことから「犯人隠匿罪」で再度捕縛され、禁獄一年三ヵ月の判決を受け石川島監獄に再度入牢の身となった。赤井に脱獄の計画があったこと、そして井上がこれを非とし諌めていたことは、井上の次の一文で知ることができる。

明治十七年三月満期出獄する事に成つた、先是、河野君とは、非常に、親しくして居たが、或日私に向て、現今の政体は如何にしても、改革せねばならぬ、就ては、徒らに、牢舎に朽るは、甚だ残念であるから、断然、破獄して、同志を糾合して、事を計り度と思ふ、……私は……此処は暫く隠忍して、時期を待た方がよい、何等かの機会で彼の恩赦に接するといふ事が無いとも限られぬと、懇々勧告したので、遂に同氏も一時思い止まった様子で在た、スルト二三日経つと赤井、松田(大久保卿暗殺者の一人である)の両氏からも、同様の相談を受けた、……意気は甚だ壮であるが、事が甚だ狂暴である、成功の程が甚だ疑はれたので、切に静止して置いた、尚ほ出獄に際しても呉々も、諭したので、先づ断念する事に成つた(19)

しかし、結局赤井は脱獄し、その上殺人まで犯すことになった。破獄の経緯、庇護の様態とその後の顚末を井上自身に語らせれば、以下の通りである。

○脱獄の顚末を聞くと、君には、破獄を断念する様誓た事で在たが承知の通り、自分達は何れも終身禁獄で、生きて居ても、死で居ても同じ様な境遇である、ムザ〳〵此のまゝ、牢で朽つるは、如何にも残念に堪えぬ、むしろ、無ひ生命と思ふて、国家に禍する、大臣等を、暗殺する考で、破獄を企てたのである、……何を置いても、金がなくては仕様がない、四五十円計り心配して貰いたい云ふ訳けである、……一旦別れて、彼処、此処、奔走して、兎も角五十円計り出来たので、約束の時刻に、今文まで、持つて与えた[20]
○出獄して居ること僅かに十五六日に過ぎぬ、再び捕れの身となりて鍛冶橋監獄に投せられた、……居る事一年二ヶ月、赤井遂に逮捕せられ、茲に初めて裁判確定、彼等両名は、破獄逃走謀殺犯を以て、何れも死刑に、私は犯人庇護の罪を以て軽禁錮一年三ヶ月に処せられ、石川島に移送せられた[21]

一八八六（明治一九）年暮、井上は満期出獄し、日蓮宗大学林の招聘を受け、同学林で心理学などの講義などを受け持った。しかし、折から活発となった条約反対運動は、若き井上の血を掻き立て、行動へ駆り立たせずにはおかなかった。一八八七（明治二〇）年は井上の活動が最も輝きを有した年であったといえる。

第三節　壮士・井上敬次郎の動向

1　壮士の組織化

三島通庸関係文書には、一八八六（明治一九）年～八七（明治二〇）年にかけての井上の動向を伝える興味深い史料がある。「民間有志者中重立チシ者及ビ軽躁者現今ノ挙動大略」もその一つであって、同史料の井上に関する動向報告は次のようなものである。

曾テ新聞条例違反ニテ石川島ニ於テ処刑中故赤井景韶松田克之等ト同檻入懇トナリ放免後赤井等脱獄逃走ノ際情ヲ知テ路費ヲ給与シ其科ニテ尚又処刑然レトモ更ニ改悛セス倍〻危激ノ志望ヲ堅クシ暗殺論ヲ主張ス常業無ク又世計ノ方法ヲモ求メス目下本所松井町秋山貞次郎方ニ厄介トナル貞次郎モ肝悪ノ聞ヘアリ米商ヲ業トシ曾テ詐欺取財ノ科ニテ入獄敬次郎トハ監其縁故ニ依リ同居スト云フ(22)

密偵らしい内容・記述の報告であるが、前述したように一八八六（明治一九）年から八七（明治二〇）年にかけては井上の活動が最も顕著な時であった。その動向は大きく二つ分けられるように思われる。一つは壮士層の組織化であり、他は反政府運動である。

まず前者であるが、求友会での活動がそれである。同会の動向については、次のように報じられている。

五月一日（一八八六年――注筆者）九州及ヒ高知人等麹町区有楽町三丁目一番地本郷サダ方即チ前田笏ノ止宿所ニ会シ約束数項ヲ議決シ委員ヲ撰定シタリ而シテ此ノ会ヲ求友会ト名ケ毎月第弐日曜ニ開会ノ約ナリ場所ハ当分ノ内前会ニ於テ後会場所ヲ定ムルコトトセリ本月第二日曜即チ来ル八日午後一時ヨリ麹町元園町二丁目四番地岸上嘉十郎方ニ於テ相開ク事ニ決セリ其周旋人ハ別紙第一番二番組合委員ニテ担当スル筈ナリ現今会員ハ別紙名簿ノ如シ尚続ゝ入会アリ追々盛大ニ成ルヘクト思考ス(23)

九州および高知県人を中心に結成されたと思われる求友会は「追々盛大ニ成ル」ものと官憲にも思惟されていた。同会の規則（「約束」と表示）は以下のようなものである。

①本会ハ毎月第二日曜ノ午後一時ヲ以テ開会スルモノトス
　但前会ニ於テ次会ノ場所ヲ定ムルコトトス
②本会ノ費用ハ毎会一人金五銭ヲ持参スルモノトス
③会員ハ便宜ニ依リ一県又ハ数県組合ニテ一人ノ委員ヲ出スモノトス
　但委員ノ期限ハ毎月改撰スルモノトス
④会員ニシテ欠席スルトキ或ハ転居旅行又ハ帰県出京ノ節ハ惣テ委員ニ通知シ委員ハ会場ニ於テ之ヲ報告スベシ
⑤通信及受信ノ為メ委員一定ノ寓居ヲ以テ中央部トナス
　但当分ノ内東京赤坂区榎坂町五番地民友社内阿部充家氏ノ寓所ヲ以テ中央部ト為ス
⑥委員ハ毎会後十日内ニ其状況及会員ニ関スル其他ノ形勢ヲ詳記シ地方ノ会員ニ報告スルヘキモノトス
⑦本会ニ入ラントスルモノハ組会委員紹介ヲ経ルベキモノトス(24)

井上が早くから同会に関係してことは、前掲史料の「会員」中に同人の名を見出すことによって推察できる。三島文書には、壮士の懇親会や運動会に関する官憲の報告書が多く残されているが、井上がリーダー的存在であったことが同史料より読み取れる。[25] 懇親会や運動会は、壮士層の組織化の運動の一環と考えてよいであろう。

2 反政府運動の展開

運動の第二の点、すなわち反政府運動に関してであるが、内容に従って分ければ、第一に、条約改正交渉（井上馨外交交渉）反対建白、第二に、檄文散布計画、第三に倒閣運動と整理することができる。以下各項について、触れておこう。

(1) 条約改正交渉反対の建白

井上が在京有志総代として国事に関し建白書を提出のため奔走したことは、「新潟県外十七県在京有志総代井上平三郎井上敬次郎外一氏は昨日東京府庁の手を経て其筋へ時事の通弊を論議したる一篇の建白書を差出されたる由」（「壮士の建白書」[26]）、「一昨廿七日夫の有志者総代なる壮士井上平三郎同敬二郎（ママ）の両氏は三年町なる大木元老院議長の私邸を訪問せしに同伯には早速に面会されたるに付」（「壮士大木元老院長を訪ふ」[27]）、「昨二日井上敬二郎以下三人ノ者宮内省へ行タルニ大臣モ次官モ出頭無之趣ヲ申聞ラレタルニ付吉井次官ノ宅ニ行キ面謁ヲ請タル処取次ノ者一義ニモ及バズ直ニ座敷へ通シ[28]」などの史料によって窺い知ることができる。井上らは、東京府庁、元老院、宮内省などへ頻繁に出かけ建白活動を行なっている。

(2)　檄文散布計画

一八八七年、井上は檄文散布事件で捕縛され三度目の縛に就いた。公判は翌一八八八（明治二一）年三月に開かれ、軽禁固一年六カ月、罰金一五〇円に処せられて石川島監獄に繋がれることとなった。のち同獄に送られ知己となったのが、保安条例に反抗して捕縛された片岡健吉、秘密出版事件に連座した星亨らの一派であった。この時期の石川島監獄は「国事関係の入獄者が最も繁盛した時」[29]といわれており、同獄での星との邂逅は、井上のその後の動向に大きな影響を与えることとなる。このことについては次章で触れることにする。檄文散布事件に関しては「井上敬次郎等秘密出版計画ノ件」[30]と題する密偵報告書が残されている。

同報告書によると、檄文の印刷は「活版ニテハ素人ニテハ出来カタク職工杯ニサセテハ露顕ノ恐レアレハ筆摺版ニ（俗ニコンニャク版）スルモ多分摺立テルハ容易ナラザレハ木版」とし、作業は「神田区錦町華族馬丸邸内に有之家ヲ借受」けて行い、費用は星亨・八木原繁祉・鈴木昌司らが負担する、というものであった。檄文の内容については、「探知したもの」として政府の罪、伊藤博文の罪などが上げられている。たとえば「政府の罪」については、一九項目について記されている。主要な点を示せば以下の通りである。

一　明治政府ハ、天皇陛下ヲ以暴令ヲ賦クノ器械トス
一　明治政府ハ財政ノ規律ナク酷税ヲ徴収シ統計ヲ偽リ政費ヲ濫用ス
一　明治政府ハ外交政略ヲ阿順主義ニ取リ国家ヲ重ンゼズ国民ヲ貴バズ邦土ヲ売テ私利ヲ営ス
一　明治政府ハ名ヲ勅令ニ仮リ集会新聞出版ノ各条例ヲ頒布シ国家ノ進歩ヲ妨ケ国民ノ政治思想ヲ摩滅スルヲ勤メ虚政ノ非難ヲ妨クノ量柵トス

(3) 倒閣運動

倒閣運動に関する動きについては未詳であり今後の研究課題であるが、次のように黒田への働きかけを行なっていたことは、その運動があったことを示唆しているといえよう。

一、井上敬二郎等ハ此際黒田伯カ沈着シ居ルハ甚タヅルキコトナレバ断然面謁ヲナシ彌〻動カサレハ差違ヒテ死スベシト云ヒ其他ニモ余程急激ノ議論ヲナスモノアリ尤モ板垣等モ最早黒田ハ動ク時ナルニ如何セシカト云ヒ居ル由

一、故島田一郎等ノ祭典ハ曩キニ挙行セシ故赤井景韶等ノ祭典ト一緒ニ催スヘシトノコトナリシガ何賍都合アル迚延シ本月四日ナリシヲ尚又八日ニ引延シタリ該祭典ノ祭主ハ石川県人広瀬千麿等ナリト云フ

明治二十年八月五日(31)

板垣の言動とともに、黒田清隆に決起を促していたことの真意は検証されなければならない。壮士の間には、条約改正交渉との関連で「売国大臣暗殺」の計画もあったようである。しかし、井上は同計画には与しなかったことが次の史料で推察できる。

佐藤琢治井上敬次郎荒川太郎等両度程後藤ヲ訪問セシニ現政府ノ内幕就中条約改正等ニ付矢鱈不平ヲ唱ヘ今日ノ大臣ハ売国ノ奸ナリトテ彼輩ヲ煽動シ加之変則ノ運動ヲナスニ多数ヲ要スレハ失敗ヲ招ク恐レアルニ付成丈ケ少数ノ方可然トテ大人気モナキ事ヲ云ハル丶故荒川輩ハ真面目ニ聴取リ同意者四五名ヲ募リ是非暗殺ヲ実行スルトテ栃木群馬邊ヘ出発セリ井上敬次郎ヲ説キタレド此者ハ同意セス山田勇治ハ同氏ト気脈ヲ通シ居ルトノ事ナリ(32)

一八八七（明治二〇）年はさまざまな形で反政府運動が高揚・展開した年であった。狼狽した政府が治安を強化し運動に弾圧を加えたことは記すまでもないことであり、保安条例の施行はその締めくくりであった。井上の次の一文はそのことを伝えているといってよいであろう。

其反対の急先鋒で在たのは、実に吾か自由党で、私は、全く身命を賭して奔走に努めた、即ち演説をする、一方では秘密出版をする等、思ひ切り活動したのである、而して各地方では、此機会を利用し、動乱の兆候さえ在たので、政府の狼狽した有様は想像に余りある位で在た、即ち、有ゆる手段方法を講じ、其暴圧、鎮撫に努めた、其結果は、彼の所謂、保安条例の発布となり、遂に朝憲紊乱、秘密出版、保安条例違反の名目の下に、一網打尽、処罰されたるもの、星亨を始め、片岡健吉、馬場辰猪、大石正巳等の輩、七十余名、私も亦た其一人で在たのである(33)

かくして井上は「内乱陰謀秘密出版」の罪名で、三たび入獄を余儀なくされたのである。

第四節　壮士井上の位相

1　星亨との邂逅

壮士の組織化やさまざまな反政府運動に奔走した一八八七（明治二〇）年は、井上らの活動が最も輝きをもった年であったともいえる。しかし、同時にそれは官憲の弾圧の強化を導くことにも結果した。すなわち政府は、壮士の活動を取締るため、一八八七（明治二〇）年九月二九日、「近来建言ヲ名トシ官吏ニ面謁口陳ヲ求メ従テ抗論喧擾ニ渉ル者アリ右等ハ何等ノ名義ヲ用ユルニ拘ラス其違犯者ハ総テ十五年第五十八号布告ニ依リ処分スヘシ」（内務省令第二号）[34]とし、また、「目下各府県にて壮士輩が各所に参集して往々治安を害せんとする者あり此際右等の挙動を為すものあらば厳重に取締を為すべき旨吏に其筋より各府県へ通じたるよし」[35]と見られるように、地方での取締りも徹底したのである。

「十五年第五十八号布告」とは、「請願規則」のことで、同規則には、「第三條凡ソ請願スル者ハ書面ヲ以テスヘシ……、第四條請願者ハ請願人自ラ署名捺印シ族籍住所ヲ記シ戸長ニ請願スル者ヲ除ク外住所戸長ノ奥印ヲ受クヘシ……、第五條府県郡区総代又結社総代ノ名ヲ以テ請願スルコトヲ得ス……、第六條請願書書ヲ上呈スルニハ代人ヲ以テスルコトヲ許サス……」[36]など、請願に関するさまざまな規定が設けられていた。壮士の活動にとって、以上の規則は最も桎梏となるものであった。

一方、地方においては、「此頃長野県下を通行して上京したる人の話を聞くに如何なる訳か知らざれども同県下中諸所の村々に壮士を煽動する者は此村内に入るべからずと大書したる貼札ありたりと近頃不思議なる貼札と云べし」[37]という状況も生まれた。一二月二五日に出された「保安条例」は、まさに壮士対策の総仕上げの位置を有したのである。

このような状況の中で、井上は内乱陰謀の罪で三度捕縛され、軽禁固二年六月の宣告を受けて石川島監獄に入牢の身となった。この入獄は、その後の井上に大きな意味をもつこととなった。星亨との邂逅がそれである。星は一八八八年（明治二一）年三月、制定過程の憲法に関する文書を秘密に出版したとの科により捕縛・処断された。同房での星との出会いおよびその影響について、井上は次のように記している。

内乱陰謀秘密出版の罪名にて、軽禁固二ヶ年六ヶ月に処せられ、同志五十名と共に、石川島に送致せられた。……幸に名士に知己を得たのは甚だ幸福で在た、殊に星亨とは、同檻房内に収容せられて居たので、獄中、日夕親しく、氏に就き主として英書経済学の教を受け、啓発された処が、甚だ多大で在た、同氏の篤学、勤勉なる、黎明より薄暮に至る迄、在獄中嘗て手より書巻を放たず、専ら独仏の原書を研鑽せられた、……今回の入獄は、前二回よりも、私に取つては甚だ有益なもので在た、即ち精神の修養、思想の教養上得る処が、非常に多かったのである(38)

以後の井上の動向を見ても、獄舎での星との邂逅に触れた右記一文は真実を語っているように思われる。そのことをよく示すのが、出獄後の渡米と新聞の経営である。

一八八九（明治二二）年二月、井上は憲法発布による大赦で出獄した。それからまもなく渡米するが、井上に渡米を促し実現させたのが星であった。その第一は、星に次のように言われたことである。

これから先は何事につけても世界の情勢を知つてかゝらなければ本当の仕事は出来ぬ。君らも大赦を受けて牢から出て来たが憲法が発布された以上、いづれ総選挙が始まるであらうが、このまゝ政治運動に加はつて政治に関係して行くには、丁度雛鳥が羽翼も整はぬうちから巣立ちをするやうなもので、充分に飛べないばかりでなく、その羽の発達までも行詰まりになるのと同様充分の準備を持たずに政界に立つのは結局大きな仕事が出来ないことになる。そこで政治運動の方は此処暫く見合して先づアメリカへ渡り、二三年は学校へでも入つて勉強する傍らいろ〳〵実地の見学をして来るがよからう。今、世界の中で日本の相談相手とするに、最も都合のよい国は英国と米国であつて、此二国とは、国家的に兄弟分となることができる。そこで君等は手近なアメリカへ行くこと

にしたらどうか(39)

第二は、「星氏が、出獄後、米国に渡航せらるゝを聞て居たので、私も徒らに、日本に踏み止まつて居ても得る処が少ない、むしろ、文化の進で居る、所謂、先進国である米国に渡航し、大に新知識を得る必要を感じて居た時であるから、星氏に頼み、同行する事にした(40)」というように、星自身の渡米である。ただし、記述されているように、星は五月に出発、井上はその後に出航しており同行はしていない。

星は井上に百円を寄付し、また寄付を仰ぐべき多くの人を紹介した。井上は井上平三郎・長塩亥太郎らの協力を得ながら寄付金集めに奔走し、その結果大江卓（二〇円）・頭山満（二五円）らのほか、鈴木昌司・八木原繁祉・加藤平四郎ら三〇名余の人びとから浄財を得ること叶い、渡米の費用とした。渡航後の動向については、次のように記している。

私は元より貯のある身分でもない、ともかく働かねばならぬ、で早速口を見付けて働く事にした、其は例のハウス、ウォークで、即ち皿洗、窓拭、コックの手伝の如き、お三どんの仕事の様な事をし乍ら、専心英語の研究に身を委ねた、且つ傍ら、米国の風物、制度、習慣等の視察に力を注いだのである(41)

滞米二年、井上は一八九一（明治二四）年秋帰国するが、彼を待ちうけていたのが新聞発行に関する星の依頼であった。すなわち、第二回帝国議会議員選挙に栃木県第一区立候補を決意した星は『栃木民報』を買収、『関東新聞』発行の準備を進めていたが、それを井上に委ねたのである。井上はこの依頼を受け、同新聞の社長格となり、宇都宮で『関東新聞』の発行・経営に携わることとなったのである。新聞発行の状況については、以下のように記されている。

主筆には武智雄兎馬が据はつた。私は別に肩書きは帯びなかつたが社長格で一切をきり廻はすこと、して梅田又次郎、星野庄三郎などの連中五六人を連れて行つた。当時宇都宮では下野日報が最も勢力を占め、これと対抗して行かねばならぬので頗る骨を折つた。紙数は下野日報の一萬に対し関東新聞は八九千といふわけで少し劣つてゐるが県下に於ける勢力は伯仲してゐた。かくて愈々二十五年の二月十五日に総選挙が行はれたのであるが、それに間に合つて、此の新聞の効果も大分あつたやうである。(42)

宇都宮に在住すること一年半余、井上は一八九二（明治二五）年の暮れ、再び星に請われ、今度は東京で『めさまし新聞』の発行・経営にあたるため帰京することになった。

2　壮士井上の位相

『めさまし新聞』は一八九二（明治二六）年六月、社長井上、資金担当利光鶴松、主筆金森通倫、編集協力者に上野岩太郎・国木田独歩・和田天などを迎え発刊の運びとなった。しかし、同新聞は星亨の機関誌的性格を免れず、経営も困難となり一八九五（明治二八）年菅原伝に売却された。

星との繋がりは以上の通りであるが、星の感化は井上の目を移民事業にも向かわせたようである。移民事業に関しては、彼は次のように記している。

○殖民の勢力が、事実に於て世界を征服して居る、英国然り、独逸然り、米国の如き明かに示して居る、我国も此処に鑑み、海外発展に国是を定め、大に海外に殖民し、所謂日本村の建設に努め、日本の勢力を、海外に扶植することを考へねばならぬといふ様な考へを抱いて居た(43)

○此事業は、幸にして我が大和民族の海外発展上、又た移民其者の幸福、或は経営者の利益から見ても、甚だ成功した事業で在た、私は当時相応な産を造る事が出来た且つ又た私の生涯に於て、国家に何等かの貢献を為した事が有りとすれば、移民事業で、最も具体的に、我国を益した事を信じて疑はぬのである、今後も益々、日本は海外に発展せねばならぬ、又た世界の舞台に雄飛せねばならぬ運命を持つて居る、私が幸にして其先駆を為したと云ふ点に対しては、私かに愉快と誇りを感せさるを得ないのである(44)

かくして井上はアメリカよりの帰途ハワイに立ち寄り、以後ハワイ移民に尽力したほか山口熊野・田中賢道らと熊本移民会社を起こしたりしている。このような事業の精神的な後ろ盾になっていたのが星亨で、星が凶変に遭遇したことについては、「私に取つては実に大打撃で在た、今後政治上、事業上、常に相談相手で在り又た先輩で在た星氏を失ふた事は、恰も掌中の玉を奪はれたと同様の感を持つたのである」(45)と述べている。井上の落胆ぶりが窺えよう。しかし井上は一九〇三（明治三六）年、利光鶴松らと市街鉄道会社の創設に尽力し、以後本格的に実業界で活躍するようになる。

ところで、明治二〇年代に入ると、壮士に関して次のような興味ある指摘がみられる。

人若一言ニシテ壮士ノ本文ヲ尽スベキモノアリヤト問ハ、余之ニ応ジテ曰懼ルベキ者ナキ之ヲ真正ノ壮士トフ《ママ》懼レザル所以ノモノハ何ゾヤ自ラ省ミテ愧ツル所ナケレバナリ夫ノ眼ニ一丁字ナク胸ニ一定ノ見識ナク他人ノ為ニ嗾煽頤使セラル、ノ庸役壮士ノ如キ風潮ニ浮漂シテ霧散霜消スル雷同壮士ノ如キ髫髪ヲ乱シ奇体ヲ装ヒ市街ニ大

言シテ政法ヲ誹謗スルノ貪名壮士ノ如キ有志者ヲ陥穽ニ擠シテ財ヲ貪ル射利壮士ノ如キハ自ラ省ミテ赧々然タルナカランヤ(46)

前掲史料が指摘する「真正壮士」「庸役壮士」「雷同壮士」「貪名壮士」とは如何なる壮士を指しているのであろうか。

壮士の名は自由民権運動当初から見られる。前掲分類もきわめて主観的なものであり、したがってその件格づけは難しい。「自由民権運動における真正の壮士」と呼ぶに相応しい者は、思想（政治・社会秩序構想）と行動が伴っていなければならない。概して、一八八四（明治一七）年頃までの壮士、いわゆる激化諸事件に参加してゆくような壮士は「藩閥専制政府打倒」の意識が強く、それ以後保安条例施行頃に活躍する壮士は『国権確立』の意識が強い。しかしその違いは多分に政治・社会状況の変化を反映するものであろう。かれらは立憲国家構築に向けての認識と情熱を有していた。このような壮士を、前述の呼称に従えば、「真正壮士」と呼び得るのではなかろうか。さらに記せば、「自由民権派壮士」とも言い得る存在である。若年者であること、資産には恵まれていないこと、近代国家秩序構想に関する一定の思想を有していること、行動力を有していること、などが「自由民権派壮士」としての条件である。井上はこの部類に入る壮士といえよう。

政治的運動に大きな変化を与えたのが治安の強化、その象徴としての保安条例の施行であり、帝国議会開設・衆議院議員選挙の実施という状況の変化である。官憲の過酷な弾圧によって有力な活動家は捕縛された。保安条例の施行は活動の場を中央から地方へと移動させることにもなった。そして、近づく総選挙へ向けての政治運動は、行動力のある支援者を求めた。選挙・被選挙権を有しない階層の中にも、ただ傍観するのではなく運動に参加することにより新しい時代への対応を図る者も多くいた。しかしそこには、意識の面での後退、あるいは不鮮明さが見られるようになった。「庸役」「雷同」「貪名」といった形容詞の付された壮士が輩出するようになったのは、こうした状況を示すものであるといえよう。

おわりに

井上敬次郎は、後年入獄の体験を振り返って次のように述べている。

顧れば、入獄する事、前後三回、刑期を通算すると、実に八ヶ年の長きに達する、第一回の時は、維新当時の、勤王慷慨の志士学者と交わり、中頃は自由民権を主張したる、所謂当時の新思想を抱ける人々と相知り、最後に、明治の革命とも称すべき、条約改正に反対したる当時の知名の士と交際することが出来た、……精神上の修養は勿論、相当学殖も出来る、国家社会に対する識見も出来るように成つたのは、実に此の八ヶ年間の獄中生活の賜物で、私に取りては大学に入つたよりも、其学び得たる処は甚だ、多大で在つて、不孝は却て幸福で在たのである(47)

勤王慷慨の士から出発した井上は、やがて「十三四歳の時分、自由民権といふ説が、板垣伯に依つて世の中に主張された時に、私の意見は大分変つて来た。どうして変つたかといふと、要するに、中江兆民がルソーの説を訳しスペンサーの著書を植木枝盛が訳したのを読んだ(48)」と述べているように、自由民権思想・運動の感化を受けた。そして明確ではないにしても近代的国家像を造形し、政治運動に身を投じた。しかし、明治二〇年代後半、彼は、実業界へと転じて行った。それは一見変身のようにも思惟されるが、井上の中では国家社会に尽くすという意識では一貫していたものと思われる。

「自由民権派壮士」の行く末を見ると、それは、政治家・大陸浪人・実業家・ジャーナリスト・大衆演劇家など、多様である。思想を大きく変えて行った者も多い。しかし、自由民権運動に関与した、いわば真正壮士と考え得る者については、これを「自由民権派壮士」と位置付け、その活動に関し一定の歴史的評価を与えて然るべきであろう。かれらは思想をなぜ深化させ得なかったのか、それはなぜ変容したのか、変容ではなく本質的なものであったのか、などについての検討は、勿論なされなければならない。いずれも今後の課題である。

(1) 管見の限り、壮士に触れた主な著書・論稿をあげれば、以下の通りである。近年の研究で特に注目されるのは、壮士の動向を「〈壮士型〉青年運動」として、あるいは新しい視角からの『青年論』として把え直し検証した河西英通・木村直恵氏らの研究成果である。

① 井上　清『条約改正――明治の民族問題――』岩波新書、一九五五年。
② 福地重孝「明治時代における壮士の社会史的考察」(『日本歴史』第四八号、一九五二年五月)。
③ 岡和田常忠「青年論と世代論――明治期におけるその政治的特質――」(『思想』第五一四号、一九六七年四月)。
④ 乾　照夫「軍夫となった自由党壮士――神奈川県出身の『玉組』軍夫を中心に――」(『地方史研究』第一七七号、一九八二年六月)。
⑤ 飛鳥井雅道「青年像の転換――『壮士』の終焉と知識人の任務、中江兆民、徳富蘇峰そして若き幸徳秋水――」(『世界』第四五九号、一九八四年二月)。
⑥ 遠山茂樹「三大事件建白運動論」(『自由民権と現代』筑摩書房、一九八五年)。
⑦ ケネス・B・パイル『新世代の国家像　明治における欧化と国粋』(松本三之介監訳・五十嵐暁夫訳、社会思想社、一九八六年)。
⑧ 河西英通

i 「明治青年とナショナリズム」(『近代日本社会と天皇制――岩井忠熊先生退職記念論文集――』所収、柏書房、一九八八年)。
ii 「東北青年と明治ナショナリズム」(『近代日本の地域思想』窓社、一九九六年)。
⑨ 中野目徹『正教社の研究』思文閣出版、一九九三年。
⑩ 木村直恵『〈青年〉の誕生』新曜社、一九九八年。
⑪ 真辺将之「宮地茂平と壮士たちの群像」(『土佐史談』二一一号、土佐史談会、一九九九年八月)。
⑫ 安在邦夫「高田早苗の壮士認識」(早稲田大学史資料センター編『高田早苗の総合的研究』早稲田大学事業部、二〇〇二年)。
⑬ 高橋哲夫『ふくしまの壮士』歴史春秋社、二〇〇二年。

(2) 自由民権運動史全体をどのように認識するかはむつかしい問題である。特に終期をいつ、どのように考えるかは、軽々には論じ得ない。解体・敗北と把える見方も今もってあるが、私はその認識は採らない。退潮や終息という考え方もあるか、何か説得性を欠く。現在のところ「収斂」という語が表現として相応しいと思っており、その時期は本文記載のように、自由党解党後一八八五(明治一八)年から第四議会終了後の一八九三(明治二六)年初め頃までと考えている。

(3) 例えば辞典に見られる「社会正義を振りかざし、脅迫まがいの行動をする者」(『広辞苑』岩波書店　第五版)、「一定の生業なく、他の依頼を受け、腕力を頼んで脅迫または談判などをする人」(『広辞林』三省堂　第五版)、「定業なく常にぶらつきまはりて他を脅すもの」(『大字典』講談社　第一九刷)、「定マツタ職業モナク、漂泊シテ人ノ依頼ヲ受ケ、談判脅迫ナドヲ行フ一種ノ人物」(『日本大辞書』名著普及会　覆刻版一九七九年)、という記述は、このような壮士像である。

(4) 前掲『広辞苑』での説明の一つに、「明治時代、自由民権思想を唱え歩いた者」という一項がある。この記述は第四版までにはなかったもので、研究の成果を反映しているといえる。河西英通氏は、「従来の壮士評価が封建性・暴力性といったきわめて低いものであり、院外団・用心棒といったイメージで覆われてきた」と指摘した上で、井上清・飛鳥井雅道・遠山茂樹氏らの業績について触れ、各氏の研究は「一八八七年に見られた壮士の先駆性・行動性・大衆性を重視し、〈壮士型〉とも言うべき民権後の政治運動の特徴を提起している」と整理している（「明治青年とナショナリズム」岩井忠熊先生退職記念論文集刊行会編『近代日本社会と天皇制』柏書房、一九八八年、一三八〜一三九頁）。

（５）従来指摘されている「三大事件建白運動」の呼称については、たとえば佐久間耕治氏は、「私は首都に建白書を集中する方針を重視して、「建白書首都集中運動」と呼んでみてはどうかと最近考えるようになった」（『底点の自由民権運動』岩田書院、二〇〇二年、一六五頁）と述べているように、近年疑義が出されている。同呼称は『自由党史』の記述に従っていわれてきたもので、土佐派の動向を伝えるものではあっても、運動全体の実態を示すものではないことは明らかになっており、筆者も検討の必要性を感じている。筆者の建白運動に関する見解については、「三大事件建白運動について」（『自由は土佐の山間より』所収、土佐自由民権研究会編　一九八七年）、「一八八七年における国民的要求の位相」（『歴史評論』第四五二号、一九八七年一二月号）。

（６）『読売新聞』の記事はいずれも高田早苗執筆による社説で、拙稿「高田早苗の壮士認識」（早稲田大学史資料センター編・発行『高田早苗の総合的研究』二〇〇二年）は、本社説について言及したものである。

（７）遠山茂樹「三大事件建白運動論」（『自由民権と現代』筑摩書房、一九八五年）。

（８）『痴遊雑誌』第三巻第七号　一九三七年七月号。

（９）「井上敬次郎関係文書」は、国会図書館憲政資料室蔵。一〜一四三が書簡、一四四〜一七八が書類である。「井上敬次郎氏談話速記」は、広瀬順晧監修・編集『憲政史編纂会旧蔵　政治談話速記録』第二巻所収　ゆまに書房　一九九八年。

（10）『井上氏実歴談』一九二一（大正一〇）年　非売品　四頁（「井上敬次郎関係文書」）。本実歴談で述べられていることについては、他の史料により裏づけを必要とする箇所もあるが、全体として他の文献に比し信憑性が高いと思われるので、本稿では主に本文献から引用する。

（11）同右、五頁。

（12）同右、一〇頁。

（13）同右、一一頁。

（14）同右、一四頁。

（15）同右、一五頁。

(16)(17) 同右、一六頁。
(18) 同右、一六〜一七頁。
(19) 同右、一七〜一八頁。
(20) 同右、一九〜二〇頁。
(21) 同右、二二頁。
(22) 三島通庸関係文書(以下三島文書と略記)〈五三六—44〉「民間有志者重立チシ者及ビ軽操者現今ノ挙動大略M20」。(「明治」を「M」と表記。以下同じ、史料表題などはすべて「三島通庸関係文書目録」による)。
(23)(24) 三島文書〈五三四—26〉「求友会ノ件」(M19・5・1)。
(25) たとえば、〈五三九—35〉「板橋警察署々長ヨリ電信」(M20・11・27)、〈五三九—41〉「全国壮士懇親会ノ件」(M20・12・27)。
(26) 『絵入朝野新聞』M・20・9・13。
(27) 同右、M・20・9・30。
(28) 三島文書〈五三八—28〉「井上敬次郎等上奏ノ件 (ハ)」。この時宮内省へ出頭いたのは、次の人びとである。代表格＝井上敬次郎(熊本)・井上平三郎・長塩亥太郎、他に、加藤公平(島根)・佐藤琢治(宮城)・大崎次郎太(茨城)・畑方至親(長崎、原本「肥前ノ由」)・森 長奥(宮崎)・武俣欽明(高知)・河野参一(島根)・栗原足五郎(福島)・伊藤仁太郎(神奈川)・折笠義政(岩手)・猪俣為治(新潟)・斎藤又郎(福島)・松井誠三(山口)・岡田普佐(栃木)。関連史料として、〈五三八—21〉「各県上京者動向 イ井上敬次郎等宮内省へ建白 ロ同伴人名簿」などがある。
(29) 『自叙伝 波瀾重疊の七十年 (六)』(『肥後』第一八巻一一号・一九三八年一一月、四〇頁「井上敬次郎関係文書」所収)。
(30) 三島文書〈五三三—3〉(M20・10)。
(31) 三島文書〈五三八—11—ロ〉「板垣意見書ノ件、ロ井上敬次郎等黒田動クベシノ論」(M20・8・5)。
(32) 三島文書〈五三六—19〉「佐藤琢治奥村亀三郎等ノ挙動探聞」(M20・2・15)。
(33) 『井上氏実歴談』二四頁。

(34)『法令全書』一八八七年　省令・布達。
(35)『絵入自由新聞』M20・10・29。
(36)『法令全書』一八八二年　布告。
(37)「壮士煽動者村内に入るべからず」『絵入自由新聞』M20・10・27。
(38)『井上氏実歴談』二五頁。なお、判決に関し、次注『自叙伝』では「一年六月」となっており、森長英三郎『裁判自由民権時代』(日本評論社　一九七九年)も、「檄文の井上平三郎らは傍聴禁止で裁判せられ、岡山兼吉、中島又五郎らが弁護人となったが、三月三〇日、井上平三郎、井上敬次郎、長塩亥太郎は各軽禁錮一年六月と罰金一五〇円、他の二名は軽禁錮四月と罰金となり、二名が無罪であった」と記している(二六八〜二六九頁)。今後の調査課題である。
(39)『自叙伝　波瀾重畳の七十年(七)』(『肥後』第一八巻一二号、一九三八年一二月。五〇〜五一頁。「井上敬次郎関係文書」所収)。
(40)『井上氏実歴談』二六〜二七頁。
(41)同右、二七頁。
(42)『自叙伝・波乱重畳の七十年(九)』(『肥後』第一九巻二号、一九三九年二月、四七〜四八頁「井上敬次郎関係文書」所収)。
(43)『井上氏実歴談』二八頁。
(44)同右、二九頁。
(45)同右、三一頁。
(46)梅田又二郎『壮士之本分』博文堂書店、一八八九年、五九頁。
(47)『井上氏実歴談』二六頁。
(48)「井上敬次郎氏談話速記」(広瀬順晧監修・編集『憲政史編纂会旧蔵　政治談話速記録』第二巻　ゆまに書房、一九九八年、一三頁。

第9章　「民権」という経験がもたらすもの
——渡辺操と小泉由松を事例にして——

林　彰

はじめに

近年、自由民権運動の研究はいきづまりをみせているといわれている。雑誌『自由民権』により「民権運動再考」が唱えられ、そして「シンポジウム『民権運動再考』」が催されたのは、まだ最近の一九九六年のことである。[1]私は専門外ではあったが、この二日間のシンポジウムに参加して大きな刺激を受けた記憶がある。民権運動が近代日本史研究の分野における「特権的な地位」を失ったのは、幸か不幸かは分からないが、逆にいえば、研究への新しい視点が増えたのは間違いないところだといえる。[2]「民権百年後」の二〇年余りの自由民権研究の整理は、大日方純夫が手際よくまとめている。[3]私なりに簡単に整理しなおすと、新しい「民権」研究の流れは、①民権研究から民衆研究の分離・独立指向、②運動史から文化史への傾斜指向があり、これらはともに「国民国家」論の視点による民権運動の相対化をめざすという。一方、〝旧い〟歴史学の民権研究は、国家と運動との関係を支配と抵抗、対立と抗争、敵と味方として描き、全体として権力との相違や異質性が強調され、「民権」「民主主義」等の「近代的価値」の肯定、運動史としての自由民権であるとする。基本的に同意できる[4]。

こうした流れのなかで、私の立場はどうかといえば、近代思想史の視点をとりたいと思っている。さらに具体的にいえば、日本近代思想を地域からみることにより相対化をめざしたい。本稿でいえば、地域の近代思想史の視点から民権運動（思想）をみていきたい。ここでは立ち入らないが、民権派においても中央の幹部クラスと地域の民権派では志向が異なるのではないだろうか。結果として、国民国家形成期に政治運動をして閣僚となった後藤象二郎・大隈重信の幹部クラスと地域の民権派とでは目的が異なっていると思われる。それゆえ、階層ごとの民権派の意識・思想分析が必要となろう。ここでいう民権派とは、私なりの定義では、明治一〇年代前半の国会開設運動、政党の活動など、また大同団結期の運動に何らかのかたちで、それらの運動に参加・関係している人びとを指している。

本稿の目的は、自由民権期の運動（思想）を地域において幅広く、柔軟性のあるものとして捉えていこうとする一つのこころみにある。個人が地域において民権思想（運動）を、その人なりに主体的に受容しながら、あるいはその周縁にいて民権思想の影響を受けて、主体的にどういう行動・思索をとりえたのか。そして、その後の地域の民衆文化（政治文化）などと交錯しながら、「民権期」「民権の時代」という体験を果たしたのち、どういう様相をたどるのか。逆にいえば、後から振り返ってみて彼らにとっての「民権経験」とはどんなものであったのか、中央の民権思想ないしは西洋の民権思想からどれだけの影響を受けていたのかどうか、その後の行動をたどることにより検証してみたい。同時に、このことは在来の儒教（儒学）的な道徳思想や初期社会主義思想との関連についても言及することになるだろう。また、こういう作業をすることによって、地域において「民権という経験」は個人個人の彼らの生涯にとって、どの程度の「価値意識」をもったものなのかどうかを、少しでも探ることができればと考えている。ここでいう「民権（という）経験」とは、自由民権期において民権運動への参加あるいは民権学習などにより、個人がどのように民権運動（思想）を学び実践してきたのか、またそのことがその後の人生にどのような影響を与えたのかを考えるために使用している。個人の「民権経験」をたどるためには、その後の人生の足跡を追うことは不可欠であり、その「経験」がどう反映しているかどうかは興味深い。ここでは、方法として「経験」の視点を導入しているが、大門正克の方法論を参考にした(5)。

小稿では、事例として渡辺操(6)と小泉由松(7)を取り上げる。渡辺は、千葉県香取郡地域を代表する教育家であり、小泉は同じく香取郡大須賀村（現在大栄町）出身だが、隣りの下埴生郡成毛村（現在成田市）へ婿養子となる無名の一農民である。彼らは、中央の民権派からみれば、ほとんど無名か、無名に近い存在といえよう。こういった検討は、民権研究の視点をより豊かなものにするために、あるいは民権研究のより新たな問題意識の発見への再検討につながり、より多面的な方向へと導かれることをも意図している(8)。

第一節　渡辺操の経験——民権運動から日本弘道会運動へ——

1　民権運動とのかかわり

(1)　香取郡の民権運動

渡辺操（号は存軒）は、安政二（一八五五）年一二月（旧暦）香取郡久保村（現在小見川町）に生まれた。この地域は大部分が農業であり、副業として養蚕・養鶏・林業が行われた。彼は、一八六八年から一八七九年まで郷学（句読——宮崎藤太郎、漢学——持田東畝、書道——高木東皐）に学ぶと同時に、農業に従事していた。一八八一年一月から八四年三月まで、東京本所の信夫恕軒の漢学塾＝奇文欽賞塾に学ぶことになるが、渡辺が上京している時期に香取郡では民権運動が始まっている。

中央の政党結成の影響を受けて県内における地方部結成は香取郡の有志が最初であり、一八八二年三月に自由党下総地方部が結成された。下総地方部の結成には、香取郡の民権結社（好問社・温知社・共進社）の社員に佐原有志者のメンバーが加わり、「部理」は飯田喜太郎（のち大阪事件にも参加）、幹事は佐藤万太郎・高木惣兵衛であり、当初の党員総数は五九名であった。同年五月に下総地方部の「分局」が匝瑳郡八日市場村に設置されたが、六月集会条例改正追加（政党支社の設置禁止）により下総地方部は解散となり、以後中央自由党に直接加盟か独自の政党結成かの岐路にたたされることになる。香取郡では前者を選択し、一八八四年五月現在一六名の党員がいた(9)。香取郡では、その後「懇親会」（連絡結合形態）のかたちをとりながら自由党「香取部」という政党の地方支部的集団となり、官憲の妨害・圧迫を受けながらも継続する。八六年全国有志懇親会での星亨の自由・改進を含めた大同団結の提唱、そしてその後の沼間守一殴打事件後の両党懇親の崩壊を経て、県内の大同団結運動は県南部から改進党との交流を維持しながら展開し連合懇親会のかたちをとる。香取郡では、大阪事件支援活動が八六・八七年と続き、八七年の全国有志懇親会——建白の実行を決定——は県内でも同調し、八八年香取郡では「同盟義会」という大同団結期の政社が結成され、これを期に大同団結運動が活発化していくのである。ここに、渡辺操も参加していく。この地域では、総じて自由党系の運動が中心をなしている。香取郡では、この時期他の地域団体として東総倶楽部（花香恭次郎ら）・香取倶楽部が存在し、運動を展開している。

(2)　渡辺操と大同団結運動

香取郡の民権運動は一八八二年前後と一八八八年前後に盛り上がりをみせるが、渡辺操は後者にかかわることになる。[10]渡辺は、帰郷後の一八八四年一一月自宅に無逸塾を設立し、当初は「経学史学文章学」(『同志中学館沿革』一八九八年)を教授。八六年から英語科・数学科を加え、実際には翌年から講師を招き教授していく。八六年には生徒増員のため自費で塾舎一棟を新築、八八年には文部省の漢文科(師範学校・尋常中学校)の免許を得た。渡辺が、いつ頃から民権運動に参加していくのかは判然としないが、八七年四月の佐原町石田楼の懇親会や同年一一月開催の佐原町と小見川町の政談演説会・懇親会には一聴衆として参加した可能性がある。管見のかぎりにおいて、渡辺の新聞史料での最初の登場は「香取郡東南部有志懇親会」(『東海新報』一八八九年四月一〇日)であった。この懇親会は府馬村(現在山田町)で開かれているが、香取郡を代表する民権家飯田喜太郎や高野麟三(温知社から自由党下総部の常議員、のちに保安条例により東京を追われる)・平野南海(好問社から自由党下総部参加、雑誌『非政論』の印刷人)らとともに、渡辺も演説を行っている。同年五月万歳村(現在干潟町)における政談会では、演説会の弁士ではなかったが、その後の懇親会では演説をしている。[11]このときの演説会の弁士には、前述した飯田・高野・平野ら七名が登壇したが、そのなかに福島・喜多方事件で活躍した花香恭次郎がいた。花香は帝国憲法発布の大赦により出獄後、郷里の万歳村に戻って来ていたのである。懇親会は花香の慰労も兼ねて、河野広中・平島松尾が来賓として参加しており、ともに演説をしている。

渡辺操が新聞史料に登場する前年の一一月、香取郡では大同団結期における政社である「同盟義会」が結成されていた。[12]この会は、「親睦ヲ旨トシ純ラ世務ヲ諮詢シ以テ国利民福ノ増進ヲ企図スル」目的があり、香取郡の有志者により佐原町に結成された。[13]同月一一日の総会では一三六名が参加しており、会長は山米健であり、常議員は一五名いた。この時点では、まだ渡辺の名前は見当たらない。創立二か月後には会員一五〇名となり、翌年五月には会員は三〇〇余名となった。ただ、年一回六〇銭の会費納入は、春秋二回報告書を刊行し会員に頒布するとしても割高であり、生活に余裕のある人びとが会員の対象といえるだろう。そして、翌一八八九年七月の臨時総会において、渡辺は二五名の常議員の一人に選出され、常議員には外に、飯田喜太郎（兼幹事）・高野麟三（兼幹事）・高城啓次郎（兼幹事）・平野南海・大竹岸太郎らがいた。渡辺が、「同盟義会」の会員になったのはいつ頃か判然としないが、同年四月前後には会員になっていた可能性はたかい。渡辺は、新常議員になるとすぐに、翌八月五日には幹事の飯田喜太郎とともに条約改正中止建白（大隈外相の改正案に対する）のために、香取郡を代表して上京し、民権派としての行動力を示しているが、常議員に成り立ての彼が、なぜ香取郡を代表して建白書を提出したのであろうか。具体的理由は不明だが、常議員に就任する前に府馬村などでの演説会での話しぶりが飯田や高野らの目に止まり、推薦されたと推測できる。私塾で教える教育者としての漢学の素養を背景とした演説が、外の民権派とは違って魅力あるものとして映った可能性があろう。事実、のちに彼は飯田や高野に推され、県会議員に立候補することになるからである（後述）。「同盟義会」の建白書提出は、さらに高城啓次郎らが行い、三回目の建白も計画中であるという。

一方、香取郡では東総倶楽部（一八八九年一〇月結成）が有志者（花香恭次郎・大竹岸太郎ら）により大須賀村（現在大栄町）で組織され、一〇月末には大竹が一人で条約改正中止の建白書を元老院に提出している。大竹は、大同協和会に属する「同盟義会」の常議員だが、大同倶楽部に属する東総倶楽部をも代表したことになり、それゆえ、この地域では中央ほど旧自由党の分裂にはこだわっていないといえる。同年三月頃より「同盟義会」は、中央の動向にも関心を示し、政社としての活動を活発化しており、同年八月には大井憲太郎を招いて北総有志懇親会を開き、さらに自由党再興が決定すると「同盟義会」は「旧党員下総部」の同志らに「正義公道」の旗下に団結することを呼びかけ、事務所を旧自由党員協議会に提供した。九〇年一月の自由党結党式には、飯田喜太郎・高野麟三は会場整理委員となっている。

これ以後、香取郡の運動は「同盟義会」の活動をも含め、『東海新報』にはほとんど掲載されなくなる。この時期、渡辺操はどうしていただろうか。彼は、一八八九年一二月、元自由党員佐藤万太郎（元好問社幹事）・菅谷周佑（元好問社社長）の三回忌に平野南海・高野真澄（元自由党下総部、元好問社）・花香恭次郎らと「祭文」を読み、演説をしていたのである。以下に掲げてみたい。

十二月廿九日友人旧相会して……亡友佐藤愛石君及ひ菅谷周佑君の霊を祭る、嗚呼人生の哀きは道を同くし志しを等しくし将来の希望を共にせんと誓へし者と相別る、より哀きハなし、況や幽瞑隔離復た温容を接ゆる能ハざる者に於ておや、吾人ハ二君と既に道を同くし志を等くし猶ほ将来の希望に於ても豪も異なることなかりしに、何そ図らん二君ハ既に幽瞑を隔て復た相るを得ざるの人ならんとハ……然り而して二君が主として設立せられた好問社は今や種々の事情ありて解散を告ぐると雖とも其の団結の心に至てハ確固不抜旁礴として鬱積し豪も飛散することなし……猶且つ菅谷君が多年後進を教育せられしと佐藤君が海防費千金を献して国用を補ひしが如きに至てハ吾人今幽瞑を隔つると雖も未だ嘗てその徳を追思せさるの日はあらざるなり……蓋し二君の霊を慰むるハ二君の設立せられたる好問社の精神を継続し併せて其将来の希望を全たからしむるより善きハあらざるべし、吾人不肖と雖も奮て其志を継かんとす（略）

（『非政論』二号、一八九〇年一月、適宜読点を付けた）

ここにある好問社は、かつて自由党下総部の設立の際には最も参加者が多かった結社である(14)。一八八一年一二月、元教員の菅谷周佑を社長、佐藤力太郎・平野南海ら四名を幹事として好問社は一〇〇余名の社員を得て発足した。渡辺が、菅谷や佐藤を追悼したということは彼らの人となりを熟知していたと思われ、以前から結社や民権運動に関心があったことが知られよう。佐藤の弟の靖は、渡辺が主宰する雑誌『非政論』の発行人となっている。これ以外に渡辺は、香取郡結佐村（現在茨城県稲敷郡東町）の旧自由党員・「同盟義会」常議員野原仙太郎の弟の安三郎が渡米して「殖産の業」を視察に行くにあたり、この時期に結佐小学校において送別会で演説をしている（『非政論』二号）。それによると、野原はかつて関西において「四方の志士と交わり其間危険の場を踏むこと」も多かったという。ここでいう「志士」とは、民権派の謂いであろうか。また「筑波山の暴挙」では官側に拘留されたことがあったが、疑いが解けたことも渡辺は話しており、加波山事件で野原が拘留されたことが分かる。「我友野原君」というとき、どの程度渡辺と野原は親しかったかは不明だが、いろいろな演説会に招かれるのをみるとき、渡辺の香取郡における人望の厚さが分かり、名士的存在ともいえる働きぶりを示している。さらに渡辺は、一八九一年三月『自由平等経綸』（社長新井章吾、主筆中江兆民）の発刊にあたり、新井からの依頼により犬養毅・島田三郎らとともに「祝詞」を送っている。渡辺は、新井とはかつての佐原における香取郡政談演説会で知り合っていた。帝国議会が開かれた以降、渡辺は香取郡自由派有志総代の飯田喜太郎・高野麟三・平野南海らに推されて、自由派県会議員として立候補したが、落選した（九二年三月）。この議員活動が、渡辺の民権派としての最後の実践となった。同時期、飯田と高野は衆議院議員に立候補したが、ともに落選をしている（九二年二月）。

次に、渡辺操の主宰した雑誌と民権との関係についてみておこう。渡辺の発行していく初期の雑誌には、民権運動との連関がみられ、前述したように渡辺も好問社の菅谷周佑らの追悼演説を本誌に載せているからである。雑誌『非政論』（一八八九年一二月〜九〇年九月、一〇号で廃刊）は無逸塾内文教社が発行所であり、発行人は佐藤靖（兄万太郎は自由党下総部幹事）、編集人は渡辺の弟長次郎[15]（東京市下谷区同朋町在住）、印刷人は平野南海（本名は藤左衛門、医師、自由党下総部参加、「同盟義会」常議員）であり、民権派及び民権関係者が雑誌の担い手といえる。『非政論』の内容については、すでにふれたことがあり、ここではごく簡単に民権関係の記事を中心にみておきたい[16]。渡辺は、『非政論』を「嗚呼非政論ハ政論にあらす元気の消長を論する演壇にして学術の栄を競ふ文場なり」（一号）として、「学術の栄を競ふ文場」を強調し、また「目的は各人が精神を練磨し知識を運用し……道義の衰退を挽回するに在り」（八号）と、「政論」ではなく「学術」「文教」に志を求めた。同時に、文教と道徳の興隆により国家形成をめざしていこうというのは、孔子の議論から援用した彼の持論でもあり、民権派であるにもかかわらず、儒教的要素が強かったといえる。とはいえ、雑誌では民権（運動）関係記事にも理解を示しており、前述したような元好問社菅谷周佑らの追悼演説を掲載しており、また七号（九〇年六月）以降には「倶楽部等ノ依頼ニ応シ廉価ノ特約ヲナスベシ」と「社告」の方針が変わり、東総倶楽部や香取倶楽部の記事が載るようになったのである。とくに東総倶楽部は、前述したように花香恭次郎らがかかわっており、政社としての活動を行っていた。そして、おそらく東総倶楽部などの政論記事が掲載されたことで、「法網ニ触レ発行停止」となり、廃刊となったのであろう。

次いで発刊された雑誌『文教』（一号～七号、九一年六月～一二月）は、一号の「社告」に「文教は政治的の雑誌に非ずして文学上の好友なり」、「文教は党派機関に非ずして交際上の媒介者なり」と示され、『非政論』の廃刊の衝撃があったことが分かると同時に、「政治的の雑誌」「党派機関」の否定をせざるを得なくさせたともいえる。『文教』は、社主兼社長は渡辺操、発行兼印刷人は高木惣兵衛（自由党下総部の幹事、「同盟義会」常議員）、編集人は平野南海であり、一号の祝辞には渡辺の旧知の新井章吾衆議院議員、桜井寛（元自由党員・「同盟義会」常議員）らから来ており、民権色を一掃したとはいえない。しかし、二号から高木と平野は引退、新しく菅谷元治・絵鳩伊之介に交代し、以後『文教』は香取郡の地域の動向を提供する場としての役割を果たしていくのである。

渡辺操と大同団結期の運動（思想）との関係は以上で終えることにするが、ここで渡辺が大同団結運動にかかわっていく要因を考察してみたい。渡辺は、ある人物から教育家なのに、あえて大胆にも元老院に建白するのはなぜかと問われたことがあった。それに対して、彼は「抑僕の持論とする処は政教一途にして敢て其間に区別を設けず書を読で何の為めにす、修身斉家治国平天下の事のみ、然らずんば空文のみ徒為のみ……信夫恕軒無逸の二大字を書して僕に賜ふや之に附記して曰く、入此堂者政治教育必合於一可以王化可以補聖教と是を以て常に意を政事絶つ能はず、進んでは筆に口に時事を談じ王化万分の一を助けすと欲せざることなく退いては聖賢の書と今古の歴史とを繙き又聖賢万分の一を助けんと欲せざることなし（略）」と答えている。[17]このなかで「政教一途」は「政教一致」のことであり、これは儒教（儒学）の特色をなす政治と教育（宗教）の一致を意味する。さらに教育とは「経学」（四書五経などの儒教の正典）のことであり、渡辺はかつて漢学塾で学んでおり、実際に「経学」を授業で教えてもいる。そのときのテクストは未発見だが、儒教的政治思想、道徳的国民形成を重視する西村茂樹らの影響を受けたものを使用した可能性がたかい。渡辺は、具体的に政治を論じ教育（「経学」）を教授することの一致をめざして実践したことがうかがえる。すなわち、大同団結期の政治的な運動と儒教教育の実践である。儒教的要素を含んだ民権運動の実践は、同時に「王化万分の一」「聖賢万分の一」を援助する運動にもつながる。「王化」（天子の徳の感化ないしは天子の人格・政治により人民が善良になること）の援助とは、もちろん天皇制思想を支援する立場を意味しており、この質問に答えたときは、すでに渡辺は日本弘道会の会員であったことも留意する必要がある。また、大同団結期の運動に奔走したがゆえに、渡辺にとっては「民権」「権利」「人権」などより「国家」「国権」論的な、条約改正運動などのナショナルな問題が優先されたといえるのではないだろうか。[18]「民権」「人権」などの記された史料が発見されないため、渡辺がそれらにどの程度の理解力があったかどうかは不明であるが、「民権」的な内実が蓄積されていれば、少しく彼の大同団結運動へのかかわり方も変わったかもしれない。しかし、今となっては、何もいうことはできないが。

この渡辺のかかえる問題は、近代儒学（儒教）のゆくえの問題とも重なるが、ここではそれ以上はふれることはしない。[19]

2　弘道会運動への道

(1)　弘道会支部の設立

一八九二年八月、渡辺操は日本弘道会に入会し、地域の有志者とはかり会員の募集を開始した。渡辺の入会は、『日本弘道叢記』五号（一八九二年九月）の広告欄で確認できる。このとき、のち三代支会長となる布施亀次郎（府馬村、現在山田町）も同時に入会し、渡辺らとともに会員を募集中であった。前述したように、渡辺はこの年の三月に県会議員選挙に落選しており、落選後に方向転換したとも考えられるが、「地方道徳の衰退を憂」[20]えて率先して入会したとされる。彼は、九三年一一月上旬には設置願いを提出、同月一九日付けをもって日本弘道会第三三支会千葉県香取郡東部支会の認可を得た。渡辺は支会長であり、支会の事務所は彼の自宅である。周知のように、日本弘道会は国家（国民）道徳主義者の西村茂樹が一八八七年に設立し、修身道徳の思想を国民道徳として官製化してその普及につとめる民間の教化団体であり、地方会員の組織化をはかっていく[21]。全国的に弘道会運動の盛んな千葉県では、明治二〇年代一七の支会ができるが、香取郡には七つの支会が設立されている。

ところで、ここで東部支会規約を少しくあげてみよう。

第一条　本会の目的は日本弘道会本部の主旨に遵ひ先ず各自の善行を専らとし併せて郷土の頑風汚俗を矯正し忠孝徳義の思想を発達するを期図するにあり

第六条　本会の目的を達する為め隔月集会して道徳上の研究会を開く、且つ時宜に依り本部より講師を聘し又は地方学識名望の士に請ふて講義演説を為す事あるべし

第八条　支会員修繕の便を計り本部発行の弘道叢記を各会員に配布し常に道徳思想の間断なきを務む

第九条　会員在地に於て不測の過災に罹り或は鰥寡孤独にて貧困堪え難きある時は総会の議決に依り臨時に義捐を募り慈善を行ふ事あるべし（『支会沿革誌』）

渡辺の思想は、規約第一条に似通っていることが分かる。渡辺は民権派の思想を有しながらも、結果として日本弘道会の思想＝教化団体の思想にいきついた。[22]大同団結期の運動に参加しながらも、伝統的な儒教道徳主義的な要素を色濃く残したまま国民道徳運動に献身していく。これは、もちろん渡辺が西村茂樹の弘道会を支持したことの表われにほかならないが、西村とのより具体的な思想の類似点は、渡辺に関する史料が少ないために判然としないが、儒教道徳主義や「頑風汚俗」の矯正、「忠孝徳義の思想」は、一致しているように思われる。

渡辺にとって弘道会運動に献身していくことは、条約改正中止建白の運動への献身と同じ価値をもつことを意味しており、「地方道徳の衰退」や「頑風汚俗」の問題はナショナリズムのそれへと、容易に転化すると考えられる。[23]支会員には、元自由党員で「同盟義会」常議員の平野南海や元自由党員の宮野昌平もいた。宮野は、終始一貫自由党を支持し、県会議員・支会副会長にまでなる人物であり、彼らは弘道会の思想に包摂された、あるいは教化されたという意識はないと思われる。ここには、自由民権運動退潮期から地域の教化団体に取り込まれていく地域の民権派の事例をみることができる。第九条には地域独自の視点がみられ、実際に実践していくのである。会員は一八九四年五四名、一九〇四年五二名で、この時期はそれほど増減に変化はない。

(2)　評議員への就任

日本弘道会東部支会は、一八九四年八月に八都村《やつ》（現在山田町）の小見徳星寺で発会式を開催した。会長西村茂樹以下、八都村長・佐原支会長・栗源支会長・匝瑳支会長、来賓は香取郡長代理書記・佐原税務署長・小見川警察分署

長・本郡東部各町村各小学校長及び有志者らが参加した。聴衆は八〇〇名であり、この発会式は『日本弘道叢記』三〇号（一八九四年）に掲載され[24]、西村の演説も掲載された[25]。また東部支会の活動は、当初は雑誌『無逸』にも載ることがあり、「無逸は何が為にして発行するか余輩ハ少年諸氏が怠惰に陥らんことを憂ひて発行する者なり」（一号、九二年一二月）とあり、渡辺の思想に道徳主義的内容が多くなり、犯罪者を減らすには「只教ふるに忠孝を以てし導くに徳義を以てするのみ」（七号）、戦争の勝敗は道徳如何による（三一号、九五年六月、後述）などの記事がみられる。

日本弘道会第一回総集会が、一八九五年五月に京都で開かれたが、渡辺は支会長として三日間の全日程に出席した。弘道会が社会に重きをなす方法について、渡辺は発言し、六項目の方法を外の四人の委員の支会長とともに修正案として提出している[26]。最終日の演説会において渡辺は、「戦争の勝敗は道徳の深浅に随う」と題して演説する機会に恵まれ、この内容は『無逸』（三一号）に掲載された。ここには、弘道会に積極的にかかわっていこうとする渡辺の姿がみられよう。以後、渡辺は毎年支会総会を開き、本部の総（集）会に、ほぼ毎回出席を果たしていく。

以下、目立つ記事を中心に簡潔にみていこう[27]。一九〇三年三月、東部支会では支会総会・講話会を小見徳星寺で開き、本部からは二代会長谷干城らを招き、二名の善行の表彰式の後に、講話会（渡辺操・樋田魯一・谷干城）が開かれた。そのなかで谷干城は、『大学』を援用しながら、勤勉・力行・誠意・誠心、国民の義務を尽くし、これがやがて弘道会の主意にして、また国民の国家に報ずる所以であるという講話を、懇切に諸般の例を引きながら説き、聴衆を「敬聴」させたという。この日の聴衆は一五〇〇名であり、夜の懇親会では谷が熊本籠城作戦を話し、翌日は佐原支会で講話をしている。続いて、一九〇八年五月の第九回本会総会・創立三〇周年祝賀会が神田区錦町斯文学会で開催され、東部支会から渡辺ら一四名が出席した。ここで、渡辺は「教育の効果を奈何」題して演説をしており、三日目の功労者表彰式では、渡辺ら九名が銀色功労賞、大八木佐助ら五名が銅色功労賞を授与された。同年九月の支会総会が小見徳星寺で開かれ、本部から四代会長徳川達孝・池田謙蔵講師が招かれた。徳川は「道徳の要領」を講話し、池田は「三種の神器」と題して講話し、また会員の希望により「農業道徳」と題して、農業と道徳の関係を論じ、聴衆に感動を与えたという。さらに、一九一四年三月に日本弘道会は社団法人となり、渡辺は本会評議員に推薦されることになり、長年の弘道会への貢献努力が結実したと思われる。その渡辺も、一九二〇年三月に六五歳で支会長のまま死去し、三〇年以上の「道徳の振興誘導に尽力」した後半生に終りを告げたのである(28)。東部支会の会員は、一九一五年当時五〇名だったが、その後徐々に増え、一九二九年一月には一五〇名、一九四一年一二月には二八三名となっている。

渡辺は、一九二〇年一月に機関誌『弘道』三三四号に「現下の諸問題」と題する遺稿を掲載している。それまでの彼の寄稿は漢文調のものが多く、政治的発言は少ないので、次にこれをみておきたい。まず、思想問題について、渡辺は孔子と孟子から援用して思想上の「悪変」を憂い、仁を説き孝を教え、あるいは独り仁義を絶叫して王道の唱揚をするなど思想上の奮闘が中国ではずっと続くとして、では日本の現在の思想界はどうかと問うている。彼は「健全なる思想」を支持する立場をとる。その思想とは「勤倹産を修め力を邦家に致す者是なり」として、現今の思想界を「旧思想」と「新思想」に分ける。そして、「旧思想者」と「新思想者」はお互いに嫌ってはおらず、問題によって「旧に赴き或は新に走り」両者相争うものなのではないかと述べ、近年の官公吏の汚職や関西の女子教員惨殺事件などは新旧思想によらず、健全な思想の養成を怠ってはいけないとする。また「政事上の思想」では、今の政友会の四大政策（教育・勧業・交通・国防）は政事上の「新思想」にして「其政綱」だが、その実は昔から伝来する「旧政策」であり、要するにその時代その国勢に応じて、その運用は為政家の大きさに存するのみとした。如何に有形の完備があろうとも、「無形の民心」が正格を欠き、危険に傾いていれば国家は滅亡に至るとして、わが弘道会が天下に呼号するのはこの「格心」にあり、換言すれば、四大政策の欠点を補足するのに充分なるものだとする（中略）。弘道会の会員は、「弘道戒」（弘道会要領など）を厳守して現在の思想問題に奮闘する助けとするべきだと述べる（略）。

最後に、孟子は教育を「学は則ち三代之をともにす。皆人倫を明らかにする所以なり」と論じるとして、それから援用し、国家万般の解決は人倫上に明らかにして「小民下」に親しむところにあり、古人は決して「後人」を欺かないと論じた。

渡辺は、「現下の諸問題」について孔子・孟子などを援用しながら、「無形の民心」「民心統一の思想問題」は「有形の完備」より重要であり、弘道会の呼号するのはこの「格心」にあるとした。地域への国民道徳の振興に長い間貢献したがゆえの一つの到達点として、この遺稿をみることができよう。渡辺の「民権」という経験が、道徳運動にどのように波及していくか、あるいは影響をもたらすかは、結論において改めて考えることにする。

第二節　小泉由松の経験——民権の周縁から初期社会主義者へ——

1　民権の周縁の位置から

(1)　民権学習と地域

小泉由松は、一八五九（安政六）年旧暦三月に香取郡臼作村（現在大栄町）に葛生利右衛門の次男として誕生した。[29]下埴生郡成毛村（現在成田市）の農業を営む小泉やす（一八六三年旧暦九月生まれ）の元に婿入りしたのは、一八八一年前後の頃だと思われる。やすの父親の太兵衛は、二九戸の戸数のなかでほぼ平均の一町歩余りの土地所有者であった。小泉由松の少年期から青年期にかけての思想形成に関する史料がないため、具体的な行動形態は不明だが、残された史料で青年期以降を跡付けてみることは課題の一つであり、民権思想とどのようにかかわっていくのかをできるかぎり再構成していきたい。

小泉家に養子に来る以前の葛生由松時代は、ほとんど何も分かっていないが、養子となってから後述する近くの漢学塾の斯文塾に通ったことは推測できる。残された史料から判明する彼の学習方法の一つは、たとえば幕末維新期の著名人の言語録の筆写を通した理解、啓蒙思想家の言語録の筆写を重ねることにより、知見を深めていくことであった。事例を挙げれば、前者では木戸孝允・大隈重信・加藤弘之・矢野文雄・田口卯吉・ディズレーリ・植村正久・カーライル・西郷隆盛・桐野利秋・穂積陳重・渡辺洪基・田中不二麿・大鳥圭介・有栖川宮熾仁・井上馨・伊藤博文・谷干城らであり、後者では福沢諭吉・森有礼・中村正直・西周・西村茂樹・津田真道・箕作麟祥の筆写がみられる。[30]彼らの言説をノートに筆写していくが、何を参考にして写していたのかは、いまのところは不明であり、草深い田舎にどういうルートで中央の書籍・雑誌などが入ってくるか、あるいは新聞をなんらかのかたちで読んでいたかは今後の課題である。小泉の自由民権学習は、明治一〇年代後半前後から二〇年代初めにかけてではなかったかと推測しうる。一農民である小泉も、他の青年と同じように政治や政治思想・「民権」思想などに関心をもっていたということがいえよう。後藤象二郎・板垣退助・中島信行・末広重恭・植木枝盛・島田三郎・星亨・草間時福・肥塚龍・加藤平四郎・青木匡・箕浦勝人らの民権家の筆写は、それを証明している。[31]では、具体的にどういった言説を筆写していったのかをみておきたい。

「余ガ平生ノ志ハ天下ノ政党ヲ改正スルコトニアリ、今日我国人ノ精神ヲ喚起スルニハ必ス欧米ノ新主義ヲ以テセサルヘカラス……吾党ハ遂ニ我自由主義ヲシテ亜細亜全州ニ旁礴普及セシムルコトヲ期セサルヘカラス」（板垣退助）

「曰ク凡ソ何レノ国ニテモ政治上ノ統合ヲナスニハ其当時ノ必要ニ応シ大目的ノアル所ロニ従フテ活動スルカ政事家ノ急務テアリマス」（末広重恭）

「曰ク現時ノ日本ハ実ニ内憂外患ノ二大困難ニ攻メ立ラル、ノミナラス法律権ト理財権ノ二個ヲ失脚シ独立ノ全テヲ得サル憫レムヘキ国柄ナリ其故ハ治外法権ノ在ルアリテ外人ニ対シテ我国ノ法律豪モ其作用ヲ為ス能ハス（略）」（後藤象二郎）

「曰ク徳義相交ル人ノ間ニハ法律其力ヲ現セサルナリ私交相親シム間ニハ法律其用ヲ示サ、ルナリ、又曰ク不良ノ法律ヲ改良スルハ何物ニ頼テ之ヲ遂クヘキ乎予ハ之ヲ人民ノ気象ト輿論ノ勢力トニ頼マサルヲ得サルナリ」（島田三郎）

当時、小泉由松が啓蒙思想家や民権家をどれだけ深く理解できていたか、あるいはその違いを理解しえていたかは不明であり、また小泉の周辺に民権運動に興味をもつ人びとがどれほどいたかどうかも分かっていない。ただ、小泉のような人物が大勢いれば結社が設立されても、何ら不思議ではない。小泉の経験とは民権運動というよりも、民権学習のそれであったといえる。筆記して学ぶことにより、それが民権学習にとって十全の成果ではないにしても、学習の経験はのちに生かされる可能性があるだろう。それでは、明治一〇年代のこの時期、下埴生郡の地域における民権運動はどうであったろうか。

明治一〇年代前半、近隣の長沼・荒海・飯岡・南羽鳥・北羽鳥地域では国会論が叫ばれており、「可設論」「不可設論」の二派に分かれて議論となっていた。その前提として、一八七九年六月に長沼村を中心にして自立社の結成を指摘しうる。[32] 社長小川武平をはじめ七二名の発起人がおり、一八八〇年一月東京の交詢社結成後、両方に加盟する社員も増加し、そうしたなかで国会開設の是非の議論が登場してくるのである。自立・交詢社の社員は、ほとんど「可設論」を主張するとされたが、彼らの結社としての性格は学習結社・生活結社・経済的扶助結社的なものが中心であり、強い政治結社指向ではなかったといえる。さらに、一八八三年一一月から成毛村の隣りの土室村の小倉良則ら五名は、下埴生郡において減租請願運動を起こし、八四年六月には建白書を起草中であると伝えている。[33] この背景には、一八八二年一一月の自由党臨時大会の席上、片岡健吉が減租建白運動を「滞京委員」に対して提案をし、それを受けて千葉県でも開始するに至ったのである。小泉は、隣村の小倉良則の行動は知っていた可能性が高く、一八九二年に自由党衆議院議員となった小倉に関する史料が一点みられる。[34]

次に、小泉由松のもう少し具体的な民権学習についてふれてみたい。一つは、国会請願書の筆写である。[35] たとえば、岡山県の国会開設請願書の写しがある。「(一、二字不鮮明か)両備作三国々会開設願望同盟兄弟相告ルノ言」であり、作成者は県議の忍峡稜威兄《おしおいずえ》であった。日付は「明治十三年十月十七日」とあるが、実際には一〇月七日の間違いであると思われる。[36] これは、岡山県の第二回国会開設請願への取り組みのなかで発表されたものであり、一〇月二〇日には国会開設請願を実行することを決定するのである。この背景には、茨城・長野・山梨・新潟の四県代表から一〇月末に全国有志者が東京に集まり、ともに請願しようという呼びかけがあり、それに基づいている。この「相告ルノ言」を写した小泉は、おそらく背景などは理解できなかった可能性がたかいが、本文を読むことにより民権運動の請願への努力や「哀訴懇願」への意気込などの雰囲気の幾分かは伝わっていたであろう。もう一つは、小西甚之助が起草したとみられる「伊藤公外九参議へ宛差送リシ国会開設御取持願ノ文」である。この請願には日付はなく、「草莽ノ一慨民」小西甚之助の国会開設請願の二頁余りの内容であった。さらに、小泉は民権学習に欠かせない憲法をも筆写している。「英国憲法　第壱号」と題して、筆写した日付が一八八九年一月とあり、[37] これは明治憲法発布、帝国議会開設に備えて写したものであろうか。英国憲法の項目には、「皇帝ノ司法権」、「皇帝の行政権」、「上院ノ組織及ヒ権限」があり、一二頁にわたって筆写している。

こうした民権学習や憲法学習を通じて、小泉は「自由」「人権」「民権」「権利」などを含めた自由民権思想や若干の運動の動向などを学ぶことにより、民権思想(運動)を自らの経験として蓄積していくことが幾分かはできたように思われる。このような経験と連関する学習として、小泉は「論説組立法」（『文書』一一）を筆写している。これは、一八八八年一月に、ある懇親会の席上において演説した内容であるが[38]、小泉はそこで「西洋翻訳書」を読み、論説組立法の概略を記憶したので、演題としてその概略を述べたいとして、「一場ノ演説ニ聴衆ヲ感動セシメ喝采ヲ」博するには論説組立法を知る必要があるとする。組立法には、「上昇法」「降下法」「比較法」など六種類あり、それを具体的に説明する。たとえば、「上昇法」とは結果より原因を遡る謂いであるとして、事例として「身ノ健康」を保つには「衛生ノ道」を普及させ、衛生の普及をはかるには「衛生会」を盛んにするという如きものであるとした。この演説の最後に、「吾党カ社会ニ立チ自由ノ利ヲ説クモ学識オ《ママ》長シタル士」云々と記されているが、この「吾党」が政党を指すのかどうか、あるいはそれが自由党か改進党かは、今のところは不明である。ただ、政党だとすれば、自由党か改進党のいずれかになるのではないだろうか。ここに、政党や懇親会などの演説会を意識する小泉をみてとれるが、「演説」に関する論説組立法を学び、実際に懇親会で演説を体験することによって、経験としての蓄積ができるように思う。その外、小泉は帝国議会開設に向けても、その感慨を示しており（「元日ノ感」（一八八八年）『文書』一〇）、民権学習などの成果が小泉の政治意識や政治思想を高めていくように思われるのである。

(2)　政治家への接近と進歩党系の支援

小泉由松が政治家に接近するのは、いつ頃かは不明だが、政治家への関心は明治二〇年代前半から四〇年代にまで及ぶ。これも、民権学習の経験が元になり、結果として政治家への接近を考えることができよう。ただし、政治家との接触は年代不詳の書簡などが多い。明治二〇年代前半、地域の選挙運動を通じて藤江東作（安食町）らを支援したのが、最初であったように思う。一九〇二年の総選挙に際しても、小泉は平山晋が立候補して落選したときに、支援したことがあり、藤江から礼状などが来ている[39]。小泉が選挙運動を含めた政治運動に関心をもったのは、民権学習及び明治憲法発布、帝国議会の開催などにより自由党や立憲改進党といった政党の動向へのそれであり、小泉なりの民権学習などの経験を生かした実践形態といえた。小泉の選挙運動支援における著名人は、県内の元民権派新聞『総房共立新聞』の社長であった桜井静が挙げられる。一九〇三年三月、桜井静から小泉に選挙運動協力の礼状が来ている（『文書六九』）。このときは第八回総選挙であり、山武郡から憲政本党より立候補した桜井は、この選挙で第七回総選挙に次いで当選しており、「旧誼ニ依リ一方ナラザル御賛助ヲ蒙リ」とあるので、以前から小泉と桜井とは面識があったことがうかがえる。また、一九〇八年五月の総選挙に、県内において無所属から立候補し当選した加藤禧逸から選挙協力への礼状が来ており、一九一〇年の正月には加藤からの年賀状もあった。(40)

以上は選挙協力であるが、それ以外において、小泉由松が政治家へ接近していく事例も多くみられる。河野広中・尾崎行雄・鳩山和夫・犬養毅といった、いずれも当時進歩党系の著名人が中心であった。まず、当時憲政本党に所属する河野広中については、一九〇一年の正月に年賀状が来ており、同年四月には小泉が河野に何かを贈ったらしく、その「頂戴物預り」の礼状が来ている。おそらく、小泉の方から接触をはかったと思われ、もっと以前から、つまり自由党衆議院議員の頃から接近をはかっていた可能性がある。河野からは、一九〇四年、一九〇五年、一九一〇年の年賀状も来ており、また年代不詳ながら年賀状を兼ね書物の問い合わせをしていることが分かる。(41)小泉は、河野広中が民権運動などで活躍した過去を知悉していたと思われ、そういう著名人と接近をはかることは自身の行動を正当づけ、かつての民権学習の経験を生かすことにもつながっているように思われる。続いて、尾崎行雄に関しては、一九〇九年六月に尾崎の父親の喜寿の祝賀に「高吟」を贈り、その礼状が来ている。また、年代不詳ながら庭園拝見願い（大隈重信の庭園）への了承の返事が来ている。(42)さらに、鳩山和夫からは年代不詳だが、帝国議会傍聴券の承諾の返書が来ており（『掛け軸文書』２―１・２）、犬養毅からは年代不詳ではあるが、問い合わせの返書が来ている（『掛け軸文書』３―４）。そして、小泉には自身が政党に入党した可能性のある文書も発見された。これは年代不明だが、関和知からの返書の書簡で「本党への御入党」の件が了承されたとあり、しかし、この文書だけでは憲政本党に入党したかどうかは判然とせず、さらに検討する必要があろう。(43)なぜ、小泉由松が進歩党系を支援していくは、いまのところは不分明ではあるが、彼は一八九七年から発行された県内の進歩党系の新聞『新総房』の通信員を当初からやっており、新聞社側は「大ニ便益ヲ得候段拝謝」していたことが判明するのである。(44)『新総房』の前身は民権派の『千葉民報』（一八九四年刊）であり、一年後『新総房』と改題し、政治雑誌として再発足をして、さらに新聞形態に改めた。また、桜井静が『新総房』を後援していた。小泉は、「同志諸賢」の一人として通信員の役割を果たし、地域の政治社会などの動向の記事を通信していたことが知られよう。

民権学習や国会開設請願の民権運動の事例検討、憲法学習等により、小泉は政治思想にめざめ、自由や権利等の学習の経験を生かすことにより政党や政治家に接近を果たし、そのことが同時に選挙運動につながっていくのではないかと思われ、こういうかたちで、彼の「民権」経験は結実していくのではないだろうか。

2　初期社会主義運動への参加の前提――文化運動の役割――

小泉由松は、選挙運動や政治家への接近などを通じて、ただちに初期社会主義の思想や運動に到達したわけではない。その間には、一つのクッションとして地域の文化運動の担い手となったことが指摘できる。明治二〇年代から三〇年代末まで、すなわち彼が選挙運動や政治家への接近をはかって行くことと並行して、地域の文化運動に貢献していたことが、次のステップへとつながっていったのではないかと私は考えており、以下少しく文化運動にふれておきたい。

小泉由松は、明治一〇年代末から漢詩文づくりに精を出していたといってよい。号は小泉愛石、愛石閑史、小泉石腸と名のった。民権運動と漢詩文との関係は、すでに色川大吉が三多摩の民権運動の分析において、当時の自由民権運動が漢詩文運動と重なり合っていたことを五日市の深沢権八をはじめとした民権派を中心に論じたことがあり、とくに深沢権八については七〇〇首以上の漢詩をつくり、文人風の遊芸ではなく、自分の青春を賭けた変革思想ないしは表現の手段として詩作をしたと述べている。(45) しかし、小泉の居住する地域の人びとはそこまではいってはおらず、民権運動との関係も以下でふれるように、この地域がそれほど民権運動の活発ではない地域ということもあり、直截には漢詩文との関係は立証できないが、小泉たちが民権思想の延長上に政治意識を高めるサークルを創立していたことは指摘しうる。

残存している史料で、小泉が最初に漢詩に出会うのは、一八八六年三月に「皇朝精華集」の筆写――古代から明治期までの名の知られた人びとの漢詩――であり、菅原道真をはじめ足利義昭・武田信玄・太宰春台・梁川星巌・真木保臣・大沼沈山・小野湖山・成島柳北・鱸松塘らであった。これらの漢詩には律詩や絶句が多く、長い漢詩は少ない。小泉が参加し、あるいは結成していく漢詩文サークルでは、一八八七年四月に開催された北総有志五〇有余名が参加した詩文会が最初であったろう。「……我国維新以降講欧米之学術。而欲廃詩文者多……欲振起斯詩文広募同志者。而開詩文会」(「詩文会記」『文書』一〇)と、詩文会を開く要因が記されているが、その背景に欧化熱への対応があったことは確かであり、そこで詩文会を振起するので広く同志者を募るとある。これ以後、小泉の史料には漢詩文が多く登場し、同時に習作中の漢詩も多く発見される。前述したように、小泉は詩文会の懇親会で演説をしており、そのときに「論説組立法」と題し、演説の方法について述べたことがあった。この詩文会は、八八年までは存続することは判明するが、その後いつまで続くかは分かっていない。小泉が漢詩をつくる契機となったのは、近くの漢学塾である斯文塾で学習したことが考えられる。この塾の経営者の横田対山に、小泉は常に添削を依頼しており、その史料が多くみられる。おそらく、小泉は成毛に婿入りして以来、隣りの大生《おおう》村の斯文塾(一八七八年横田が自宅につくった漢学塾)に通っていた可能性があり、それが漢詩ブームの到来とともに地域の文化運動として広がったのであろう。

この地域には、横田を師と仰ぐ農民が多く、彼の碑文（頌徳碑）には三〇〇名の弟子の名前が刻まれているが、そのなかにはこの地域からのちの初期社会主義運動の参加する葛生新治郎や香取弘などの名前もみられた。

小泉は、明治三〇年代、四〇年代以降も漢詩文を継続してノートに記していくが、明治二〇年代に二つのサークルに関係する。一つは北総青年倶楽部への参加であり、もう一つは印東文話会の結成である。簡単にみておきたい。前者の北総青年倶楽部に関する史料はほとんど残っていないが、年代不詳の倶楽部結成の趣意書があり（『文書』一六〇）、それによれば、倶楽部の本部は遠山村で創立員は中野保光ら四名、「文学研究交誼」が目的であり、隔月一回雑誌を発行し、部員各位に頒布して一層の親交を結ぶとある。部員は印刷費を五銭納付（隔月）し、投稿は「詩文歌随意」とあり、第一号は八月二五日発行予定であった。また、小泉ら三名宛の北総青年倶楽部からの封筒のみが残っており、封筒裏には「第一一〇号　明治二五年七月二五日」（『文書』一七八）と記されていたが、これは通信の回数か、雑誌の号数か、あるいは部員の数であろうか。この倶楽部については以上の史料のみであるが、いずれにしても、「第一一〇号」という数字は、この地域の「文学研究交誼」が盛んであることの現われとみることができるのではないだろうか。後者の印東文話会は、小泉ら三名が一八九六年春に結成したサークルである。小泉の外に、上記の北総青年倶楽部にも参加した小泉宗作と根本（教員で姓のみ判明）の三名が中心であり、小泉宗作が起草した趣意書には、日清戦後の三国干渉への批判と東洋の平和を復さしめ、「亜細亜ノ覇権」を掌握するまで決死の責任を竭くすのはわれわれ青年であり、将来における青年の責任は重大であることを知り、ここに印東（印旛沼の東側）の各青年諸氏とはかり、印東文話会を創立し、将来の日本に貢献するに足る「道義」と「知勇」とを「講究練磨」したいと記されており、小泉も賛同している。(46) 具体的に「文話」とは、会員がお互いに文章と言論を闘わし、これにより各自の道徳と知識を進め、精神と勇気を養成して本会の主意を貫き、将来の日本帝国に尽くすことが目的であるという。日清戦後、三国干渉を受けいれた日本では、このようなナショナルな政治思想をもつ地域青年が増大したことは確かであり、小泉たちも決して例外ではなく、言論と文章を闘わせることにより自らの政治意識を高めていったのである。ここには、やはり民権学習の延長上に青年の言論や文章の闘いをみてとることができるのではないかと思われ、民権思想の経験が多少なりとも役立っていたとみることができ、地域における政治文化の発展に寄与したといえるのではないだろうか。当初は、一〇名弱の会員で発足した印東文話会は、その創立会では小泉が座長であったが、以後の動向は史料不足のため分かってはいない。

小泉由松は、これまで述べてきたように、漢詩文を通して詩文会や北総青年倶楽部の活動に従事し、地域の文化運動の進展に貢献してきたことは確かであった。ただし、印東文話会は青年の政治意識や政治思想を鍛えるためのサークルとみることができ、ここには民権思想や民権学習の経験が少しく生かされていると指摘できるし、地域の政治文化の進展に若干ではあるが、寄与していたといえよう。政治家への接近や選挙運動の支援活動とともに、こうした地域における文化運動が政治意識や精神を鍛えていったことは確かであり、小泉が初期社会主義運動に接近する前提には、以上のことが考えられ、それは一九〇一年五月の『新総房』の社会民主党の宣言書掲載を契機に一気に飛躍するように思われる（後述）。

3　北総平民倶楽部会員として――晩年――

小泉由松が、農民中心の初期社会主義結社である北総平民倶楽部に会員として参加する以前にふれなければならないことは、一九〇一年五月に起こった『新総房』の社会民主党事件の存在である。社会民主党事件とは、進歩党系の『新総房』が日本最初の社会主義政党である社会民主党の綱領並びに宣言書を掲載して告発され、『毎日新聞』や『万朝報』などの全国紙や雑誌『労働世界』とともに、発売頒布の停止を余儀なくされ、罰金を払わされた事件を指している。地方新聞では、『新総房』のみが宣言書を掲載しており、控訴・上告したが、一九〇一年一〇月大審院において上告は棄却された。『新総房』は、新しい近代思想である「社会主義」に理解を示しており、それは一人『新総房』のみではなく、政友会系の『東海新聞』や『千葉毎日新聞』といった千葉県内の有力紙も例外ではなく、二〇世紀をむかえて県内のジャーナリズム界のもつ自由主義的な雰囲気と在野性は健在であり、帝国主義・社会主義論争のような議論も紙上で闘わされていたのである。(47) 当時、『新総房』の通信員として役割を果たしていた小泉は、上記の社会民主党事件のことは、もちろん知っていたであろう。のちに、ともに北総平民倶楽部の会員となる隣りの地区の幡谷に住む海保金次郎に宛てた一九〇二年一二月下旬の書簡には、政治・経済・社会的な内容を含んでおり、日常的に小泉は政治社会的なことなどを語っていたことがうかがえる。(48) この地域で社会主義結社ができる前年の九月、平民社の伝道行商の創始者である小田頼三はこの地域をも訪問し、書籍や新聞を売り、読書会を開いているが、小泉もこの読書会に参加した可能性があり、新しい思想である初期社会主義思想の学習にも、かつての民権学習の経験の方法・スタイルが生きており、違和感なく入っていけたといえるのではないだろうか。こうした前提をふまえて、小泉は北総平民倶楽部の会員の一人となるのであろう。

北総平民倶楽部の誕生は、一九〇五年一月のことであり、印旛郡八生村・豊住村・久住村の青年を中心に結成された。幹事は小川高之助（八生村宝田）と根本隆一（豊住村南羽鳥）であり、当初は一五名の会員で出発した。倶楽部のなかでは、一番の年長者である小泉は（四五歳）久住村成毛からは唯一の参加者であり、倶楽部内では顧問格のような存在であったとみられる。倶楽部における活動や思想は、すでに述べたこともあるので、(49) ごく簡単にみておくと、倶楽部前半期の活動で特筆すべき活動は、平民社の運動方針の一つである普選運動の実践——〇五年一二月の衆議院補欠選挙に白鳥健を立候補させ、六名中四番目の二二六票で落選——であり、これには小泉も奔走しているが、かつての進歩党系議員の選挙運動の経験がこういったところで生かされているといえる。また、〇六年一月に中央において日本社会党が結成されたとき、倶楽部会員では小川高之助や小泉をはじめ五名が党員となり、これは千葉県内の社会党員六名のうち五名をしめており、小泉自身のもつ積極性をみてとることができよう。倶楽部後半期は、日本社会党解散後に片山潜らの議会政策派唯一の地域結社として倶楽部の活動を再開し、「村落社会主義」思想の実践を考え続けていくのである。〇七年七月倶楽部総会において、役員（評議員）選挙があり、小泉は根本隆一・白鳥健・坂宮半助・海保金次郎ら八名のうちの一人に選出され、「労働者（農民）の幸福を増進すること」を目的とした倶楽部の活動に貢献していく。

小泉由松は、自身のもつ「漫筆手帳」に倶楽部の研究会日誌を記録しており、〇七年七月当時、小泉の息子の啓蔵夫妻には子供がおり、この時期ある程度自由に行動できた可能性があった(50)。例会の出席率はよく、さらに年長で評議員を兼ねているため倶楽部内における位置は相対的にたかいと思われ、評議員会の会合にも、五キロ以上離れた倶楽部事務所によく出席をしていた。〇八年七月には、小泉宅で倶楽部総会が開かれており、役員の改選、伝道の方法が話し合われている。小泉の談話ないし演説は、「増税について」（〇八年四月例会）、「国体と社会主義について」（〇九年二月倶楽部同志懇親会）が分かっている程度である。

北総平民倶楽部の活動を続けてきた小泉由松は、「大逆」事件容疑者の検挙が始まったころ、すなわち一九一〇年六月に五一歳で死去した。同時に、「大逆」事件の影響は、議会政策派新聞である『社会新聞』の地方読者にまで及び、北総平民倶楽部は自然消滅をしたかたちで終息をむかえるのであった。

おわりに

以上述べてきたことを、簡単にまとめておきたい。「民権という経験」を経たのちの二人の歩みは、どうであったろうか。

渡辺操にとって、自由派として立候補した県会議員選挙での落選が民権運動を離れる一つの分水嶺となった可能性がたかい。専門の漢学的要素が終始つきまとい、そのことが民権派としての活動を儒教道徳的なものとして制約したといってよい。儒教の特色の「政教一途」が持論である渡辺は、政治と教育の一致ゆえに政治活動＝民権運動への献身（同盟議会の常議員、条約中止建白など）を果たし、他方、教育としての「経学」の実践、「地方道徳の哀退を憂」へて弘道会＝民間の教化団体に入会したのは、「王化万分の一」の支援の実践、すなわち天皇の徳の感化の援助活動＝教育勅語体制の支援につながることであった。そして、道徳振興を手段として「忠孝徳義」の思想、「各自の善行」、「郷土の頑風汚俗の矯正」等の地域への浸透をめざしていく。政治運動から国民道徳運動＝儒教道徳の復活への転換は、彼においては容易であったろう。渡辺にとって、政治と教育の一致ゆえに民権運動と弘道会運動は、同じレベルで貴重な価値をもつものといえるのであり、国民道徳運動は教育の実践であったのだ。したがって、「民権」「人権」等の価値意識に対して、渡辺がどれほどの認識をもちえたかは、今のところ史料不足であり、今後の課題となろう。同じく儒教の基礎がありながら、中江兆民や植木枝盛のような理論家になれなかったのは、保守主義者である西村茂樹を崇拝し、同時に「民権」「人権」などを含めた西洋思想・文化などの摂取の弱さにあると推測できるのであり、結果として渡辺は大同団結期の運動に参加したがゆえに、前述したように「国権」論的な主張が中心とならざるをえなかったといえる。渡辺は、「修身」という個人的修養を実践すれば、国が治まり、天下が平らかになるという近世以来の儒教道徳の復活を期待していたのであり、そういう意味では保守主義者といえよう。

渡辺が大正期ごろ記したと思われる「断片」（年代不明）には、「〇　明治十四五年頃の危険思想は蓋し今日より甚だしかりしならん……加波山暴挙、静岡事件、大阪国事犯、朝廷を如何にせんと陛下を孰の地に置くといふ申すに極論したものもゐる、やがて明治二十三年の教育勅語の大煥発と相なりて国民道徳の向ふ所か確乎不抜となった」とある。(51) これをみると、渡辺は明治一〇年代の民権運動や激化事件等を「危険思想」と把握しており、ここには民権期の認識の甘さがみてとれ、彼にとっては後半生の弘道会＝国民道徳運動の経験が中心であり、「民権経験」は一定程度失念したのか、あるいは「民権」という知識の認識不足か。いずれにしても、渡辺にとって「民権経験」とは印象の薄いものであったことは否めない。そこには、民権期の演説のスタイルなどは、「経験」として国民道徳運動のそれに継続されることはあっても、「民権」思想の内実が渡辺のなかに、しっかりと根づいていなかったことが指摘できよう。いいかえれば、ここには西洋の「民権」思想の地域へ土着化する困難さがみられ、教育勅語体制や修身教育体制を補完し、天皇制イデオロギーと結びつきやすい儒教道徳の復活、国民道徳運動の土着化の方が、より地域に浸透しやすかったということができる。

一方、小泉由松は自身の向学心により、民権・憲法学習、国会開設運動などの事例勉強の「経験」をふまえて、彼なりの政治思想や政治意識を獲得し、地域の選挙運動を通じて政治家や民権派知識人へ接近を果たしていく。佐倉をはじめとして印旛郡は進歩党系の支持者や結社が中心であるが、なぜ、小泉が進歩党系支持をすることが多いのか、あるいは進歩党系の『新総房』の通信員となったかは、今後の課題である。そして、新しい近代思想への関心・好奇心が初期社会主義の思想・運動へと受け継がれていくと思われる。地域の漢詩文づくりのネットワークは、地域における文化運動や民衆文化を生み出し、三多摩のように漢詩文運動と民権運動は重なりあうことはなかったけれども、しかし若干ではあるが、印東文話会のように小泉の民権学習の経験が生かされ、政治思想や精神を鍛えていくようなサークルも存在した。平民社の伝道行商による読書会においても、小泉自身の民権学習の経験が、そこには生かされていたとみることができ、また北総平民倶楽部の演説会においても、その演説のスタイルは西洋の翻訳書の方法を学んだ経験が生きているといえるのではないかと思われる。小泉の場合は、民権学習や民権思想などの「民権経験」のあることが、次のステップにつながり、向学心となり、さらに日本社会党員となり、村落の初期社会主義運動に貢献することになったといえるのである。

以上、どちらかといえば、地域における無名あるいは無名に近い二人の「民権経験」を論じてきたわけであるが、二人のそれぞれの「経験」の主体性は、一方では渡辺にみられるように、「民権経験」がかえって保守的な修養思想を含めた国民道徳思想の地域への浸透をめざし、他方、小泉のそれは、自身の民権思想を展開させて、初期社会主義思想へとたどりついた。二人とも、「民権経験」は長い期間とはいえないけれども、対照的な結果をもたらすこととなった。

また、近代思想の流れからみれば、渡辺操と小泉由松のあゆみは、地域にみる近代における西洋思想（民権思想・運動）と儒教道徳（国民道徳）との錯綜・軋轢・土着化の問題であり、あるいは民権思想から初期社会主義思想への流れとして把握できることになろう。

（1）「シンポジウム『民権運動再考』」は、『自由民権』一〇号（一九九七年）参照。また、「民権運動再考」の各論文は、同誌七～九号（一九九四～一九九六年）参照。

（2）安丸良夫・西川長夫・牧原憲夫などの「民権運動再考」の各論文などを参照。また、拙稿「近代日本の地域における思想と文化」（『民衆史研究』五六号、一九九八年）の注4を参照されたい。

（3）大日方純夫「『自由民権』をめぐる運動と研究」（『自由民権』一七号、二〇〇四年）参照。

（4）新井勝紘は、新井編『日本の時代史22　自由民権と近代社会』（吉川弘文館、二〇〇四年）の「あとがき」において、国民国家論の視点への「嘆き」（主に西川長夫が対象か）を述べている。これは「民権論派」の「嘆き」とも受けとれるが、自分なりの視点を打ち出し、あるいは理論的反論をもって対処すべきだろう。国民国家論の視点は、すでに自由民権運動研究には不可避なものとなっている。

（5）「経験」の視点は、大門正克によれば、「人びとの時間のなかでは国家などから規定されるだけでなく、それらをとらえ返す過程があらわれます。そういう存在として民衆をとらえ直す。規定され、かつとらえ直す過程を経験という言葉で集約できないだろうか」、「統合と抵抗、あるいは国家と民衆という形とは違う図式を考えることができる。と同時に、規定を受けるなかでそれが統合の問題に一元化されずにたえずそこからずれる、あるいはとらえ返すという契機が出てくる」、「一人ひとりの経験に問う、主体の側から考えることができるのではないだろうか」（牧原憲夫編『〈私〉にとっての国民国家論』日本経済評論社、二〇〇三年、一一四～一一五頁）と捉えられている。この「経験」の視点に対して、「記憶」という視点も考えられる。ただ「記憶」の研究では、個々人の主体の側のもつ過去のイメージは束の間のものとして、重要視しておらず、「記憶」はそれを支える社会的文脈のなかで維持できること、また「経験」はこれまで体験してきた経過に重きをおくが、「記憶」は絶えず変化し、想起と忘却を繰り返し、「原因より結果」の分析に重きをおくなど、一瞥しただけではあるが、今後この二つの概念は比較の検討の余地があるかもしれない。最近の「記憶」研究の動向では、P・ハットン「現代史学における記憶の位置づけ」（『現代思想』二三巻一号、一九九五年）、岩崎稔「歴史学にとっての記憶と忘却の問題系」（歴史学研究会編『歴史学における方法的転回』青木書店、二〇〇二年）、ヴォルフガング・シュヴェントカー「集合的記憶とナショナルアイデンティティ」（『社会思想史研究』二八号、二〇〇四年）などを参照されたい。

(6) 渡辺操については、前掲拙稿「近代日本の地域における思想と文化」（『民衆史研究』五六号、一九九八年、のち『日本史学年次別論文集』学術文献刊行会、二〇〇一年所収）、同「日本弘道会東部支会の発会式と渡辺操」（『法律時報』七四巻一〇号、二〇〇二年）参照。

(7) 小泉由松については、拙稿「北総平民倶楽部と小泉由松」（『成田市史研究』二四号、二〇〇〇年、のち『日本史学年次別論文集』学術文献刊行会、二〇〇三年所収）、同「平民社と北総平民倶楽部」（『初期社会主義研究』一六号、二〇〇三年）、同「北総平民倶楽部の研究会日誌」（『法律時報』七二巻九号、二〇〇〇年）などを参照。

(8) 本稿に関係する研究史は、今のところは見当たらない。ただ、民権派の動向を渡米後の死去までも追い続けたものに、色川大吉「放浪のナショナリズム――石坂公歴」（『新編明治精神史』中央公論社、一九七三年）などがある。また、「経験」という方法論の視点を意識したものに、大門正克『民衆の教育経験』（青木書店、二〇〇〇年）が上げられる。

(9) この地域の党員の動向や党員数については、根本弘「自由党下総地方部」『香取民衆史』一号、一九七六年。神尾武則「千葉県民権派の動向」『千葉県近現代の政治と社会』岩田書院、一九九七年など参照。

(10) 渡辺操の大同団結運動については、前掲拙稿「近代日本に地域における思想と文化」の内容と重なる個所があることを、あらかじめ断っておきたい。

(11)『東海新報』一八八九年五月三一日。

(12)「同盟義会」については、矢嶋毅之「大同団結期の地方政社」『常総の歴史』二一号、一九九八年、前掲拙稿「近代日本の地域における思想と文化」の三八頁〜四一頁を参照。

(13)『東海新報』一八八八年一　月七日。これは仮規則である。「同盟義会」は、大井憲太郎とのつながりが強く、大同協和会を支持している。

(14)好問社(現在東庄町・干潟町の会員が中心)は、自由党下総支部結成のときには二五名が党員として参加している(神尾武則「千葉県の民権結社」『千葉史学』二五号、一九九四年、四七頁)。これらの党員は、自作農以上の生活にある程度余裕のある人びとが多かったといわれる。好問社の開社式では、郡長・警察署長代理や各学校教員が来賓として参加する地域ならではの発会式であった。同社の仮規則では「茲ニ結社同盟スル所以ノ者ハ実行ヲ先ニシ名利ヲ後ニシ、同胞ノ親ヲ厚フシ休戚ヲ共ニシ以テ各自ノ安寧ヲ謀リ政治ニ関スル事項ヲ除クノ外、広ク有益ノ所説ヲ採択シ頗ル処世ノ本分ヲ尽シ長ク邦家ヲ保愛スルニアリ」(第一条)とし、倹約を旨とし正直を守り信義を失わず(第七条)とあるところから、また演説会内容を考慮に入れると、民権結社というよりは教育・衛生などを含めた親睦的な修養結社といえる。自由党地方部結成の際には政治的要素が強くなったと思われるが、いかにして政治結社への成長を果たしていくかは、今のところ史料がなく不明である。この地域の民権運動については、『東庄町史(下)』一九八二年参照。

(15)渡辺長次郎は、著書に『国会準備政党団結』『愛国公党論』(ともに年代不明)などがあり、兄操との共著に『万国革命史』(年代不明)がある。この共著には大井憲太郎の序文があるとされるが、未見である(『非政論』三号、一八九〇年の広告欄参照)。長次郎の自宅は印刷所(民政社)を兼ねており、『非政論』はここで印刷され、渡辺操宅まで移送された。

(16)詳しくは、前掲拙稿「近代日本の地域における思想と文化」、三九頁以下参照。

(17)『随聞随筆総房人物論誌』第参編(博聞館、一八九三年)、「渡辺操」の項目を参照。

(18)すでに、この時期に陸羯南は、大同論派が自由論派より来たものであることを認めつつも、「国権論派の一種」であることを看破したのは、よく知られている(陸羯南『近時政論考』岩波書店、一九七二年参照)。

(19) 最近の日本の近代儒教(儒学)を論ずる文献には、王家驊『日本の近代化と儒学』(農山漁村文化教会、一九九八年)、澤井啓一『〈記号〉としての儒学』(光芒社、二〇〇〇年)、黒住真『近世日本社会と儒教』(ぺりかん社、二〇〇三年)などがあり、興味深い。参照されたい。

(20) 『日本弘道会東部支会沿革誌』(年代不明、一九四一年頃か)、九頁。以下、『支会沿革誌』と略す。『無逸』一号(一八九二年一二月)、七号(九三年六月)参照。渡辺は、道徳の衰退を年少者の「吸煙」「酒を飲む」「金衣を好む」、犯罪人の多さなどに求めている。

(21) 王家驊は、西村茂樹の晩年の保守と懐旧は青年期の進取と革新に比べて雲泥の差があるとし、終始儒学の道徳本位主義にしばられていたため、保守派の儒者に退化したと捉える(前掲『日本の近代化と儒学』、第六章を参照)。

(22) これについては、前掲拙稿「近代日本の地域における思想と文化」を参照。

(23) 地域の道徳や風俗の衰退は国中の人心の腐敗につながり、官民お互いに憎み合い、国の内乱を起こすことにつながり、「国力衰弊」となり他国から侵略を受けることにつながる。そして、その国は滅亡することになる。つまり、地域の道徳の衰退がナショナルな問題に波及していくのであり、その解決策として西村茂樹は国民道徳(道徳学)を主張し、それを渡辺は支持したことになろう。すなわち、道徳の問題はナショナリズムにつながるのである。「風俗頽廃」「国力衰弊」などについては、西村茂樹『日本道徳論』(岩波書店、一九三五年)参照。

(24) これについては、前掲拙稿「日本弘道会東部支会発会式と渡辺操」参照。

(25) ここで西村は、道徳には学術の研究と「道徳の実行」があるが、本会は「道徳の実行」にあって、道徳に志ある者は差別なくこの会に入り、小にしては一身一家を治め、大にしては風俗を正しくし、国民の精神を鍛錬して万国の師表となることである(略)。我国の将来の敵は勝利した清国ではなく欧州諸国にあり、益々国民をして尊王愛国の精神を発揮せしめて、武功あらしめることは、とくに教育者に責任があると述べる。さらに、西村は道徳と経済の発達について言及し、「忠君愛国の精神」を発揚し、本邦の土地の外国人への売却を反対すること、また今より一〇倍の経済力をつけ、国民の実業の必要を説き、人びと自ら「勤倹」を実行し、相助法の実践をすることなどを語っている(『日本弘道叢記』三四・三八号参照、一八九五年)。

(26) 社会に重きをなす六つの方法には、「第一　会員は躬行実践を最も重んして全国人の模範たらしむべし」、本会で完全な修身書を編述する（第五）、弘道学校を設ける（第六）などがある（『日本弘道叢記』三八号、一八九五年）。この修正案を提出した渡辺以下の五人は、西村会長より評議員会で委員に指名されている。

(27) 以下の内容は、主として前掲『文会沿革誌』に拠っている。

(28) 渡辺操は、教育者の活動以外にも村のために尽力している。一八九〇年に良文村村長に就任し、村治やとくに地方青年教育には熱心であったとされ、一九一四年には良文村青年団を創設し、自ら団長となり、青年の指導・啓発に尽力したという。

(29) 小泉由松の生誕や基本的事柄については、前掲「北総平民倶楽部と小泉由松」を参照。

(30) 『小泉利夫家文書』一七四、一七五、一七七。以下、『文書』と略す。なお、この『文書』は一般公開をしていない。

(31) 『文書』一七四、一七五。

(32) 小川武平の自立社結成と交詢社の関係については、拙稿「小川武平と自立社・交詢社」（『福沢手帖』一〇二号、一九九九年）を参照。また、この地域の自由民権から初期社会主義への流れについては、拙稿「自由民権から初期社会主義への系譜」（『初期社会主義研究』一一号、一九九八年）を参照されたい。

(33) 『郵便報知新聞』一八八四年六月五日。

(34) 『文書』一五。この内容は、小泉の漢詩の師である横田対山が友人小倉良則に送った書簡であり、「慰小倉議政士国会議場之労辞」と題し、小倉の過去の事績についてその労をたたえている。一八九二年八月に書かれた書簡である。

(35) 二つの請願は、『文書』一七六。

(36) 『岡山県史』第一〇巻（近代Ⅰ、一九八六年）、一四七頁。

(37) 『文書』一二。

(38) 私は、演説会の場所を一八八七年四月に設立された詩文会の席上ではないかと推測している。

(39) 『文書』六三、六四、一四一。

(40) 『文書』一〇一、一一一。

(41) 『文書』四四、四七、七九、一一三、『掛け軸文書』2-3・4。

(42) 『掛け軸文書』1-13・14、3-5。この『掛け軸文書』についても、一般公開はしていない。

(43) 『掛け軸文書』3-9・10。
(44) 『文書』三五、四一。とくに、四一では新総房新聞社の創業一周年の記念祝典通知であり(一八九八年一一月)、「貴台初め同志諸賢の深厚なる御庇蔭を以て社運日に月に隆盛に趣き候段、社中一同感佩の至りに耐えず候」として、小泉は進歩党系新聞の「同志諸賢」の扱いを受けている。
(45) 色川大吉『明治の文化』岩波書店、一九七〇年。とくに第Ⅳ章を参照。
(46) 『文書』一七九。
(47) 帝国主義・社会主義論争は、『千葉毎日新聞』において、一九〇四年一〇月から翌年八月まで続いている。この論争については、拙稿「千葉県における社会思想状況」(『初期社会主義研究』四号、一九九〇年)を参照。
(48) 前掲拙稿「北総平民倶楽部と小泉由松」六二~六三頁。
(49) 拙稿「初期社会主義の一断面」(『民衆史研究』二一号、一九八一年)をはじめとした一連の論文を参照されたい。
(50) 「漫筆手帳」の内容については、前掲拙稿「北総平民倶楽部と小泉由松」を参照。
(51) この「断片」は、下書きのメモのように記されており、筆書きである。

あとがき

一九八〇年代後半から顕著になった歴史研究の潮流を、「新しい歴史学」と一括するには、やや時も過ぎている。また、歴史認識に関しても多岐に渉って必ずしも一様ではない。したがって、このように呼ぶには異論があるかもしれない。しかしアジア・太平洋戦争での敗戦以降、「科学的」を標榜し、歴史研究において不動の位置を占めてきたいわゆる「戦後歴史学」的認識からの相対的離陸・離反を志向した歴史研究の流れを一言で記せば、このように呼ぶことも許されよう。いずれにしても、この「新しい歴史学」によって投ぜられた鋭い批判の矢をまともに受けることになったのが自由民権運動に関する研究であったように思われる。自由民権運動史の研究をリードしてこられた新井勝紘氏が、「研究に激震が走った」（高知自由民権記念館主催シンポジウム「今、自由民権を考える」での報告：二〇〇五年一〇月八日）と語っている中に、この事実と衝撃の強さがうかがえる。

自由民権運動史研究者にとって、まさに「大波」となった「新しい歴史学」の説く歴史理論・視座の特色については、「はしがき」で触れた通りである。一言でいえば、自由民権運動における民衆の自立性と運動目標にみられる国家との共通性を説くというのが「新しい『民権』研究の流れ」（大日方純夫「『自由民権』をめぐる運動と研究――研究と顕彰の間――」、町田市自由民権資料館紀要『自由民権』第一七号、二〇〇四年）の指摘するところである。そしてそれは正直、衝撃的であった。

では、このような問題提起に対し、国家との対抗関係を基本的な視座としてきた研究者、あるいは自由民権運動に関心をもち今後、研究・学習をしていきたいと考えてきた人びとはどのような姿勢を示したのか。従来の発想を戦後歴史学的認識と一応くくったうえで、その対応のあり方をみるならば、それは概ね次のように分けられるように思われる。第一は、基本的に受容・承認し、自由民権思想・運動に関する認識の発想を新たにした研究姿勢、第二は、示された方法論・認識を主体的に受けとめ戦後歴史学を省みつつ、しかし従来の研究対象を変えることなく多角的視野から実証的に深める研究姿勢、第三は、有効な指摘もあり戦後歴史学に問題点があることを認めつつも、基本的には与せず、戦後歴史学の批判的継承・発展を図る姿勢、第四は、全面的に拒否し戦後歴史学に拘り続ける姿勢、第五は、理論的問題に振り回されることなく、実証的研究を丹念に積み重ねる姿勢、である。

本論集を編む母体となった「民権」研究会は、「新しい歴史学」の登場以降、やや方向性を見失いがちになっている研究状況の中で、安在邦夫・金井隆典・高島千代・田﨑公司・中嶋久人の五名が一九九七年八月二八・二九日の両日、「問題点を整理」すべく静岡県熱海市で合宿し研究報告を始めたのを嚆矢として誕生した。その時の研究報告は次の通りである。

一九九七年八月二八日　中嶋「自由民権運動研究としての百姓一揆観――『仁政』観念の理解を中心として――」、田﨑「自由民権運動と明治国家――坂野潤治氏の業績をめぐって――」。

一九九七年八月二九日　金井「自由民権運動における運動形態――自由民権・国民国家・政治文化――」、高島「民権運動と民衆運動」。

合宿後もこの研究会はつづけられ、金井「『国民になる』ということ――国民国家の射程――」（一九九七年一〇月二五日）、中嶋「西川長夫「日本型国民国家の形成――比較史的観点から――」『幕末・明治期の国民国家形成と文化変容』の紹介」（同日）、高島「牧原憲夫氏の国民国家論」（一九九七年一二月一九日）、田﨑「牧原憲夫氏を読む――サブ・レポート――」（同日）、など報告・討論を重ね、以後も定期的に研究会を開催した。その過程で安在「自由民権運動研究の課題」（一九九九年一月二九日）などの研究整理を行った上で新たに、松崎稔・真部美佐（一九九九年）、大内雅人・林彰（二〇〇〇年）が加わった。ところで私たち研究会のメンバーの多くが、のちに二〇〇五年一一月一二・一三日、早稲田大学国際会議場において開催された民権一二〇年〝東京フォーラム〟の一翼を担った。五年にわたった全国自由民権連絡会（略称「みんけん連」）の活動を通して、自由民権研究の研究や顕彰に関し、さまざまな視点・姿勢の違いがあることも明瞭になった。しかし、自由民権研究の深化・発展をはかるという意識は共有していることも確認できた。そのことを形にすべく私たちは、「新しい自由民権像を創り出そう」という意気込みをもち、「自由民権」の可能性とその「再生」の道を模索することを意図した。そこで真辺「政治小説研究の現状と課題」（一九九九年一月二九日）、松崎「地方政社・政党結成期の演説会活動――会津地方を事例に――」（一九九九年五月一五日）、林彰「民権という経験がもたらすもの」（二〇〇〇年九月二三日）、大内「明治前期における地方政治家と地域問題――福島県を事例に――」（二〇〇〇年一一月三日）などの研究会を重ねてきた私たちは、論集刊行を目標とすることを明確にし、二〇〇四年一〇月二・三日には東京都文京区本郷において合宿を行って各員が論考内容を報告・討論しあった。このような経緯を経て上梓したのが本書である。

ここで記しておきたいことは、本書は研究のスタイルを固定していないということである。換言すれば、前述の第四・第五の姿勢を除く三者の姿勢をそれぞれ含んでいる。第一の立場からの研究では再検討、第二では再検証、第三では再評価、という語がそれぞれ浮かびあがるが、問題意識の基調には「はしがき」で記した「再生」がある。本書ではそれらを包摂する言葉として「再発見」という語を用い書名とした。今後の自由民権は、おそらくは前掲第一～第五に立つ多様な立場、視点からの研究がなされるであろう。すなわち、等しく自由民権思想や運動に関心を有しても、今後の見方は多様となり研究者の相互批判が不可避となろう。さらに記せば、今後は自由民権運動の「負」の側面にも留意し、検討していく必要があろう。いずれも、自由民権研究にとっても歓迎されるべきことである。本書が、自由民権研究と顕彰運動の、ささやかながら新たな灯になること、自由民権一三〇年に向けた小さな橋頭堡になれば幸いである。

本書は日本経済評論社、なかんずく同社社長の栗原哲也氏、出版部の谷口京延氏にはお世話になった。原稿整理に予定より大幅な時間を費やすこととなり、多大な迷惑をおかけした。同社の温かいご理解とお力添えがなければ本書の刊行には至らなかった。末尾にではあるが、栗原・谷口両氏および、本書カバーの写真を提供して頂いた、神山プロダクション（神山征二郎監督）・埼玉映画文化協会（木原正敏・川嶋博・舟橋一良諸氏）に厚くお礼を申し上げる次第である。

安在邦夫
田﨑公司

【執筆者紹介】（執筆順）

中嶋久人（なかじま・ひさと）

1960年生まれ。1996年３月早稲田大学大学院文学研究科日本史専攻博士後期課程満期退学。早稲田大学大学史資料センター嘱託、早稲田大学兼任講師。『都市下層の社会史』（共著、部落解放・人権研究所、2003年）、『暴力の地平を超えて――歴史学からの挑戦』（共著、青木書店、2004年）。

松崎　稔（まつざき・みのる）

1970年生まれ。2000年中央大学大学院文学研究科日本史学専攻博士後期課程単位取得退学。現町田市立自由民権資料館主事（学芸担当）。主要業績：「会津地方民権結社・政党の結成――全国的国会開設運動への連携――」（『中央史学』第21号、1998年）、「明治20年代の青年結社と演説・討論――大成会・辛卯会・町田倶楽部――」（『メディア史研究』第12号、2002年）。

金井隆典（かない・たかのり）

1967年生まれ。1999年早稲田大学大学院政治学研究科博士後期課程単位取得修了。現日本女子大学・山梨学院大学ほか兼任講師。主要業績；「『哀訴』という思想」（新井勝紘編『民衆運動史４　近代移行期の民衆像』、青木書店、2000年）、「日本近代成立期における義民の「発見」と「主体」の形成」（『人民の歴史学』第158号、2003年）。

大内雅人（おおうち・まさと）

1975年生まれ。2006年学習院大学人文科学研究科博士後期課程満期退学、現しょうけい館（戦傷病者史料館）学芸員。「福島県域の成立と会津若松分県問題」『学習院史学』（第41号、2003年）、「明治10年代における福島県庁移転論争」（前・後篇）『福島史学研究』（第76・77号、2003年）、「苅宿仲衛」（伊藤隆・季武嘉也編『近現代日本人物史料情報辞典』（吉川弘文館、2004年）。

高島千代（たかしま・ちよ）

1964年生まれ。1999年名古屋大学大学院法学研究科博士課程後期課程単位取得修了。現関西学院大学法学部助教授。主要業績：「秩父事件の全体像に向けて」（名古屋大学法学部博士（法学）学位取得論文、1999年）、「秩父事件顕彰運動と地域」（『歴史学研究』第742号、2000年10月）、「秩父事件その後」（秩父事件研究顕彰協議会編『秩父事件』新日本出版社、2004年）。

真辺美佐（まなべ・みさ）

1972年生まれ。2004年お茶の水女子大学人間文化研究科博士課程修了（人文科学博士）。現宮内庁書陵部編修課研究職員。主要業績：「明治前期における末広鉄腸のアジア論」（『日本歴史』第684号、2005年５月）、『末広鉄腸研究』（単著、梓出版社、2006年）。

林　　彰（はやし・あきら）

1952年生まれ。現日本医科大学嘱託・駒澤大学ほか兼任講師。主要業績：『千葉県近現代の政治と社会』（共著、千葉歴史学会編、岩田書院、1997年）、『日本医科大学の歴史』（単著、日本医科大学校史編纂委員会編、三友社、2001年）、『上福岡市　通史編下巻』（共著、上福岡市史編纂委員会、2002年）。

【編著者紹介】

安在邦夫（あんざい・くにお）

1939年生まれ。1971年早稲田大学大学院文学研究科博士後期課程単位取得修了。現早稲田大学文学学術院教授。

主要業績；『立憲改進党の活動と思想』（校倉書房、1992年）、『日本の近代――国家と民衆――』（共著、梓出版、1984年）、「『新しい歴史学』と自由民権運動研究――自由民権百二十年の課題――」（秩父事件研究顕彰協議会編『秩父事件　研究顕彰』第13号　2003年）、「自由民権百年運動から20年を経て――感懐と研究状況・課題をめぐる覚書――」（町田市立自由民権資料館紀要『自由民権』第17号、2004年）。

田﨑（野澤）公司（たさき〈のざわ〉・きみつかさ）

1958年生まれ。1994年東京大学大学院経済学研究科第二種博士課程単位修得修了。現大阪商業大学経済学部助教授。

主要業績；『明治維新の地域と民衆』（共著、吉川弘文館、1996年）、『街道の日本史12　会津諸街道と奥州道中』（安在と共編、吉川弘文館、2002年）、『東京曙新聞【復刻版】』（全60巻、監修、柏書房、2004年～）、『野口英世――21世紀に生きる』（編著、日本経済評論社、2004年）、アン・ウォルソール著『たをやめと明治維新』（共訳、ぺりかん社、2005年）。

自由民権の再発見

2006年5月25日　第1刷発行　定価（本体3500円＋税）

編著者　安在邦夫
　　　　田﨑公司

発行者　栗原哲也

発行所　株式会社　日本経済評論社

〒101-0051　東京都千代田区神田神保町3-2
電話　03-3230-1661　FAX　03-3265-2993
nikkeihy@js7.so-net.ne.jp
URL：http://www.nikkeihyo.co.jp/
印刷＊藤原印刷・製本＊美行製本
装幀＊渡辺美知子

乱丁落丁本はお取替えいたします.　Printed in Japan

ISBN4-8188-1802-X

松尾章一監修

関東大震災　政府陸海軍関係史料

I　政府・戒厳令関係史料　平形千惠子・大竹米子編　一万円
II　陸軍関係史料　田﨑公司・坂本昇編　一万七〇〇〇円
III　海軍関係史料　田中正敬・逢坂英明編　六〇〇〇円

国家機関は「関東大震災」という非常時に庶民をいかに管理・統制し、流言蜚語の飛び交うなかで何を行ったのか。散在する膨大な機密資料のなかから未公開のものを厳選。
A5判　全三巻　揃価三万三千円［Iはオンデマンド版］

関東大震災80周年記念行事実行委員会編

世界史としての関東大震災
―アジア・国家・民衆―

四六判　二八〇〇円

朝鮮人・中国人・日本人合わせて約七〇〇〇人の大虐殺事件から八〇年。国家責任を追求し、真相を究明してきた研究と運動は、いま国境の壁を越えた。この歴史永遠に忘れず……。

三宅明正・山田賢編著

歴史の中の差別
―「三国人」問題とは何か―

四六判　二〇〇〇円

「三国人」とは誰か、何か。「人種」とは何か。今日、もはやマイノリティに言及することなしに歴史を描くことはできない。植民地の女性、性差別など様々な角度から論じる。

今西一著

国民国家とマイノリティ

四六判　二三〇〇円

国民国家が形成されてくる中で、どのように「他者」が排除され、再び「日本国民」という虚構の中で包摂されていくか。「日本」「日本人」という〈想像の共同体〉に挑む。

同時代史学会編

戦争と平和の同時代史

四六判　二二〇〇円

戦後史を、そして同時代史をいかに再編成するか。学術性や市民性・国際性の視点から今日の日本の行き詰まりをどう克服するのか、澤地久枝、油井大三郎をはじめ二〇人の論客が熱く語る。